新闻与传播学译丛·学术前沿系列

互动新闻

黑客、数据与代码

INTERACTIVE JOURNALISM

［美］尼基·厄舍（Nikki Usher） 著
郭恩强 译

Hackers,
Data
and
Code

中国人民大学出版社
·北京·

新闻与传播学译丛·学术前沿系列

丛书主编　刘海龙　胡翼青

丛书序

在论证"新闻与传播学译丛·学术前沿系列"可行性的过程中,我们经常自问:在这样一个海量的论文数据库唾手可得的今天,从事这样的中文学术翻译工程价值何在?

国内 20 世纪 80 年代传播研究的引进,就是从施拉姆的《传播学概论》、赛弗林和坦卡德的《传播理论:起源、方法与应用》、德弗勒的《传播学通论》、温德尔和麦奎尔的《大众传播模式论》等教材的翻译开始的。当年外文资料匮乏,对外交流机会有限,学界外语水平普遍不高,这些教材是中国传播学者想象西方传播学地图的主要素材,其作用不可取代。然而今天的研究环境已经发生翻天覆地的变化。图书馆的外文数据库、网络上的英文电子书汗牛充栋,课堂上的英文阅读材料已成为家常便饭,来中国访问和参会的学者水准越来越高,出国访学已经不再是少数学术精英的专利或福利。一句话,学术界依赖翻译了解学术动态的时代已经逐渐远去。

在这种现实面前,我们的坚持基于以下两个理由。

一是强调学术专著的不可替代性。

目前以国际期刊发表为主的学术评价体制导致专著的重要性降低。一位台湾资深传播学者曾惊呼:在现有的评鉴体制之下,几乎没有人愿意从事专著的写作!台湾引入国际论文发表作为学术考核的主要标准,专著既劳神又不计入学术成果,学者纷纷转向符合学术期刊要求的小题目。如此一来,不仅学术视野越来越狭隘,学术共同体内的交流也受到影响。

国内的国家课题体制还催生了另一种怪现象:有些地方,给钱便可出书。学术专著数量激增,质量却江河日下,造成另一种形式的学术专著贬值。与此同时,以国际期刊发表为标准的学术评估体制亦悄然从理工科渗透进人文社会学科,未来中国的学术专著出版有可能会面临双重窘境。

我们依然认为，学术专著自有其不可替代的价值。其一，它鼓励研究者以更广阔的视野和更深邃的目光审视问题。它能全面系统地提供一个问题的历史语境和来自不同角度的声音，鼓励整体的、联系的宏观思维。其二，和局限于特定学术小圈子的期刊论文不同，专著更像是在学术广场上的开放讨论，有助于不同领域的"外行"一窥门径，促进跨学科、跨领域的横向交流。其三，书籍是最重要的知识保存形式，目前还未有其他真正的替代物能动摇其地位。即使是电子化的书籍，其知识存在形态和组织结构依然保持了章节的传统样式。也许像谷歌这样的搜索引擎或维基百科这样的超链接知识形态在未来发挥的作用会越来越大，但至少到现在为止，书籍仍是最便捷和权威的知识获取方式。如果一位初学者想对某个题目有深入了解，最佳选择仍是入门级的专著而不是论文。专著对于知识和研究范式的传播仍具有不可替代的作用。

二是在大量研究者甚至学习者都可以直接阅读英文原文的前提下，学术专著翻译选择与强调的价值便体现出来。

在文献数量激增的今天，更需要建立一种评价体系加以筛选，使学者在有限的时间里迅速掌握知识的脉络。同时，在大量文献众声喧哗的状态下，对话愈显珍贵。没有交集的自说自话缺乏激励提高的空间。这些翻译过来的文本就像是一个火堆，把取暖的人聚集到一起。我们希冀这些精选出来的文本能引来同好的关注，刺激讨论与批评，形成共同的话语空间。

既然是有所选择，就意味着我们要寻求当下研究中国问题所需要关注的研究对象、范式、理论、方法。传播学著作的翻译可以分成三个阶段。第一个阶段旨在营造风气，故而注重教材的翻译。第二个阶段目标在于深入理解，故而注重移译经典理论著作。第三个阶段目标在于寻找能激发创新的灵感，故而我们的主要工作是有的放矢地寻找对中国的研究具有启发的典范。

既曰"前沿"，就须不作空言，甚至追求片面的深刻，以求激荡学界的思想。除此以外，本译丛还希望填补国内新闻传播学界现有知识结构上的盲点。比如，过去译介传播学的著作比较多，但新闻学的则相对薄弱；大众传播的多,其他传播形态的比较少;宏大理论多,中层研究和个案研究少;美国的多,欧洲的少;经验性的研究多,其他范式的研究少。总之,我们希望本译丛能起到承前启后的作用。承前,就是在前辈新闻传播译介的基础上,拓宽加深。启后,是希望这些成果能够为中国的新闻传播研究提供新的思路与方法,促进中国的本土新闻传播研究。

正如胡适所说:"译事正未易言。倘不经意为之,将令奇文瑰宝化为粪壤,岂徒唐突西施而已乎?与其译而失真,不如不译。"学术翻译虽然在目前的学术评价体制中算不上研究成果,但稍有疏忽,却可能贻害无穷。中国人民大学出版社独具慧眼,选择更具有学术热情的中青年学者担任本译丛主力,必将给新闻传播学界带来清新气息。这是一个共同的事业,我们召唤更多的新闻传播学界的青年才俊与中坚力量加入到荐书、译书的队伍中,让有价值的思想由最理想的信差转述。看到自己心仪的作者和理论被更多人了解和讨论,难道不是一件很有成就感的事吗?

推荐者序

"新闻的跨类文本"：助益用户洞察和理解世界

陈昌凤

一对积蓄不多的美国年轻伴侣想在华盛顿特区定居，如果购买这里的房屋，其均价接近 50 万美元，但如果租住附近有地铁、购物商城和娱乐设施的一套两居室公寓，则每个月的租金大约需要 3 000 美元……她们是买房还是租房划算呢？谁能帮助她们做出决策？

互动新闻产品可以帮她们做出决策。她们在《纽约时报》的互动新闻产品"租/买计算器"（Rent vs. Buy calculator）上输入了一些个人数据，这些数据包括月租金、潜在的房子首付、房屋成本，以及物业税和抵押贷款利率等信息。通过时报计算器呈现的结果，这对伴侣最后得出结论：如果她们计划在华盛顿特区长期居住，那么买房要比租房的性价比更高。在这款互动新闻产品中，《纽约时报》的记者研究了与租购房有关的所有关键因素，不仅计入了有关住房抵押贷款和租金的经济因素，还考虑了如何将这些因素与个体情况联系起来，然后使用编程语言，最终呈现出视觉上吸引人的、便于使用的具有个性化结果的展示方式。

上述场景是尼基·厄舍在本书第 1 章的开头所提及的例子，而例子中的那对主人公伴侣，正是尼基·厄舍及其爱人，她们就是使用了这款《租房还是买房更好》（Is it Better to Rent or Buy）的互动新闻产品，从而决定了买房。厄舍自身的经历使其意识到，一种新的新闻类型正在改变人们的生活和社会。作为此前一直研究数字时代新闻业的变革，采用田野方法写作《〈纽约时报〉是怎么做新闻的》（Making News at The New York Times）的学者，尼基·厄舍的思考显然没有局限于新闻业务的层面。受过良好学术训练的她，写出了"介于学者和记者之间的跨类文本（cross-species text）"，于是就有了采用多点民族志方法写就的《互动新闻：黑客、数据与代码》这本书。这本书从学理性、实践性层面对互动新闻做了多方位的探讨，非常好地体现了新技术时代新闻学研究与时俱进的精神。厄舍敏锐捕捉到了各种信息，包括上述使用互动新闻产品而决定在华盛顿特区买房而不是租房的行为，并因此深入思考了新型媒体带来的影响。她所具备的，也正是新闻传播学者的一种重要的素养吧！《互动新闻》一书充满了细致观察、感性体验，以及在此基础上形成的理性思考，是一部严谨而独特的学术著作。科技改变新闻传播，而这种改变其实是在改变用户与信息的关系，改变人与社会的关系乃至人们的生活，这是新科技对新闻传播的深层影响。

  互动新闻已经进入了欧美主流新闻领域。在2018年4月揭晓的第102届普利策奖中，获得解释性报道奖的作品《墙：不为人知的故事，意想不到的后果》（The Wall: Unknown Stories, Unintended Consequences，出自《亚利桑那共和报》与今日美国网）就是典型的互动新闻。新闻团队利用互动技术为用户提供了6种探索美国-墨西哥边境墙的方式——交互式地图、纪录片、航拍视频、边境视频故事、创作者访谈以及虚拟现实，公众可以沉浸于几千公里的边境境况，通过声音与图像探索边境的真实面目。普利策奖委员会在颁奖词中认为，"奖励他们将文本、视频、播客和虚拟现实融合起来的生动而及时的报道。报道从多角度审视了特朗普总统承诺的美国-墨西哥边境墙的修建困难与难以预料的后果"。

  与网络技术紧密相关的互动性（interactivity），至今仍是一个莫衷一是的术语。它是一种人与人间的关系？一种人机间的关系？抑或一种人与信息的关系？在前人的研究中，上述这些不同论点都存在。在互联网传播领域，互动性是特定情境中多元互动的存在关系，是一种媒介化环境中人作为不同传播角色而存在的相互关系，是人的参与及其体现的多层控制关系，本质上是一种多方互动的权力关系。在互动性上，技术赋予了多方参与者进行控制的机会与能力，从而获得了新的影响力。在上述《墙：不为人知的故事，意想不到的后果》的页面上，用户就可以选择和做出自己的路径决策，而这正是互动新闻的迷人之处：在某种程度上，用户可以选择自己的内容；内容需要用户按其选择的路径进行多层面的探究；用户能够自己讲述相关的故事。

什么是互动新闻？厄舍在《互动新闻》一书中将其定义为"一种通过代码来实现故事叙事的视觉化呈现，通过多层的、触觉的用户控制，以便实现获取新闻和信息的目标"。也就是说，这是一种通过软件创建的新闻类型。它的技术基础，仍然是Web2.0带来的个人化、互动化、分享式。互动新闻通过代码助力的多媒体来展示故事，以可视化的方式引导用户去点击参与、探寻体验，用户从丰富的信息元素——可视化的故事、地图、动画图形、评论与注释中，获得沉浸式和响应式的信息体验，并且获得更丰富的信息和更敏锐的洞察力，从而提升了他们对世界的理解。这种跨类文本的呈现，较过去有了更大的意义表达空间。互动新闻的交融性、开放性赋予了信息更复杂多元的意义。在一种技术机制的帮助下，人们从互动新闻这类新的新闻形式中，可以更好地理解报道中所讨论的社会现象。

这些新方式展示和呈现的数据的解释力，超越了用传统的图形、故事文本进行的信息静态展示。因此，正如厄舍所言：互动新闻记者帮助改变了新闻工作的输出模式，为人们获取信息提供了一个新机会。《互动新闻》一书通过从全球14个不同的新闻编辑室搜集到的经验数据表明，新类型的记者——他们使用代码进行工作，使用计算手段来处理数据，他们远离文本叙事的日常建构，用一种新型的结构来帮助用户更好地理解社会，也帮助新闻业向更宽广的领域扩张，从而给新闻业的未来注入新的希望。由此我们也深切感受到了创新新闻与传播人才培养模式的迫切性和重要性。

正如厄舍所言，《互动新闻》是一部关于传统新闻业尝试如何回应其所面对的变化和挑战的作品，它对于学者和从业者深入理解当今新闻业的境况，有着重要的学术意义。尽管厄舍的研究已经在数字时代的新闻生产领域有了重要推进，但是其研究中尚有不少方面是含糊不清的。比如厄舍称"互动新闻是一个包罗万象的术语，它既包括在该领域工作的人，也包括做这项工作的实践，以及由此导致的工作产品"。同时，她又将互动新闻视为一个子专业，认为它与摄影、制图、视频、博客、编稿、排版、设计、在线独家内容等相并列，但又认为早期的互动新闻就是多媒体新闻，是"多模式"的新闻——通过视觉、故事、文本、音频、视频和照片呈现出来的新闻。大概是她对新闻实践的谙熟，以及实践领域的莫衷一是，影响到了其学术逻辑的清晰性。

这部译著的译者是学养深厚的新闻学学者，因此译著严格忠于原文，其中大量的新技术、新词汇，都能以精确的文字表达出来，令人敬佩！连后面琐细而又有价值的索引都没有放弃，真的是太严谨、太贴心了！这个跨类文本的研究课题，这个通过互动新闻重构信息与用户关系、新闻业与大众联系的论题，这个可以让新闻业焕发生命力的话题，值得各位杰出的学者和从业者继续深入探究。

（作者为清华大学新闻与传播学院教授、常务副院长，中国新闻史学会前会长）

中文版序言

尼基·厄舍

长期以来,在英语语言世界,特别是在美国,总有一种假设英语是世界通用语言的优越感。事实上,就像中国的读者将要验证的,英语只是通用语的一种而非通用语的全部。并且,使用英语的人应该记住的一点是,除非他们的作品被非英语世界的人们所阅读、谈论或理解,否则他们的努力将不会实现他们所设想的通达世界的愿望。由此,我必须说,很荣幸我的书能被翻译成中文,从而被中国的读者所阅读,并且我也很激动这本书很快就能与广大读者见面。

我希望以一种明确的西方或者说英美的方式,来引导读者阅读我的作品。这本书考察的是美国、英国以及西欧其他国家和卡塔尔的互动新闻和黑客新闻,尽管它主要聚焦于美国和英国。支撑这本书的是几个重要的思想和知识方面的价值观,我将这些价值观看成是新闻的必要部分,以及像我这样的美国人所称的"一个自由社会"的基石,它们包括:政府透明性与责任、个人和个人主义的力量、观点的自由交流,以及能够再现这个世界的新闻业。因为世界没有像我们所期望的那样运转,所以媒体的批评当然是受欢迎的,但媒体不能错误地再现世界。数据新闻、黑客新闻以及互动新闻的核心,是信仰人们获得有关这个世界运转方式的信息越多,他们就越能做出有关其自身生活的更好决定,并且让掌权者负起责任来。

数据新闻的重大发展,使得海量数据对用户变得可知,如果没有新闻记者对这些数据进行分析和展示,那么不仅用户与数据的关联无法实现,甚至用户根本接触不到这些信息。互动新闻的发展是以新的方式讲故事,通过数字互动应用所蕴含的可能性,让人们以个人化的方式更多地理解他们周遭的世界。有关一个社会问题的叙事,可以被转换成有关一个社会问题可能如何影响新闻消费者的叙事，或者被转换成与用户自身相关或不相关的人物不知晓的叙事。几十年来，新闻记者一直努力让事实具有力量；现在他们在已有的力量中拥有了另一种工具，那就是通过互动产品的故事讲述让事实具有力量。

本书也同样探讨了将技术文化视为一种价值来源从而激励新闻业发展这一问题。黑客在这里不是邪恶的，相反，他们被放置在了正确的位置上，就像那些操弄新技术并寻找问题的解决方案从而使人们的生活变得更方便、更美好的人一样。黑客不是那些试图搞破坏的人，而是尝试建造东西的人，但现实是人们习惯于将所有的注意力都集中在一些关于黑客的负面想法上，这在总体上是非常有问题的。在这里我也非常希望，本书能有助于开启一种有关在中国以及美国的亲社会（pro-social）黑客行为的新讨论。

此外，开放源码技术的价值表明了自由交流思想的重要性，那些拥有相似的目标甚至道德标准的人，在得到授权的情况下才能借此制作项目、开发软件，从而使世界变得更美好。因为处在想法是免费的环境中，所以开放源码是免费的，但劳动本身应该是有价值的，这或者通过金钱或者通过适当的认可加以体现。这一方面无论对美国还是对中国而言都是个挑战。开放源码提供了一个跨越文化创新方面差异的机会，而这也是我希望能在新闻领域看到的。

中国的调查新闻有勇于追求真相的优良传统。在涉及环境、食品安全，以及教育等方面，已经出现了大量的优秀作品。互动新闻应该帮助中国记者讲述这些故事。利用数据、文档、照片、视频、音频，以及其他类型的无可辩驳的证据越多，就越能让事实具有力量，也越能让记者更好地完成他们的报道。利用互动新闻，中国记者现在拥有了另一个讲故事的工具。事实上，互动新闻的核心思想是个体的探究和质疑，这种探究和质疑仍然是获得知识、发展和正义的中心所在。这不仅是对我自己的挑战，也是对中国读者的挑战，我们不仅要利用互动新闻去改变世界，同时也要通过做正确的事情来挑战这个世界。

互动新闻

黑客、数据与代码

目录 CONTENTS

前言　*001*
致谢　*001*

导论
新闻中的互动

001

从最广泛的角度看，本书的论点可被提炼为：互动新闻是新闻专业的一个新的子专业，从新闻专业各种合作的、竞争的、外部和内部的更大压力中浮现出来——这源于新闻业所提供的有关公共知识的特定主张能否满足与公众相关联的需求。

第1章
互动新闻：一个崭露头角的专业

023

互动新闻作为新闻专业子专业的形成，是对更大的社会文化力量的一种回应，这种情况部分源于经济与技术领域的变革。当我们从人、工作和知识三个层面来考察互动新闻时，职业子群体发展的诸多方面就会变得更加清晰。

第2章
一个子专业的兴起：互动新闻

051

新闻互动产品的历史已经发展到一个新阶段，互动新闻和互动记者现在已经成为新闻编辑室的常规部分。互动新闻子领域的出现，部分归功于技术、经济领域的变化，以及对从事特殊类型工作的能力要求。

第 3 章
黑客记者、程序员记者和数据记者

(095)

随着记者开始从事代码工作,关于新闻业如何去扩展它的专业领域,这些记者帮助新闻专业做出了一种与公众相关联的声张。从来没有那么多记者如此大量地开始从事代码工作,并在某种程度上实际地改变了新闻工作的形式。

第 4 章
走进互动新闻编辑室

(135)

总体而言,新闻编辑室实践的主导性规范与互动新闻业对新闻做出的贡献之间,是你来我往、互相迁就的。然而,我们也能看到,互动新闻仍然具有其独特性,因为它所提供的确实不同于任何此前出现的东西。

第 5 章
互动产品与新闻的知识系统

(187)

互动新闻将新的思考方式融入新闻业,虽然新闻根本的、关键的特征仍然很重要,但是我们也看到了互动新闻如何拓展了传统新闻业的边界。互动新闻拓展了整个新闻专业,丰富了新闻编辑室里的人、工作和知识的类型。

结论
互动产品与新闻的未来

(233)

互动记者将不会成为"拯救新闻业"的答案,但他们确实激励了这个专业向前发展。互动新闻会促使我们更广泛地思考专业在更一般的意义上可能如何成长变化,特别是当这些专业面临着后现代的信息社会的挑战的时候。

附录 方法论 265
参考文献 277
索引 293
译后记 301

前 言

本书一开始并不是作为一个有关互动新闻子专业的研究。起初，在2011年的夏天，学者塞思·刘易斯（Seth C. Lewis）和我开始从事一个我们视为新闻与技术相"交叉"（intersection）的领域的研究。当开始关注这个研究领域的时候，我们最初就被似乎是新闻业一个新时代的黎明而惊到了：以网络浏览器著称的技术公司莫兹拉（Mozilla）和奈特基金会（Knight Foundation）一道，发起了一个最终将在全美顶尖的新闻编辑室产生5个优胜者的竞赛。其他的类似"行动"也在不断激增——黑客行为（Hacks）和黑客群体（Hackers）正在兴起，一些自认有黑客行为或自称为"黑客"和程序员的新闻记者，正在朝将上述两种职业整合起来以完善新闻业的目标而努力。哥伦比亚大学和西北大学不久前增加了计算新闻学（computational journalism）的课程来教学生如何编程，西北大学还有一个提供给程序员到新闻学院进行访学的专门项目。

从2011年6月到2015年9月，我一直在进行这本书的研究，在早期阶段主要和塞思合作。但我发现，与自身的发展和扩张相比，新闻业与真正的外来者（outsiders）较少有交集。编程和技术领域的人员，很少有投身于新闻业特别是传统新闻业的一以贯之的计划。技术行业还没有突然变得对新闻业有兴趣，尽管目前也有一些这样的离群之人（outliers），但他们也只是服务于传统新闻业的。不过在新闻业中也有一些非常有前瞻性的倡导者，他们致力于将新闻可计算化（computation）和可视化（visualization），来提升编程和数据新闻的地位和重要性。

因此，这个项目就变成了一个传统新闻业如何尝试应对其所面临的变化和挑战的研究。我们看到，对于传统新闻业有关代码和编程的每个讨论，都关涉一种新闻新类型即互动新闻重要性的提升。我们也看到从业人员结构方面的变化——拥有新技术技能的新人从业者在新闻编辑室中获得了极大的尊重和权威，并带来了充满活力的行业话语。（这方面的研究不会出现在本书中，而是要在其他文章中专门讨论）。在传统新闻业自身内部，有关编程结合新闻方面的广泛兴趣正变得日益浓厚。因此，我关注了最显著的有形可触的实体化场所，在这里能看到传统新闻业内部的焦点所在。

因为本书的目标群体包括学术界的和非学术界的读者，因此导论、第 1 章定义术语和阐发理论的内容对专业学者更有用，而记者对这两部分可能不太感兴趣。尽管如此，上述内容还是会将记者视为目标读者，因此我列出了一些根本问题和关键论点。第 2 章是第一个经验性的章节，讨论了互动新闻作为一个子专业的兴起。对学生最有用的可能是第 4 章，它讨论了记者在新闻编辑室是如何工作的，还有第 5 章，它讨论了关于互动产品正在如何改变故事讲述方式的重要观点，这个角度可能特别有助于让学生对编码和其他数字技能产生兴趣。

我知道一些记者会带着批判的眼光来读这本书，有些人很可能不同意我的观点，但这样的反应意味着我的作品是一种介于学者和记者之间的跨类文本（cross-species text），而这正是我想要达到的效果。更加习惯于收集"即时"（immediate）数据素材的记者们应该意识到学术研究非常耗时，往往要历经数年。自从我开始这项研究以来，情况已经发生了变化。当可能的时候，我会记录下那些可能导致不同的观察模式发生变化的地方，而这也只能在最后的手稿提交之前进行。但如果要进行持续性的更新，则超出了我力所能及的范围，因而我将对一个新兴的子专业进行快照式的描述，尝试记录其起源、规范、实践等，并对上述方面可能如何改变或提升对目前新闻专业的总体理解，推而广之对专业社会学的理解，进行一番理论式的考察。学者会提出各式各样的问题，并使用不同的方法论来完成我们的工作。有人可能会说，我在这里所采用的进行学术研究的社会学方法是从外向内观看——并且学者的工作就是利用这种距离感去观察实践领域的人们可能看不到的东西，可能没办法看到的东西，或者可能没有想到有关其自身的东西。然而上述这些评估，依据的仅仅是观察对象的所思所想，以及作为局外人的观察，所以结果会有所不同。本书末尾的方法论部分（仅在结论之后）将进一步阐明这一动态进展。需要注意的是，书中所有的专业性头衔都是进行访谈时参与者正在使用的。

致 谢

如果没有塞思·刘易斯，这本书是无法完成的，他在此项研究以及本书撰写的早期阶段所提供的帮助都是无价的。事实上，这本书在筹划阶段是一个合作性的作品，只是后来由于我改变了方向才以现在的形式呈现。尽管如此，读者如果知晓了塞思的工作，很可能会看到他的想法对本书的影响。我很幸运能有机会与这样一位才华横溢、慷慨、体贴、细致的同事一起共事。

我还要感谢丹尼·纳塞特（Danny Nasset）在早期能够对这个项目感兴趣（现在看来非常的早），并一直保持着对这项工作的热情，因为它是经过一波三折才成为如今的样子的。他的耐心导引和反馈以及他对审稿人的出色选择都对这本书当前的模样助益良多。

亚拉巴马大学（University of Alabama）的威尔逊·劳里（Wilson Lowrey）成了我的第一个读者。我有幸成为新闻与大众传播教育学会（Association for Education in Journalism and Mass Communication）评选的"新秀学者"（emerging scholar），这个项目承诺给予我支持研究的经费，协助参加年会，并且（最重要的是）配备一位导师提供帮助。我直接要求和威尔逊一起工作，因为我知道在新兴的子领域方面他有着丰富的写作经验。作为一名管理者，威尔逊比以往任何时候都更忙，但他却成了本书每个单独章节的读者并提供了有价值的反馈。所以，谢谢你，威尔逊。

我还要感谢那些在新闻研究领域可被称为挚友的人，尤其是：马特·卡尔森（Matt Carlson），他阅读了这本书的部分内容，还帮我处理了一些不合适的问题；克里斯·安德森（Chris Anderson），他总是随时为我准备一个问题，并对我表现出的无把握、方法上的反思以及"冒牌者综合征"（impostor syndrome）准备好了回应；休·罗宾逊（Sue Robinson）劝说我写一章有关历史的部分，并提供了一些让我的小孩尽快去睡觉的建议；很少嘲笑我的尼克·迪亚考普勒斯（Nick Diakopoulos）回答了我海量的问题；马修·鲍尔斯（Matthew Powers）曾问我为什么对这个话题感兴趣，他给了我机会去思考这个问题，因为他已经厌倦了这个特定的研究。我还要感谢更多的人：露西·莫里逊（Lucy Morieson）（在9个月身孕且呕吐的时候读了整本书）、马克·科丁顿（Mark Coddington）（在出版前的最后时刻读了整本书并提供了急需的问题检查）、丹尼尔·克雷斯（Daniel Kreiss）、艾弗里·霍尔顿（Avery Holton）、乔希·布劳恩（Josh Braun）、瓦莱丽·贝莱尔-加尼翁（Valérie Bélair-Gagnon）以及拉斯马斯·尼尔森（Rasmus Kleis Nielson）。此外，我还要对脸书（Facebook）上750-word的讨论组成员表示感谢：卡琳·沃尔-乔根森（Karin Wahl-Jorgenson）、凯蒂·皮尔斯（Katy Pearce）、朱莉娅·欣伯格（Julia Himberg）、艾琳·谢利（Erin Sheley）、詹姆斯·洛西（James Losey）、朱莉娅·索尼沃德（Julia Sonnevand）、劳伦·德拉克鲁兹（Lauren Delacruz）以及帕特里克·默尔（Patrick Merle）。同样要感谢的还有创办了750words.com的巴斯特·本森（Buster Benson）。

很多资深学者一直以来无一例外都是非常出色的。我要感谢杰伊·罗森（Jay Rosen）的洞见、他对我们彼此进行辩论的贡献以及他的鼓励和支持。巴勃罗·博奇科夫斯基（Pablo Boczkowski）、斯蒂夫·里斯（Steve Reese）以及迈克尔·舒德森（Michael Schudson），他们可能不记得曾经和我一同吃过饭或喝过东西，但是我还记得当时我正喋喋不休于这个项目的情景，谢谢你们的耐心。杰弗里·亚历山大（Jeffrey Alexander）帮助我度过了一场大灾难。感谢罗德·本森（Rod Benson）、蒂姆·沃斯（Tim Vos）以及戴维·赖夫（David Ryfe）的支持和合作，感谢特里·弗卢（Terry Flew）和杰伊·汉密尔顿（Jay Hamilton）的反馈。感谢鲍勃·富兰克林（Bob Franklin）的明智建议，实际上我将他给我的电子邮件打印出来并且贴在了墙上。感谢埃米莉·贝尔（Emily Bell）的指导和哥伦比亚大学新闻学院托尔数字新闻中心（Tow Center for Digital Journalism）的支持。一如既往，感谢赫伯·甘斯（Herb Gans）令人赞叹的、精彩的诸多想法。我非常幸运拉里·格罗斯（Larry Gross）做了我的导师。如果我需要，南加利福尼亚大学安纳伯格学院总会准备全力给予支持,而我也仅仅是个校友而已。

我很幸运拥有乔治·华盛顿大学最好的同事。马修·欣德曼(Matthew Hindman)不仅是一位了不起的同事,也是我的一位挚友,我永远感谢他为本书以及保持我头脑的理智所做的惊人贡献。特别感谢西尔维奥·韦斯博德(Silvio Waisbord),他甘愿放弃手头正在做的事情和我一起头脑风暴,尤其是在卡布奇诺咖啡的分享上,如果我足够幸运的话还能享用到黑巧克力;感谢凯蒂·贝勒德(Catie Bailard)的鸡尾酒和女士间的悄悄话;特别感谢威尔·尤曼斯(Will Youmans)的沙发以及他的陪伴;感谢埃米莉·索尔森(Emily Thorson)体谅我烦扰她的隔壁邻居。如果没有弗兰克·塞斯农(Frank Sesno)、金·格罗斯(Kim Gross)以及媒体与公共事务学院的支持,这本书绝对是不可能面世的。他们敦促我的研究,给我时间去工作,为我的作品寻找资金资助,并给予我鼓励和支持。一如既往,玛丽亚·杰克逊(Maria Jackson)几乎负责了我所做和能做的所有事情。托德·科米尼克(Todd Kominiak)作为研究助理做了这个项目的很多早期工作,菲利普·沃勒(Phillip C. Waller)以他南方式的优雅(Southern gentility)完成了所有可怕的手稿收尾(manuscript-completion)任务,谢谢。

最后,我要感谢那些在接洽和引介方面发挥了重要作用的人,这使我的田野工作成为可能,他们中的一些人同样也为本书提供了重要的帮助:纳慈·卡恩(Naz Kahn)、默罕默德·哈达德(Mohammad Haddad)、阿伦·皮尔霍夫(Aron Pilhofer)、乔纳森·斯特雷(Jonathan Stray)、米歇尔·明科夫(Michelle Minkoff)、乔恩·基根(Jon Keegan)、西蒙·罗杰斯(Simon Rogers)、特德·汉(Ted Han)、斯科特·克莱因(Scott Klein)、约翰·基夫(John Keefe)、克莱尔·沃德尔(Claire Wardle)、安德鲁·莱姆多弗(Andrew Leimdorfer)、贝拉·赫里尔(Bella Hurrel)、杰内瓦·奥弗霍尔泽(Geneva Overholser)、戴维·鲍德曼(David Boardman)、里克·赫什(Rick Hirsh)、明迪·马克斯(Mindy Marquez)、里克·格林(Rick Green)、凯特·唐斯-马尔德(Kat Downs-Mulder)、布赖恩·博耶(Brian Boyer)、西纳·艾德曼(Cyna Alderman),当然还有其他一些人。同时感谢新闻业内那些帮助我审视我的想法以及回答了许多问题的人士——亚历山大·霍华德（Alexander Howard）、米歇尔·明科夫（再次提及是因为他读了书稿最难的一章）；可以进行紧急电子邮件快速联系的一组人：阿伦·皮尔霍夫、布赖恩·博耶、斯科特·克莱因（他理应获得再次感谢）、德里克·威利斯（Derek Willis）、克里斯·埃美柯（Chris Amico）、阿尔贝托·凯罗（Alberto Cairo）、魏思思（Sisi Wei）、杰里米·鲍尔斯（Jeremy Bowers）、安德鲁·德维加尔（Andrew DeVigal）。实际上还有太多太多的其他人需要感谢，我向他们反复核实引语、事实、观点，他们的帮助使这本书变得更好。我知道，感谢这些消息提供人可能显得不合规矩，但是在传统的新闻编辑室进行"学习"和研究的特殊时期，我需要他们特别的合作。

这本书从我的朋友和家人那里得到了很多支持，尤其是当我们迎来第一个孩子的时候。感谢卡班·约翰城（Cabin John）杂牌划桨队的全体队员、Z团队铁人三项全体队员，以及我在华盛顿特区和其他地方的可爱朋友们。特别要着重感谢的是：查克·桑顿（Chuck Thornton）（是他允许我们一起工作并为我提供午餐，我在他的房子里完成了本书一半的写作）、苏西·基姆（Suzy Khimm）、埃莉诺·莫里森（Eleanor Morrison）、海伦·斯普林格特（Helen Springut）、埃丽卡·史密斯（Erica Smith）、梅雷迪思·沃特斯（Meredith Waters）、叶瓦·奥格斯特姆斯（Ieva Augstums）、马特·斯普林格（Matt Springer）、卡罗琳·奥赖利（Carolyn O'Reilly）、亚伯拉罕·帕克（Abraham Parker）以及苏珊·冯·图恩（Susan von Thun）。

最后，我要感谢我出色的妻子谢利·莱兹（Shelly Layser）。感谢她让我在世界各地漫游，聆听我谈论田野调查和经验研究的艰辛，承受我在获得终身教职之前一遍又一遍的压力，以及制作图表和为履行学者妻子的其他职责所做的努力。当然，她为我们现在拥有的那个小家伙也付出了很多。谢谢她的努力工作！

献给布林顿·莱兹（Brinton Henry Layser）

导论 | 新闻中的互动

  从最广泛的角度看,本书的论点可被提炼为:互动新闻是新闻专业的一个新的子专业,从新闻专业各种合作的、竞争的、外部和内部的更大压力中浮现出来——这源于新闻业所提供的有关公共知识的特定主张能否满足与公众相关联的需求。

《降雪：隧道溪的雪崩》（Snow Fall：The Avalanche at Tunnel Creek，国内通常译为《雪崩》）是《纽约时报》2012年的互动报道，这篇特稿获得了普利策奖（Pulitzer Prize），评委们称赞它是"通过巧妙地整合多媒体元素而增值"的产品。[1]这是一种讲故事的新方式：利用喀斯喀特山脉（Cascade Mountains）的一个3D旋转视图，用户可以按照自己的想法点击和探索地图，当用户滚动鼠标在页面上浏览时，视频会被呈现并且与音频相集成。[2]这是一个真正沉浸式故事叙事的体验，让人感觉就像在玩一个视频游戏。

　　《纽约时报》第一次大胆地开启了一个基于体验（experience-based）样式的报道，这个报道与它网站的其他部分完全分离，在网络上获得了非常积极的反响。推特（Twitter）上的用户称赞该产品既"优美"又"华丽"。在线新闻网Quartz指出，《雪崩》已经引发了行业内的窃窃私语（whispers）："这是在线新闻的未来吗？"[3]这个产品给网站带来了十分巨大的流量：290万次访问量，超过350万次的页面浏览量。根据《纽约时报》当时的执行编辑吉尔·艾布拉姆森（Jill Abramson）的统计，这个报道在峰值时有2.2万人同时在线，其中1/3是《纽约时报》网站（nytimes.com）的新用户。[4]为了完成这个新故事，记者依靠代码知识以及对如何为网络创造性内容提供新手段的娴熟理解，将旧的叙事技巧和新的故事讲述方式结合起来。

　　《雪崩》不过是凸显了当今新闻业最显著变化的一个例子：一种新类型新闻的兴起——互动新闻。传统新闻业面临的日渐明朗的现实是，新闻的商业模式仍然是一个无法解决的问题。受众随时可以离去。技术和计算的进步提供了在网络和移动平台上进行探索的诸多机会，这在以往是不太可能实现的。现在产生的数据量比过去任何时候都要庞大得多。有关信息传递的基础设施及体验，已经发展到似乎可以消除时间与空间界限的地步。

上述进展对新闻业的未来至关重要。如果传统新闻业还要确保其对权威知识的持续性关联①和声张（relevance and claims），那么它就必须对这些变化做出某种回应。传统新闻机构正处于悬崖边缘，将如何应对最终可能会决定它们的存亡。上述有关新闻的宏观背景变化（这些变化与经济、技术和文化领域的变革紧密相关）为互动新闻作为新的子专业的出现创造了条件。这种类型的新闻在这里可以被定义为：一种通过代码来实现故事叙事的视觉化呈现，通过多层的、触觉的用户控制，以便实现获取新闻和信息的目标；它的实践者被归类为互动记者，尽管他们有不同的背景、技能和职位名称。

《雪崩》，来自《纽约时报》

---

① relevance，本书中直译为关联性，是作者在此提出的一个非常核心的概念，所要表达的是新闻业与公众利益的关联性关系。这种关联性（宣称）不仅帮助互动新闻产生，也是传统新闻业得以被宣称为一种专业和其职业权威的根本所在，是新闻业存在的意义所在。——译者注

你会发现各种类型的互动新闻：多媒体、沉浸式故事叙事，数据可视化，数据驱动故事，解释性图表，或者整合了部分或全部这些组件的互动式报道。正如互动产品会随着类型的不同而不同，它们也会随着主题的不同而变化：从严肃的主题——收入不平等或竞选经费，到有趣的主题——全美大学生篮球赛①对阵图（March Madness brackets）、夜店和酒水特饮地图（maps of bar crawls and drink specials），甚至是有关奥斯卡奖的投票（Oscar ballots）。增强创作效果的是软件，它要求的编程不同于在线或移动新闻网站的基础架构。然而，我们的首要目标不是仅仅关注产品以知晓互动新闻"新"在哪里[5]，而是要去了解那些实践者是谁，他们实际做了什么工作，以及他们给新闻实践带来了什么知识。

现在，互动记者已经成为几乎每个主要的西方新闻编辑室的常规配置。这是一个新的职业身份得以突显的故事经历，是新闻专业的一个新子集。因此，这本书将在一个更宏观的讨论中探究这个子专业出现的条件以及它与传统新闻业的交集。互动记者带给新闻的东西，是其对新闻工作正在如何发生变化的洞见。在新闻业中，互动性此前已经以多种形式存在了：比如通过邮件、传真、评论和社交媒体给编辑写信。作为一种主要的灵感来源以及一些新闻编辑室的互动产品存在的理由，新闻业中的数据故事可能从19世纪甚至更早就开始存在了。我在这里提出的判断是，现在针对新闻方面的代码应用与上述情况有着本质的不同：代码使新闻通过软件——作为互动产品——能够以前所未见的规模以及不同于以往的形式被表达。

21世纪第一个十年的后期，是互动新闻的一个构成性的时刻（constitutive moment）：一个互动记者及其所生产的内容真正进入主流传统新闻编辑室的转折点。同时，他们仍然有足够的创造性来为新闻行业贡献创新性的人才、实践及思考。就在这时，互动记者发现自己得到了来自普利策奖的专业性赞誉，并且激发了新闻行业内近乎英雄般的崇敬。他们的技能被高

---

① March Madness 直译为"疯狂三月"，指每年三月举行的美国全国大学生体育协会（National Collegiate Athletic Association）篮球锦标赛。这个赛事向来是轰动全美的传统体育庆典，无数民众为之疯狂，因而有此称谓。——译者注

度重视并被认为是未来新闻业所不可或缺的,以至于众多新闻学院重新编写课程设置,以包含编程方面的课程,甚至还会与计算机科学专业联合授予学位;事实上,新闻编辑室在解雇其他员工的同时仍然会雇用互动记者。互动新闻以及与互动新闻相关的词汇,已经从2009年推特上的寥寥无几,发展到现在每个月被提及超过60万次。[6]综上所述,把互动记者作为新闻业中一种不同的职业子专业来考虑是有必要的,而对他们发展到如此程度的诸多条件也需要详加考察。

本书有关互动新闻的故事从传统新闻业内部开始,部分是因为传统新闻业是互动新闻最大化扩张的核心地带,也是互动新闻领域最值得关注的"试验田",尽管传统新闻编辑室不是互动新闻发展的唯一地方。在本书中,读者将发现有关互动新闻的研究是建立在沉浸式田野调查和广泛访谈基础上的。本书中的案例有取材于传统新闻机构的,如《纽约时报》、《华尔街日报》、英国广播公司(BBC),此外,也有来自非营利性的新新闻业(new journalism)的,比如为了公众网(ProPublica),它制作新闻并且经常与那些保守的新闻机构合作,以此来弥补传统新闻业监督(watchdog)职能的衰退。互动新闻在早期的新闻业发展中有历史渊源,但也同样具有一个子专业的其他诸多特性,这些特性实际上是全新的。

当然,没有单一且统一的新闻业。鉴于从在线新闻媒体、移动平台到微博、社交媒体等非传统的新闻模式的发展扩散,"新闻业"(journalism)这个术语可能在今天尤其具有误导性。但在本书所描述的案例中,我使用的"新闻业"特指在不断发展的数字环境背景下受到重大威胁,或需要做出最大改变的工作类型:传统新闻业。正如克里斯·安德森(Chris Anderson)、埃米莉·贝尔(Emily Bell)和克莱·舍基(Clay Shirky)所指出的那样:"当前新闻生态系统变化的影响,已经导致了美国新闻质量的下降。从目前的证据来看,我们确信这个国家的新闻业在好转之前会变得更糟,而且在一些地方(主要是没有日报的中小型城市)它将会变得非常糟糕。"[7]这是我们关注新闻原创内容的最大来源——传统新闻业——的一个关键原因,而上述方面正是我们在这里要探讨的。

从最广泛的角度来看，本书提出的论点可以被提炼为：互动新闻是新闻专业的一个新的子专业，它从新闻专业中各种合作的、竞争的、外部和内部的更大压力中浮现出来——这来源于新闻业所提供的有关公共知识的特定主张能否满足与公众相关联的需求（need of relevance）。在经验上，我将展示互动新闻对于理解数字时代的新闻生产是必不可少的。从理论的视角出发，我将通过讨论人、工作、知识如何塑造了互动新闻的发展来追踪这个子专业的兴起。互动记者有不同的背景并且出现在特定的语境和历史节点上，因此当他们这些新人进入这个领域时，他们所遇到的困难就表现得很不明显；尽管他们并不总是无缝地融入新闻编辑室，但他们作为新闻业一个子领域的从业者，面对的是被接受和欢迎而非威胁和恐惧。而且，由于他们独特的背景和视角，互动记者带来了思考和做新闻的新方式，比如融入式的开放性（incorporating openness）、为新闻业提供与公众相关联的"近/远"的视角（near and far perspectives）、自我引导（self-directed）式的探索以及对建造和制作（building and making）层面的关注。不过，首先提供一些新闻业目前所面临状况的背景是很重要的。一些读者对这些状况可能相当熟悉。他们不那么熟悉的可能是另外一些有显著影响的压力：网络速度、用户需求的日益复杂和数据的扩张。它们挑战了作为一种主要知识来源的新闻业的权威。

新闻业危机的背景

思考互动新闻的一种方式，是将其视为新闻领域的一种前瞻性创新，它来自科技进步所带来的对新闻创新能力的认识。思考互动新闻的另一种方式，是将其作为一种防御性的行业回应，以确保新闻业跟上技术进步的步伐，从而作为一种方法保证它在文化上与公众的关联。我的观点是，互动新闻的出现是上述两方面文化影响的结果，但它不会有像在新闻行业和新闻机构中那样不断增加的影响力，因为它并非针对当前新闻业中的主要问题。

传统新闻业尤其是报纸行业存在着危机。具体的证据是交叉收益报表下行（几十年来都在下行，但现在以前所未有的速度加速下行）；就业人数创50年来的新低而裁员率仍居高不下；对政府机构的报道率在下降；出售有百年历史的新闻大楼，新闻编辑室的办公规模明显缩小，从市中心的大空间搬迁至更小的毫无特色的办公室[8]；无法保证可靠的在线广告率，并且大多数报纸将读者转至在线付费新闻端；报纸业务纷纷从公司的债务中剥离；普遍无法找到新闻业真正的盈利模式。看看来自美国报业协会（Newspaper Association of America）的单一统计数据：从2000年到2014年，报纸广告的收入（包括在线广告收入）从670亿美元的峰值跌到了199亿美元。这意味着在仅仅14年的时间里收入减少了超过470亿美元。[9]

数字新闻、在线和移动-原生新闻（mobile-native journalism）都表现出亮点。数百万美元的风险资本正在流入数字新闻行业。数字新闻初创公司（startups）提供了成千上万个新的新闻工作岗位。数字新闻非营利机构给传统新闻业提供了一种重要的补充（和提升），并且一些较老的数字新闻平台作为微博客（niche blogs）或小报（tabloids）已经坚持了十多年；想一想法律博客"法律之上"（Above the Law）和八卦新闻博客"呆看"（Gawker），按照网络标准，它们都已经落伍了。新闻业的新生态系统出现了：在美国，遇到重要的突发事件时，最高法院的观察家们为了做好决策，成群结队地涌向作为新贵的司各脱博客（Scotusblog），甚至一些超本地（hyperlocal）的新闻平台实际上也获得了流量。[10]但这些数字化的努力是补充性的，不太可能填补它们的传统对手留下的空白；这些数字平台通常是专门针对小众的，并且它们的未来可能也同样具有不确定性。数字新闻是令人兴奋的，但它绝不是美国多数大城市中，苦苦挣扎着制作原创内容的主要机构所寻找的真正解决问题的方案。

报纸的危机当然并非仅仅是美国所独有的，新闻业的危机也正在波及整个西欧。作为经常被欧洲的新闻编辑室邀请去做讲座，并常对来到美国的欧洲记者授课的人士，当我和这些媒体的主管聊天时，他们都特别关注自己的机构所面临的持续性生存的挑战。北欧国家的报纸由于政府的补贴而普遍处于良好的状态，德国、荷兰、奥地利和法国的报纸则正面临着严重的衰退。[11]在英国，尽管有一种充满活力和竞争的媒体文化，但像《泰晤士报》（The Times of London）这样规模较大的报纸也正在亏损。《金融时报》（The Financial Times）甚至尝试将一行代码插入到在线内容中，这样当你将一篇在线文章复制粘贴到电子邮件中时，文本就会显示："高质量的全球新闻需要投入，请使用下面的链接将这篇文章与他人分享。"当然，这个链接会导向付费墙。此种做法既可以让用户对复制粘贴的行为产生负罪感，也可以引导用户付费购买一篇文章。

正如马特·卡尔森（Matt Carlson）所定义的，新闻权威是"新闻被倾听的权利"，但现在它也面临着一场危机。[12]传统新闻业——特别是传统新闻机构——面临着新的挑战，这都是拜新媒体技术的兴起所赐。从社交媒体到手机再到网络，普通人现在可以获取、讲述和传播有关当天重要事件的新闻故事。为新闻机构工作的职业记者与业余记者之间的壁垒（界限），似乎更加具有渗透性，至少在这个意义上，现在的普通人会认为他比以往更有可能成为记者和生产内容，即使这可能不是真实的情况。一个更丰富、带有更多选择的混合性新闻数字生态系统的崛起，使得任何一个单一的平台都有可能削弱权威的声音。并且，公众根本不认为记者为社会做了很多事情：皮尤研究中心（Pew Research Center）2013年的一项调查发现，只有28%的人认为新闻工作者对社会做出了"很多"贡献，比较而言，教师和医生获得的认可率分别为72%和66%。[13]最近大量引人注目的丑闻导致人们对新闻业的信任感下降，传播或接收信息的多样化方式以及新闻业通常所面临的经济困境等因素，都大大降低了此前传统新闻业所积累的作为事实讲述者和世界沟通者的权威性。

因此，新闻业的这场危机为今天的革新框定了背景，这其中就包括互动新闻在内的诸多领域。在涉及更一般的革新方面，报纸受到了不客观的看待。一个常见的说法是，新闻编辑室根本没有看到互联网的到来。但事实并非如此：大多数的报业集团都有一些早期的实验，如推送视频文本或某种早期的原始互联网新闻发布（proto-Internet news-delivery）工具给潜在的个人电脑用户。例如,奈特里德报系(Knight Ridder)和《纽约时报》的一些小部门就负责用机器创建和组织内容,这些机器看起来就像是被连接到电话线上的电视或电脑。就《纽约时报》而言,这些机器生产的产品针对的是一些企业和酒店。事实上,从1983年到1986年,《纽约时报》甚至凭借这个带有原创内容的早期互联网发行了报纸——这个实验后来由于不够有吸引力而被废止(只有250名订阅者)。

路透社媒体专栏作家杰克·谢弗(Jack Shafer)挖掘的材料显示,一些记者曾预言网络崛起和开发数字广告的重要性。[14] 1992年,《华盛顿邮报》前执行主编罗伯特·凯泽(Robert G. Kaiser)撰写了一份备忘录,阐述了即将到来的互联网革命的兴起和前景。这份备忘录来自此前他刚刚参加的一次会议,他在材料中指出:

> 在我们的业务中,还没人推出令人印象深刻或成功的电子产品,但肯定有人会这样做,我打赌这很快就会发生。《华盛顿邮报》应该站在最前沿——不是为了冒险,而是出于重要的防御目的。只有通过比他们现在更好的方式,我们才能打败电子竞争对手,并且我们一定能做到。
>
> 在这个会议上,我惊讶地发现电子分类广告和电子黄页的主题常常被我提起。聪明人会相信这两者都是有意义的。[15]

凯泽知道《华盛顿邮报》必须先发制人,并且他预言电子分类广告是报纸必须要推进的。作为《纽约时报》的顾问,麦肯锡咨询公司(McKinsey and Company)也提出了类似的建议。[16]

令人惊讶的是,1994年奈特里德研究和设计实验室(Knight Ridder Research and Design Newspaper Lab)"发明"了iPad——比第一个微软原型机早了好几年,此后微软坚定不移地向创造平板电脑的方向发展原型机。[17] 不仅如此,奈特里德研发团队还设想了一款便携式平板设备。通过此设备,读者可以获得当天的新闻,同时还可以选择一些个性化的分类广告。这款平板电脑将会是触控式(touch-responsive)和轻薄型的,并且还会有视频和互动内容的功能。它的设计者们错失了一些非常重要的想法,比如假设通过一支触控笔与未来的触摸屏进行交互,并且通过小的碟片(discs)而非无线电传输信息——但即便如此,这款产品已囊括了未来平板电脑的精髓。一年后,奈特里德公司关闭了实验室,宣称的理由居然是为了专注于新兴的网络。

简而言之,一定社会背景下技术变革的更宏大故事,总是与新闻业进步的故事密切相关。新闻业适应新近技术变革的叙事是两者的混杂交织。新闻民族志在这个问题上倾注了大量的注意力。在20世纪90年代末,巴勃罗·博奇科夫斯基(Pablo Boczlcowski)研究了组织、技术和传播的实践如何帮助创造了新的新闻类型以及新的新闻实践——包括一些早期的多媒体类型和参与式的内容。[18]

最近大量的研究披露了未能适应技术与互联网变革的一些案例。戴维·赖夫(David Ryfe)通过对报纸所经历变革的分析发现,地区性报纸对适应互联网的想法基本上持不友好的态度。更广泛地考察了新闻生态系统的克里斯·安德森发现,当我们从新闻业的外部看到新闻类型方面的变革时,引入新同事的新闻编辑室呈现出不均匀的模式和实践,并且在思考应对互联网的挑战上也同样呈现出不均衡的路径——从思考度量指标(metrics)到思考新闻工作的日常实践。[19]我自己关于《纽约时报》的民族志研究,广泛地记录了新闻编辑室内部网络和印刷之间的极度分裂。数字时代对即时性、互动性、参与性实践的迫切需求与传统的新闻记者产生了激烈的冲突对抗。在我开展上述研究工作的四年之后,2014年流出的一份"创新"报告显示,《纽约时报》确实仍然无法在新闻编辑室内部进行文化上的创新,并且从商业角度来看,该报还没有对一个已经变化的商业环境开始进行积极思考。[20]

然而,在对新闻编辑室是否拥有足够的创新能力充满争议的背景下,一种新的叙事实验是将代码应用到新闻方面,这种新技术实践的引入可能会为传统新闻业与公众的关联性、重要性以及经济稳定性提供保证。今天的互动新闻是一种新的新闻形式和讲故事方式,并且它的实践者是新闻记者的一种新类型。这一类别的新闻,与新闻业转型的希望息息相关,因为新闻业尝试着以应对更复杂的数字环境现实的方式进行创新。

互动产品对于今天的传统新闻业至关重要。正如新闻集团（News Corp）战略高级副总裁拉朱·纳瑞斯蒂（Raju Narisetti）向我解释的：

> 互动产品使用量的急剧增加，伴随的是现代日常（modern-day）新闻业的大规模重塑。从将相对静态的新闻和信息自上而下周期性地传播给受众——主要通过报刊和电视——转变为一种双向、实时，观众通过计算机、平板电脑和手机参与的数字化体验。

如果《纽约时报》著名且具有开创性的互动新闻《降雪：隧道溪的雪崩》是一个别人可以快速复制的新闻故事，那么在其他地方消费同一个故事的"体验"，可能远没有那么令人满意或吸引人。也许对大多数读者而言，就是因为《纽约时报》创造了高度互动的展示方式，并且正是这种互动体验让《纽约时报》的这个新闻报道既吸引人又正当合理。这也是智能新闻编辑室会继续生产更多的互动新闻，并创造出一个不只是单独依靠独特内容的新竞争优势的另一个原因。[21]

正如在2015年西南偏南互动艺术节（South-by-Southwest Interactive Festival）上《华盛顿邮报》执行编辑马蒂·巴伦（Marty Baron）所言，编程和新闻的结合"对我们的转型绝对至关重要……这不是你老爸（那个时代）的新闻编辑室"。他指出，这一结合的目标是"改变讲故事的方式"，并且他还给会议分论坛的听众举了例子——比如通过互动产品寻找失踪的马来西亚航空MH370航班，再如有关棒球的"大胡子队成军"（Bad News Beards）① 等互动产品。[22] 但是，到底有哪些压力导致要转变讲故事的方式？为什么对新闻编辑室来说拥有这些互动产品似乎如此重要？要回答这些问题，了解传统新闻业正在面临的具体压力是非常重要的。

---

① *Bad News Bears*（一般译为《少棒闯天下》或《小熊成军》）是1976年美国一部讲述儿童棒球队的电影，后来意指比较糟糕的球队。本书中提及的互动产品"Bad News Beards"将Bears改成Beards作为标题，是媒体采用仿拟修辞的一种文字游戏。——译者注

今天对新闻业的要求

传统新闻业面临着技术变革带来的很多重大挑战。这些变化不是独立的或由单因果关系要素产生的,而是与作为更宏观社会条件的组成部分相联系的,例如人们如何使用技术及其社会功能。技术的诸多挑战源自影响了人们适应、创造和革新方式的物质条件,但是这些技术革新和挑战是人们起初如何创造技术的一种直接结果。鉴于新闻领域的权威性危机,用快速和可浏览的方式来解释世界的能力,以及帮助受众理解看起来日益增长的信息流的能力变得至关重要。并且,速度与信息的丰富性、用户体验以及大数据的崛起,都是数字技术进步所带来的挑战。新闻业需要适应这种状况,以维持其对讲述真相权威(truth-telling authority)的角色声张。

新闻业必须应对一个变化越来越快的基础设施环境,这带来的一个信息生态后果是产生越来越多的内容。今天,互联网上的内容以光速进行着传播;1 000 字节的电子邮件的发送速度为每小时接近 6.7 亿英里。[23]在 2015 年中期,全美国的平均宽带速度大约为每秒 12 兆比特(megabits)(国际排名第 19 位,互联网速度不及韩国的一半)[24],而在 20 世纪 90 年代,大多数调制解调器的速度只有每秒 56 千比特(kilobit)。内容传递的速度已经非常快了,尤其是考虑到日常的印刷报纸传达信息所花费的时间这种背景:从清晨开始一天的新闻周期到午夜印刷前的最后截稿,然后还要进行两到三个小时的第一次印刷。[25]令人难以置信的在线传输速度意味着两件事:信息可以非常快速地传播———一则新闻故事、有关灾难的消息、一张照片、某种类型的公共知识,都可以在几秒钟之内传遍整个网络——并且记者(普通民众也一样)处于一个像新闻编辑室那样的持续的即时信息(instant-information)环境中,会感到随时要向受众提供一些新东西的压力。

戴维·温伯格(David Weinberger)写到信息的丰富性时将其视为一个悖论,因为它象征了"知识的时代狂欢"[26],由此,在我们知道什么以及如何所知的基础架构方面有了一个根本的变化,但同样也展现出了新的挑战。这给新闻编辑室带来了巨大的压力，正如我在有关《纽约时报》的研究著作中指出的：在《纽约时报》，记者们担心如果不能保持网站及时更新，他们就会变得无关紧要；担心自己可能并非一直是全面的、无所不包的信息来源。这是巨大的压力，但也许有现实基础：如果任何人能去任何地方获取信息，那么是什么让人们对《纽约时报》保持忠诚？如果信息以如此惊人的速度传递，并且一家报纸或新闻平台需要紧跟这种步伐，那么假设它没有及时更新，难道就显得无关紧要了？

但是，还有另一种方法来看待这种速度和搅动（churn）。我们生活在一个信息看起来势不可当的世界（无论是或不是，这都是一个经验性的问题，但是关于信息速度和丰富程度的认知已经被广泛书写）。[27] 如果新闻业能够拨开对现代读者所提供的惊人信息量之迷雾，并创造出持久、有用或者带有引导、定位作用的某种东西——或者制作出足够好的东西，让你的快乐和愉悦以某种方式从众多不同的在线内容中脱颖而出——这就证明了它与公众的关联性。这些持久、显著的贡献形式可以有多种类型：有长格式（long-form）的数字新闻、纪录片风格的新闻，以及重要的互动新闻。

新闻业面临的另一个挑战是成为信息的目的站（destination）——这仅仅是从用户体验的角度看。在涉及技术的适应性方面，新闻行业在传统上一直落后于其他行业，并且正如博奇科夫斯基所描述的，互联网新闻的发展还经常开倒车。[28] 自没有宽带的时代以来，用户对在线体验的期望已经变得更加复杂，如果新闻业想要成为人们当代（和未来）数字体验的一部分，它就必须用更好的产品来应对这些发展。

用户的期望值已经发生改变，部分原因是加载速度的提升，部分原因是用户设计的增强（这得益于编码的进步和对人们如何通过网络进行"移动"的更好的理解），还有部分原因在于复杂的在线环境为用户探索提供了一个丰富的、互动的环境。新闻机构为加载或延迟的时间——一个站点或一个元素出现在屏幕上花了多长时间（称为网络延迟）——而奋战。[29] 瑞典的互联网提供商 Ume Net，通过一款名为 Oculus Rift 的虚拟现实头戴设备在参与者身上进行试验证实了上述现象。当头戴设备的参与者尝试着做饭、跳舞和进行其他日常活动时，试验结果清楚地证明了这种延迟造成的中断甚至不能超过一秒钟。[30]谷歌的研究也显示，页面加载时间超过一秒会打断用户的思考。[31]一些新闻网站是出了名的慢，这对用户体验的效果是一个严重的干扰。尽管《纽约时报》已经大大改善了它的加载时间，但在 2009 年网站推出的"与互动新闻团队相遇"问答中，用户在加载时间上所遇到的困扰仍是显而易见的。慢速是敌人。一个读者说："当我向下滚动报纸页面的时候，我为什么要花费那么长的时间载入一段视频的预览图像？这真让人感到沮丧。"另一个人说："当我加载头版时，我的浏览器需要做多次握手（handshaking）①……这让我很吃惊。太费事儿了！"[32]很多（即使不是大多数）报纸的新闻网站仍然存在上述这些问题。

雅各布·尼尔森（Jakob Nielsen）是一位早期的用户设计专家，他在《可用性工程》（*Usability Engineering*）一书中提出了关于反应时间（response time）的一些关键原则。[33]20 年来，尽管人们基本的反应时间期望值没有改变，但是互动性的期望值改变了。例如，他写道，在 1991 年 0.1 秒是用户感觉计算机进行即时响应的极限，但是在 2014 年，0.1 秒已经成为用户感觉他们在"直接操纵"目标的体验极限——换句话说，用户对互动性的需求在不断增加。此前的一秒钟（在谷歌的研究中）是用户的思想流受干扰与否的限制，今天的一秒钟指的是"用户感觉他们可以自由徜徉在指令空间，而不必过度等待计算机反应的限制"。或者，在没有明显预设模式的情况下，用户根据自己面前的网络对象体验，要求用"自由导航"去选择他们自己的方式。过去，10 秒钟是保持用户注意力集中在某段对话上的上限；现在，这指的是用户在特定的活动任务上所花费的时间量。

这意味着，新闻专业必须以某种考虑了用户参与需求的可用性设计加以应对。当对实际的互动性和用户控制的需求不断发展时，只有静态文本可能是不够的。用户对即时操作和自由导航的期望，提醒了新闻网站要提供什么样的信息。当然，现有网站可以通过浏览（browsing）来提供这种服

---

① 计算机术语，指在数据通信中，在通信电路建立以后信息传输开始之前，需要对操作模式的状态互相达成的协定，是在接收站和发送站之间建立通信参数的过程。——译者注

务，但是新闻网站也需要找到其他方式，来利用这种用户对直接和即时参与的期望。新闻网站已经开始认识到各种用户设计方面的问题；《纽约时报》花了大量的精力来减少其网站进行加载的时间，这就需要对底层代码进行大量的重写。[34]一些人认为，新闻编辑室只有提供响应式设计（responsive design）才能开始创新，并且一些新闻机构也在努力摆脱它们固定的、僵化的主页结构。[35]互动新闻提供了一种解决静态页面和糟糕用户体验的方法，将响应式设计与用户驱动（user-driven）体验相结合，并利用了网络和移动性所提供的最佳体验，如数据可视化（data visualization）、视觉讲故事（visual storytelling）等形式。

同样，随着大数据的崛起，新闻业的权威面临着新挑战和新机遇。当然，产生"更多的数据"是一种常态，但作为处理所有这些新数据的权威信息来源，新闻业同样有机会帮助人们。塞思·刘易斯（Seth C. Lewis）认为，两个重要方面已经发生了变化："关于人类（和自然）活动所产生的大量和各种各样的数字信息"，以及"计算处理、机器学习、算法和数据科学的快速发展和扩散"。[36]在日益数字化、电子化的世界中有更多的数据可以利用，也更容易收集信息和分发信息（至少在某种程度上）。在2012年，"全球之声"（Mashable）网站把这种变化转换成了具体的说明：每天都能生产足够填满1.68亿张DVD的新信息，而每张DVD可包含大约4.4吉字节（gigabyte）①的信息。[37]在我们存储和共享的整个数字宇宙（digital universe）中，纽约大学的政府实验室（GovLab at NYU）估计，"2012年每天创造的艾字节（exabyte）的数量"是2.5个，并且这个数字每个月都在翻倍。[38]

然而，进行市场研究的国际数据公司（International Data Corporation）估计，到2014年"数字宇宙"已经增长到4.4皆字节（zettabyte），到2020年这一数字将增长到10倍，达到44皆字节，存储的字节数相当于宇宙中恒

---

① 字节单位换算关系为：1kilobyte（KB）= 1 024 bytes；1megabyte（MB）= 1 024 kilobytes；1gigabyte（GB）= 1 024 megabytes；1terabyte（TB）= 1 024 gigabytes；1petabyte（PB）= 1 024 terabytes；1exabyte（EB）= 1 024 petabytes；1zettabyte（ZB）= 1 024 exabytes；1yottabyte（YB）= 1 024 zettabytes。——译者注

星的数量。数据生产量的大幅增长,可以通过数据存储量的巨大增幅来体现,数据存储已经成为世界上许多顶尖经济驱动力(economic drivers)的核心。[39]例如,根据2014年的一份报告,沃尔玛(Wal-Mart)拥有的数据库掌握着超过30个拍字节(petabyte)的购物信息。[40]亚马逊(Amazon)运营的网络服务器,在处理和规模能力方面一直引领着云服务市场。2015年7月,亚马逊占据了云服务市场29%的份额,相比之下,它的前三名竞争者——微软、IBM和谷歌——共占据了25%的份额。单是这个云服务市场的价值每年就超过200亿美元。[41]

在数据生产的消费者方面,越来越多的智能手机和互联网设备引发了数据的大规模增长。这一增长体现在:2014年,每个月通过网飞(Netflix)播放的视频时长达到10亿小时,并且2015年每分钟都有300小时时长的视频被上传至YouTube。[42]从记者的角度来看,可以说美国政府掌握的民众数据比以往任何时候都多(参照美国国家安全局的披露)——在美国,政府掌握的每个人的数据要比东德国家安全局斯塔西(Stasi)拥有的全部文件还要多。[43]新闻编辑室经常使用政府数据,部分原因是人们可以根据《信息自由法案》(Freedom of Information Act)对联邦政府的信息提出申请。除此之外,新闻编辑室还可以收集、搜索、计算、可视化以及组织数据等,这些方式都是以前从未有过的。

数据收集的兴起意味着要筛选更多的数据、出现更多的潜在故事,以及更多地通过制度寻求问责(accountability by institutions)。从20世纪50年代起,计算机辅助报道(computer-assisted reporting)就以某种形式存在(正如我要在第2章中解释的那样),仅就此点而言,人们可以用全新的方式"访问数据"(interview the data)。这是《纽约时报》的数据记者德里克·威利斯(Derek Willis)提出的一种探究过程的简称。[44]编程可以提供一种更容易筛选数据库以便查找信息的方法,从而使这些信息可被搜索并呈现给公众。就此而言,新闻编辑室已经转向了一个数据探索的新时代,虽然它们不像许多大型公司或政府网站那样收集和分析太字节(terabyte)级数据,但新闻编辑室的编程能力使其比以往任何时候都能更方便地获取

"较大数据"(bigger data)。例如，特里·弗卢(Terry Flew)和他的同事们指出，现在有了可获取的规模更大的政府和消费者行为数据库——使用软件就能处理。[45]正如我将要解释的，互动新闻的兴起与数据新闻的兴起是同步的。

还有一个更宏大的故事，它事关编程的历史如何发展以及网络和移动技术的复杂性如何提高，解释了为何互动新闻从业者凭借其所拥有的声望和影响力已经成为一种职业身份，以及为什么新闻业需要互动新闻。但是，这段历史与新闻业的日常实践和发展深深地交织在一起，而不是新闻业所面临的具体物质技术挑战这种整体外部压力的组成部分。考虑到速度和信息量的提升、用户对体验的需求以及大数据的出现，传统新闻业有机会在不确定的时代重申其与公众的关联性，但是这也带来了新的挑战。互动新闻仅是应对这些挑战的一种方式，不是创新的一种必然结果；相反，互动新闻产生于在新闻编辑室里所施加的无数影响和所做出的选择。因而，正如玛丽·琳恩·扬(Mary Lynn Young)和阿尔弗雷德·赫米达(Alfred Hermida)所指出的，互动产品产生于"现存社会的、机构的和物质的环境，以及与之相辅相成的对新技术的接近性"。[46]

一种展望

互动记者一直被称赞为真正的英雄。《纽约杂志》(*New York Magazine*)的一篇文章预言说，《纽约时报》的互动记者将把该报带到未来。这篇题为"新新闻业：催促一下这位'灰色女士'①"(The New Journalism：Goosing the Gray Lady)的文章，有一个吸引眼球的副标题："这些叛逆的网络怪人在《纽约时报》做什么？也许正在拯救它"。因而，这就是新兴的新闻业子专业的发展前景。接下来的几章，我将通过理论和经验的方法，总结出有关这一子专业的全面性描述。第1章定义了互动新闻并解释了本书支撑性的

---

① "灰色女士"(the Gray Lady)是对《纽约时报》的戏称，因该报古典严肃的风格而得名。——译者注

理论论点（实践型的读者可能发现本章的内容不太适用，尽管这里讨论的主题贯穿了全书）。第 2 章讨论了互动新闻的历史。第 3 章、第 4 章和第 5 章围绕着关于人、工作和知识的主题展开。最后"结论"部分提出了互动新闻拓展的可能发展方向。

第 2 章是首个经验性的章节，考察了互动新闻是如何开始的。通过口述历史和对旧博客与互联网档案的深入研究，我尝试重建编程和新闻最初是如何被用来讲故事的起源，并且通过这段历史把读者带到互动新闻的当代背景中。我还提出了关于信息图形（information graphics）和计算机辅助报道历史的看法，它们也是互动新闻的早期形式（progenitors）。

第 3 章聚焦于互动新闻背后的人，以讨论如下问题为开始：这些记者如何理解这个子专业的兴起及其在新闻领域中新的重要性？他们如何看待自己？当他们采纳来源于编程文化的实践时，他们带来了哪些独特的视角和技能？本章还揭示了在对互动新闻子专业多个技能类型和专业人士进行定义时所造成的混乱描述和困境。

第 4 章讨论了互动新闻记者所做的工作。通过来自世界各地的一些小片段，我们了解了这些互动记者的工作产品，这些小片段包括了对从半岛电视台英语频道（Al Jazeera English）互动创作到美国公共广播电台（NPR）、从《卫报》（The Guardian）的数据部门到《纽约时报》的深度观察。我们也了解到了这些部门和它们的工作为更广泛地融入新闻编辑室所做的努力。在某些情况下，每个新闻编辑室都有同构性（isomorphism），但在其他方面，关于什么是提供给总体新闻生产流程的独特产品，特定的机构似乎有特定的想法。本章扎根于对生产和工作的一种观察。

第 5 章探讨了知识，或者说是互动记者带给整个新闻专业的特殊抽象知识。这超越了互动记者所拥有的特定技能。互动记者用不同的方式来表达他们的工作和专业知识，从而让人们以更全面的方式思考新闻业。

最后，"结论"部分在更大的背景下描述了互动新闻对整个新闻业的意义，强调这些结果如何展示了一个专业的发展，并回顾了互动新闻所固有的新类型的抽象知识如何为新闻领域创造了新的概念上的思考。互动新闻远非完美，从对代码的盲目崇拜到缺乏对数据的质疑，这些局限本部分都有所讨论。而对这本书所运用的方法——从访谈、田野调查到参与者职位的选择，以及我对"混合民族志"（hybrid ethnography）（一种针对短期案例研究的特殊方法）的看法感兴趣的读者，我的建议是去看看本书最后有关方法论的附录。

在所有这些章节中，你将会发现互动新闻是如何改变新闻这个专业的，并获得有关它将走向何处的新洞见——作为新闻业未来的子专业，互动新闻将成为一种有活力的角色。从一种更贴近实践的角度来看，互动记者正在改变新闻的形式、内容和实践。从更贴近理论的角度来看，互动记者提供了新闻专业的子专业发展的典型案例——尽管有一些轻微的日常矛盾，但子专业从业者没有被诸多既有类型的记者视为一种威胁，而是被视为能在编辑室中与其他人并肩工作的受欢迎的同事。他们思考新闻的新方式为新闻业在数字技术领域的进步做了准备，同时展示了本书所研究的14个甚至更多新闻编辑室蓬勃发展的实验潜力。

注释：

[1] Haughney, "Times Wins Four Pulitzers."

[2] Branch, "Snow Fall."

[3] Greenfield, "New York Times's 'Snow Fall.'"

[4] Romenesko, "More than 3.5 Million Page Views."

[5] Boczkoski, *Digitizing the News*.

[6] Freelon, *Crimson Hexagon*.

[7] Anderson, Bell, and Shirky, "Post-Industrial Journalism," 2.

[8] Usher, "Newsroom Moves."

[9] Weissmann, "Decline of Newspapers," and suggested by Jay Rosen.

[10] Chris Anderson, Emily Bell, and Clay Shirky, "Post-Industrial Journalism: Adapting to the Present" (whitepaper, Columbia University Graduate School of Journalism, New York, 2014).

[11] Neilsen, "Ten Years."

［12］Carlson, *journalistic Authority*.

［13］Reilly, "Respect." 完整的职业调查与分析，请参阅：http://www.perforum.org/303/07/11/public-esteem-for-military-still-high/#journalists.

［14］Shafer, "Beware."

［15］Kaiser, untitled memo.

［16］Usher, *Making News*, 41.

［17］Needle, "Roger Fidler."

［18］Boczkowski, *Digitizing the News*, 20–35.

［19］Anderson, "Between Creative and Quantified Audiences."

［20］"Full New York Times Innovation Report."

［21］Raju Narisetti, email message to author, July 8, 2015. Emphasis added.

［22］Joe Pompeo, "SXSW Round-up."

［23］Torchinsky, "Information in America."

［24］Gold, U.S. "Internet Connection Speeds."

［25］Personal communication, David Boardman, July 16, 2014.

［26］Weinberger, *Too Big to Know*, xiii. 温伯格承认并不是所有的知识都是对的，也存在很多错误的信息。但是，我们现在很少关注我们可以了解的信息，因为现在所包含的信息前所未有地广泛。

［27］Hargittai, Neuman, and Curry, "Taming the Information Tide."

［28］Boczkowski, see chap. 7, 171.

［29］03b Networks, "What Is Network Latency?"

［30］Alex Smolen, "Lag Time."

［31］Google Developers. "Mobile Analysis."

［32］"Tally to the Newsroom."

［33］Nielsen, "Response Times."

［34］Benton, "How NYTimes.com Cut Load Times."

［35］Edge, "Responsive Philosophy."

［36］Lewis, "Journalism," 322.

［37］Silverman, "Day in the Life."

［38］Rogawski, "GovLab Index."

[39] Turner et al., *Digital Universe of Opportunities*.

[40] Walmart, "Picking Up the Pace."

[41] Babcock, "Amazon, Microsoft, IBM, Google."

[42] Smith, "DMR."

[43] Masnick, "U. S. Government."

[44] King, "Dealing with Data."

[45] Flew, Spurgeon, Daniels, and Swift, "Promise of Computational Journalism."

[46] Young and Hermida, "From Mr. and Mrs. Outlier."

第 1 章 | 互动新闻：一个崭露头角的专业

　　互动新闻作为新闻专业子专业的形成，是对更大的社会文化力量的一种回应，这种情况部分源于经济与技术领域的变革。当我们从人、工作和知识三个层面来考察互动新闻时，职业子群体发展的诸多方面就会变得更加清晰。

我还记得第一次接触互动新闻的情景，并且意识到这种形式的新闻内容与我之前看到的完全不同。在刚开始构思这本书的时候，我就从文化角度思考了"黑客行为"与"黑客"（"hacks"and"hacker"），或程序员与新闻记者之间的交集关系。当时我离探究互动性内容仅有一步之遥的时候，一个偶然发现向我展示了互动新闻对新闻未来的重要性。

《纽约时报》的互动新闻给我留下了深刻的印象，并使我做出了有史以来最重要的决定之一。2011年，我们准备在华盛顿特区买房，但这件事让我们非常沮丧。毕竟，这一地区的房屋均价接近50万美元——在我拿了多年微薄的研究生奖助学金之后刚刚开始拿教职的薪水时，这看起来有点疯狂。与此同时，我们认为合适的那套两居室公寓附近有地铁、购物商城和娱乐设施，每个月租金大约有3 000美元，如果租金不涨的话，我们还是可以接受的。我们想搞清楚到底是买房还是租房更好一点，但我们不知道应该考虑哪些因素。随后，我们发现了《纽约时报》的租/买计算器（The Times's Rent vs. Buy calculator）[《租房还是买房更好》（Is it Better to Rent or Buy）]。[1]通过输入一些我们的个人数据——月租金、可承受的房子首付以及房屋成本，加上物业税和抵押贷款的利率——可以得出以下结论：如果我们计划在华盛顿特区长期居住，那么买房要比租房的性价比更高。

这种互动工具并非针对突发事件；相反，这是一个经过精心研究的新闻产品，它需要了解有关住房抵押贷款和租金的经济影响，然后根据个人化的数据来提供个性化的结果。记者们必须研究与购房有关的所有关键因素，考虑如何将这些因素与每个人联系起来，然后使用编程语言（目前我所了解到的新闻编辑室的重要使用技能）创建"租房还是买房"计算背后的代码，并呈现一种视觉上吸引人和易于使用的信息展示。界面上有空白可以输入数字，然后出现一个图表显示搜索结果。近年来，这种工具变得越来越好用，有更多的功能可以用来切换、拖拽和显示（甚至在你的智能手机上，你也可以评估进行中的买房行为）。[2]

当我们购买了自己的房子后，我恍然大悟——对这个新闻产品的关注是我一生中的重大决定之一。这不是一个有关社会问题的、可以改变我世界观的普利策奖式故事，但实际上它决定了我在哪里居住。我所认识的任何地方的任何人都可以使用这个计算器——它是个人化的且对人们有用——并且如果没有这样一个快速响应式的网络，我们不可能理解编程以及做出有关房地产的此类报道。《纽约时报》提供的这种新闻形式，如上述计算器的案例，正在随着内容的变化而改变，因此是时候去思考如何改变、为什么改变以及谁在改变它的问题了。

定义互动新闻

在本书中互动新闻被定义为"一种通过代码来实现故事叙事的视觉化呈现，通过多层的、触觉的用户控制，以便实现获取新闻和信息的目标"。它的实践者被归类为互动记者，尽管他们有不同的背景、技能和职位名称。互动新闻是一个子专业——一种新类型的新闻工作——但它无疑是众多子专业中的一种；这些子专业包括摄影、制图、视频、博客、编稿、排版、设计、在线独家内容（online-exclusive content）等等。几十年来，甚至是几个世纪以来，这些子专业中的一部分已经成为新闻业的组成部分（可以思考摄影从早期到当下的历史），而另一些也已经在网络时代中出现。整体而言，互动新闻是一个包罗万象的术语，它既涉及在该领域工作的人，也涉及做这项工作的实践，以及由此产生的工作产品。

然而，互动性（interactivity）仍然是一个令人困惑的术语。如果不界定互联网的属性，那么互动性可以被认为是其一种本质。[3] 20 世纪 90 年代末至 21 世纪初，一些学者写文章尝试在人机交互的背景下定义互动性，他们每个人都在重复一个熟悉的观点：互动性是一个模糊的概念，作者需要将它界定得更为清晰（而这通常是做不到的）。人们提出了很多思考这个概念的方法。首先，互动性作为一种人与人间的关系，可以通过信息之间相互联系的紧密程度来衡量。[4]其他人认为，互动性意味着用户可以在一个实时控制的中介化环境（mediated environment）中对其进行修改（modify）和参与，但是这种修改意味着什么则是不明确的。[5]詹尼弗·斯特罗曼-加利（Jennifer Stromer-Galley）从产品和过程的互动性角度提供了一种思考电脑和个体-个体（person-to-person）之间互动的方法。[6]作为产品的互动性被定义为用户通过某种形式的计算机体验来控制他们的所见。作为过程的互动性就是个体-个体之间或者人群（human）的互动。其他人的定义将互动性以用户-系统（user-to-system）和用户-用户（user-to-user）的分类加以区分。[7]

依我之见，基于本书所讨论的是新闻的主题和形式，互动性有一个詹尼弗·斯特罗曼-加利赞同并由埃里克·布西（Erik Bucy）进行描述的更简洁的定义："用户对在线内容的选择和呈现实行控制，不管是故事文本、视听教具或多媒体，还是界面的其他方面。"[8]在这里很重要的一点是，用户认为他们正在致力于一种双向交流。在这一过程中，时间、速度、内容以及探索路径等因素创造了这种体验。最终，互动产品预先设定的框架创建了一种对于内容的结构化体验。

在互动性的早期时代，正如我在《〈纽约时报〉是怎么做新闻的》（Making News at The New York Times）一书中所呈现的那样，记者们把多媒体视为互动性。多媒体是用户参与多种类型的新闻内容中最引人注目的方式，而这正是布西所提出的类型。[9]这种"多模式"（multimodal）的新闻，或者说通过视觉、故事、文本、音频、视频和照片呈现出来的新闻，是互动新闻的一部分——新闻是一种多感官的体验。[10]实际上，互动性可能被视为数据新闻的定义原则之一。

记者们认识到，更复杂的多媒体技术加上更好的网络整合，预示着拥有一种从事互动性工作的新能力。互动产品相比于以往的产品甚至更为复杂，在编辑过程中，程序员要使用软件去建造互动性内容。即便在五年前，小型新闻编辑室也不可能雇用互动记者；但是在今天，那些没有互动记者的新闻编辑室，也在冒险尝试用新的方式将互动性融入到他们的工作中。例如，得克萨斯州沃斯堡市（Fort Worth）的《沃斯港明星电讯报》（*The Fort Worth Star-Telegram*）就使用一个现成的程序（off the-shelf）上传照片和图形，以便帮助记者为他们最重要的项目创造互动元素。

为了挖掘互动新闻背后所蕴含的潜力，也为了让读者对发生在眼前的现象有一个更清晰的了解，我们来分析一下我所提出的互动新闻的定义：

> 互动新闻在此被界定为一种通过代码来实现故事叙事的视觉化呈现，通过多层的、触觉的用户控制，以便实现获取新闻和信息的目标。

视觉化（visual），是指这个产品不是一个基于文本的故事。有些人可能认为，这种视觉化应用特别适用于数据可视化或视频-加载（video-laden）的互动产品，但事实并非如此，这种视觉化应该把规模问题考虑进来，在最基本的方面，需要考虑到用户可以使用数据库进行搜索——这看起来不像一个故事，并且它的视觉效果也并不十分漂亮。数据呈现的产品是用户能够阅读的文本，但是进行用户设计（user-design）的目的，是引导用户以视觉的方式体验到其应该点击和探寻的故事元素。重点是，用户不能在每个单独网页上的每个单独在线新闻展示中找到传统的文本要素（传统文本、书面故事），而是被提供一些看起来不同的东西。在最极端的视觉呈现形式中，用户可能会打开一个完全沉浸式和响应式的故事页面，其中充满了视觉化的故事、地图、动画图形、评论式的注释等等。

故事叙事（storytelling）也同样是在不同层次上进行操作的。一个展示了球场内出球线路的体育类互动产品可以描绘出球是如何运动的，它也以某种方式提供了新的信息和想法；一个计算器可以生成一串数字，或者一个小测试可能会得出一个愚蠢的答案；一组动态的图形可能没有直接的话语描述，但也许提供了让用户把故事整合在一起的信息。另外，互动新闻可能是一个自足（self-contained）的叙事。例如，一个互动产品可以把报道文本、图像、地图以及其他东西结合在一起，给我们提供如有关某一军事冲突区的更宏观的看法。在这种互动中，用户可以使用计算机去做一些事情。可以进行交谈，就好像这里有一个和图形的对话；可以操控，故事的结构随着外观的变化而发生着改变；还可以探索，用户自己负责管理。[11]

在线新闻的方方面面都需要**代码**（code）。[12]但是互动新闻的代码要求超出了网络站点能够正常运转的范畴。当然，内容管理系统是非常难做和复杂的，但是互动新闻意味着要在内容管理系统上增加特殊的、专门的编码语言，就像给网站拓展一个附加功能。这种代码是为了可视化输出而创建的。并非所有从事互动新闻工作的记者都了解代码，但对新闻业而言，使用工具就意味着增加了一层编码。服务于互动新闻的代码意味着专业化的知识，这种知识或者是关于代码的，或者是关于使用代码制作互动新闻的工具的。也许在最被看重的编码层面，我们可能会想到计算新闻（computational journalism），即记者通过计算手段或者使用算法来寻找故事。[13]

互动新闻的核心是触控、用户导向、多层控制的思想。换句话说，用户是直接与计算机交互的，通过内容去选择和做出相关的路径决策。在某种程度上，用户总是可以选择他自己想要的内容。与过去不同的是，用户在面对互动新闻时所运用的是一种自足的经验操控，尽管这套操控体验仍被限制在一套固定且有界限的环境中，这种环境致力于探索一个单一且具体的主题。正如从事互动新闻信息图片行业的主要人物阿尔贝托·凯罗（Alberto Cairo）所指出的那样，这些产品可以是线性的或非线性的，虽然这一切都由用户控制，但设计者确实对用户的操作进行了一些限制。[14]然而，内容需要用户进行没有预先确定路径的多层领域的探究。用户有能力给他自己讲故事。

谈到**多层次**（multilayered），我认为导航是通过一次性体验多种元素来实现的。用户不必刷新界面或为了获得可能的新见解去单独做任何事。然而，基于对新信息的需求，互动新闻会产生新版本的图像，但用户不必再为了包含在互动产品中的特殊体验离开最初的请求界面。

触觉（tactile）为描述用户体验提供了一个重要思路。触觉隐含了游戏的元素，那就是用户可以做某事。这几乎是一种身体层面的体验，需要通过点击来触摸。互动新闻将一种可塑性和流动性嵌入其形式中。根据用户界面设计专家詹妮弗·泰德维尔（Jenifer Tidwell）的说法，这种触控体验包括滚动、缩放、排序和排列、搜索和筛选，以及拉近或推远界面的能力。[15]

定义的最后部分最具有挑战性：以获取新闻和信息为目标。通过互动新闻，我们知晓并学习与这个世界相适应的一些东西。罗伯特·帕克（Robert Park）以一种经典的方式来谈论新闻在社会中的功能："新闻是一种知识类型。"[16]在我看来，并不存在确定的新闻，特别是在新闻概念不断转换、改变和适应的情况下。但我确实认为有一个基本的"新闻观念"（news think），这正如西尔维奥·韦斯博德（Silvio Waisbord）所界定的那样："将海量的信息提炼成新闻是一种理解世界的方式。"[17]对我而言，这个定义为思考新闻提供了一个广阔的空间——新闻可以是有趣的、愚蠢的，甚或是娱乐的，它也可以是强硬出击（hard-hitting）的、调查的、公共服务的，并且/或者是让编辑内心澎湃的某种突发新闻。

有时候，互动新闻工作产品会被描述为一个新闻应用程序、一个新闻App或常用的软件。非营利性新闻调查网站为了公众网的斯科特·克莱因（Scott Klein）是互动新闻领域主要的领军人物，他曾解释说，（互动新闻）"通过制作软件而非文字和图片来做新闻"。然而，此种描述仅适用于那些数据驱动产品，并不涉及沉浸式或较少数据的特定产品。同样，关注新闻应用程序本身，无助于解释其所涉及的人或所创造的知识类型。并且，将其称为"数据新闻"（data journalism）也十分狭隘：还有很多其他形式的互动新闻，例如互动式的故事讲述提供了一种沉浸式的数字新闻体验，就像产品《雪崩》，或是把互动性特征与绘图、数据和多媒体叙事元素相结合；此外，还有一些和数据无关的互动产品，虽然它们也使用了新闻应用程序，例如，BBC有一个叫《猫咪的秘密生活》（The Secret Life of Cats）的互动产品可能就不符合这个定义[18]，由《纽约时报》推出的奥斯卡奖投票这样的互动产品也属这一范畴之外。不在这一概念中的还包括许多体育类的互动产品，它们没有《雪崩》那样的沉浸式体验，当然也不像那些与传统新闻并不直接相关却联系着新闻事件的小测试（Slate网站就特别擅长这些，例如模仿约翰·特拉沃尔塔在奥斯卡颁奖礼上念错一个明星的名字）。[19]因此，互动新闻是一个包罗万象的术语，指的是通过软件创建的一种新闻类型，并且它的实践者们都是互动记者。

在灵感、专业技能以及内容等方面，数据新闻是互动新闻的一个重要来源。对于一些实践者来说，数据新闻这个术语本身就相当不稳定：它是否意味着一种仅仅使用计算来创造数据结果的行为呢？或是在展示这些结果时必须使用一些视觉的或互动性的元素呢？新闻记者亚历山大·霍华德（Alexander Howard）在为哥伦比亚大学新闻学院（Columbia School of Journalism）撰写的报告中，给出了迄今为止关于数据新闻的最清晰的一个定义："收集、清洗、组织、分析、可视化和发布数据，以支持新闻业的创造性行为。"[20]他补充说，这意味着将数据科学应用到新闻上，并将其描述为"从数据中提取知识的研究"。[21]数据新闻是将信息来源、统计数据应用、可视化等要素结合起来的一种整体展示。在我看来，数据新闻是互动新闻的一个重要组成部分，但并非所有的数据新闻都是互动的。我关注的重点在于，新闻和编程结合在一起如何创造出了新闻的新形式，所以数据新闻与本课题最相关之处，就是它能在互动产品中呈现其自身，因为它依靠新技术的专业知识将代码扩展到新闻领域，以此激发出有关新闻工作的新的思考模式。

总结而言，正在从事的如下工作类型可以被称为互动新闻：一种通过代码来实现故事叙事的视觉化呈现，通过多层的、触觉的用户控制，以便实现获取新闻和信息的目标。但互动新闻是我们所称的产品和创造这种产品的过程。我们需要记住互动新闻不仅仅是一个物质对象：它也与社会和文化的背景紧密相连。克里斯·安德森在一个集合的背景下谈到了数据新闻：就像有"环环相扣的以物质、文化和实践为基础的支撑结构"。在此我并不使用这些术语，互动性自身就建立在它的创造性的假设上，并且更宏观的社会技术文化会为其使用、设计与接收赋予特征。[22]这就是为什么"制作互动产品的人以及他们如何工作"会成为此项研究的重心。

《猫咪的秘密生活》互动产品

与互动新闻相关的一个重要关联领域，是与其有着更大学术联系的计算新闻。这两种想法是相关的但却不是同一回事。互动产品经常使用代码和算法来帮助新闻记者推动他们的工作过程和实践，这超出了仅仅只是向公众进行内容展示的层面。计算新闻（computational journalism）这个术语在 2006 年起源于佐治亚理工学院（Georgia Tech），该校的一位计算机科学教授艾尔凡·埃萨（Irfan Essa）最早在美国有线电视新闻网（CNN）的一次会议上萌发想法，后来思考如何将计算机更好地应用于新闻领域。他和学生尼克·迪亚考普勒斯（Nick Diakopoulos）开设了一门课程，专注于计算机算法如何可能帮助解决新闻的一些问题。现在，计算新闻和努力教新闻记者如何去写代码相关联——既包括编程，也包括将计算机科学思维应用到新闻上。[23]人们普遍认为，代码如何能更好地丰富监督式新闻（watchdog journalism）的类型是一个更加学术性的问题。特里·弗卢及其同事杰伊·汉密尔顿（Jay Hamilton）、弗雷德·特纳（Fred Turner）思考了如何发挥这些算法的新潜力，以助力处于危急时刻的监督式新闻。事实上，詹姆斯·汉密尔顿（James Hamilton）和弗雷德·特纳将计算新闻定义为，"整合社会科学中的算法、数据和知识，以补充新闻业的责任性功能"[24]。迪亚考普勒斯推进了这一观点，他认为记者们需要让算法实际上负有责任。[25]这种与监督式新闻更宏观的联系，有助于提醒我们互动产品是为公共利益及新闻业的更大目标提供双重服务的。现在，计算新闻被认为是一种新闻专业内的"构建"（construction）或"论述"（articulation），这表明它不仅是一种新闻工作的类型，同样也是人与实践的一种集合体。[26]

人、工作和知识

人

互动新闻背后是些什么人呢？汇集于此的广泛田野调查和访谈探究了这些人的具体背景、他们给新闻编辑室带来的东西，以及他们所提出的观点。我们见过了有编程背景的记者、自学代码的记者、懂得如何使用程序以利用代码的记者、设计记者（designer journalists）、"开发"记者（"developer" journalists）。我们很难区分不同类型的记者，但是记者的背景和他们对自己所做事情的自我理解，有助于将这些互动记者的根本感受结合在一起。他们不仅仅是作为一种类型的互动记者，还是通过展现互动新闻的首要目标而联合起来的拥有特定技能的群体。

并不是所有的互动记者都自称是"新闻记者"（journalist）。实际上，这个标签确实是有争议的。讨论这个仍需商榷的术语会将本书带到一个更为宽广的领域，但会冲淡我们的主题。我为使用"新闻记者"这一术语来描述互动记者群体提供了一些简单的理由。首先，他们对创造新闻产品的行为有所贡献——他们在新闻工作中的成果以及如何工作，直接关联着创造新想法的机会。其次，大家对"新闻"（journalism）这个词有一个共同的理解，就是可以和这个行业以及相关机构背景中的那些人进行交流。再次，他们的工作是做与公共利益相关的公众消费的新闻。最后，这些人共享了已经被接受的主导性新闻规范，并且能够带着新闻敏感进行交流，从而可以对总体的编辑项目做出贡献。如果他们直接促发新想法，或者为新想法的形成提供支持，那么根据我的界定，这些人大概都可以被新闻记者这个术语涵盖。

一些熟悉这个领域的人可能立刻会想到隶属于美国计算机辅助报道研究所（National Institute for Computer Assisted Reporting，NICAR）的专业记者团体，或是这个组织本身。这个组织每年举办一次年会，多年来它不断推动对如何运用电脑技术来利用数据的理解，并且还举办了很多致力于编程基础的论坛和工作坊。对于那些从事计算机与新闻相交叉领域工作的人而言，这是规模最大的国际性会议之一，尽管在本书中接受访谈的国际性记者多数不是这个组织的成员。实际上，美国计算机辅助报道研究所的电子论坛（listserv）将那些从事互动新闻行业的人汇聚成了一个多元性的社群。

但是这里讨论的互动记者不应该仅仅被认为是美国计算机辅助报道研究所的新闻记者，本书也不是专门针对这个群体或特定人物进行描述的。就互动新闻而言，本书所关注的远远超出了上述专业性群体的范围。即使对数据新闻有强烈关注，也不能涵盖那些可能将很多时间花在专门从事互动新闻编程工作方面的记者，因为他们并非仅仅是解析数据。并不是所有的互动记者都将直接参与数据调查或是进行采访报道；有些人可能只是建造工具，以便帮助其他记者更容易地展开报道，或者还有人可能是隐藏在编程和设计背后的梦想家。你会发现，互动新闻是一种靠多样背景以及一系列特殊技能和方法去做的新闻工作，但是这个子专业具有整体性和连贯性，因为每一种互动记者都是在为最终的目标和创造沉浸式产品的结果服务的。

工作

理解互动新闻的下一个关键步骤是考察实际的工作产品、系统以及生产的各个流程。正如我们将在有关专业主义的讨论中看到的，这种实践可以被看成是这个子专业在更广义的新闻实践和新闻产品中所拥有的特定类型的管辖权（the specific form of jurisdiction）。田野考察可以让我们洞察到记者们是如何工作的，以及他们具体做了哪些类型的工作。相比于新闻机构的其他部门，我访问过的每个新闻编辑室都对其工作流程有着特别的看法，这些看法对理解互动新闻如何适应更大的新闻生产过程和新闻行业本身具有普遍的重要性。

要了解互动新闻的管辖范围或工作内容，首先要认识到设立这些专门团队或部门的需求（较小的新闻编辑室可能只有一个记者，甚至某些人还不是专门被派来从事这个工作的，涉足这个领域只是为了在技术上为机构提供一些支持）。在较大的新闻编辑室，这些部门有各种名称：互动新闻技术团队（Interactive News Technologies Team）、新闻应用程序团队（News Applications Team）、视觉团队（Visual Team）、新闻专题团队（News Specials Team）、数据新闻团队（Data Journalism Team）等等。在这些新闻编辑室内的"平台"（desks）上，有专门的记者被安排与指定的编辑一起生产互动产品。在新闻工作流程中，这些团队可以生产原创、独立的内容，或者在更具服务性的平台（service-desk）上工作，为其他记者提供帮助。它们中的一些团队仍被闲置在新闻编辑室的一角，处于偏僻之地，远离主要的工作区域；其他的团队则靠近中心的工作区域。在较小的新闻编辑室，单个的记者也可能从事互动新闻工作，他们的工作目标就是生产互动产品。

这些互动新闻团队有特定的功能，生产新闻编辑室里其他人无法制作的某类产品。在某些情况下，负责制作数据新闻互动产品的团队（以及从事数据新闻工作的人）不同于那些运用更复杂的代码制作更具包容性的互动产品的团队。在另一些情况下，制图团队和互动记者会整合在一起。因为这是一个新兴的子专业，各平台部门之间的区分并不总是很清晰，但是面向拥有专业性技能、从事特殊和专业性任务人群的总体发展方向已然明朗，因为他们可以制作出与众不同的产品。

在本书中，当这些新闻记者谈论他们的工作过程时，他们是以通过产品来解释工作这样的方式实现的。他们提供详细的实例以突出他们对新闻工作的敏感度、如何处理报道、如何与其他记者合作、如何收集数据，以及什么是他们眼中的有效产品。这里所讨论的具体的例子，经常是记者们认定的某种他们做出的最好的产品，尽管他们也确实做了一些失败的产品。所以，通过观察他们所从事的工作，我们可以了解互动新闻这个子专业出现的相关情况，以及这些记者真正创造的是什么。

知识

有两种方式来思考这些互动记者的特殊知识：特殊技能以及关于如何做新闻的更抽象的知识。在最基本的层面上，这些新闻记者都有其他记者并不具备的特殊技能：关于代码的特定知识。他们能够交流、使用和操作特殊的编码语言，去创造、改进和提高互动产品，这常常让他们给更大的编程新闻社群贡献出新见解。然而，知晓代码仅仅是一项技能，而并不是一种决定性的技能。其他的互动记者可能不懂代码，但他们拥有使用程序的专业经验，即通过输入数据来创建互动产品。还有一些人在设计方面拥有特殊的天赋，而他们并不一定会与新闻编辑室的其他人进行共享，因为这些记者对软件（特别是网络和移动技术）开发有特殊的理解。

互动记者拥有一种特别的知识，那就是关于在动态网络中吸引人的、沉浸式的故事如何运作的知识。他们采用的思考方式在很多方面与我们在传统新闻中所发现的不同。这些不同包括诸如"建造式新闻"（build-it journalism）之类的概念，即通过创建计算机支持的工具，使记者可以完成以计算为支撑的新闻工作，从而促进新闻业的发展。在这种情况下，新闻的目标是为新闻工作创建出产品提供一条路径，而非仅仅是讲故事，这体现了一种不同的工作伦理。互动记者做出的新闻提供了一种"自己了解"（see-it-for-yourself）新闻的方式，即用户可以按照自己的意愿去寻找故事，独立地探索新闻，而不是被提供一个特定的、有时间限制的、有序的叙事。在近/远视角（the near/far view）基础上形成的互动新闻，首次提供了一种通过让用户关注他们的邻里而使新闻变得个性化的方法，但与此同时，他们也可以获得一种更宏观的新闻故事的远视角。在新闻领域，新闻机构第一次没有因有关互动新闻的知识、实践、工具而彼此竞争；我们反而看到了一种有助于促进互动新闻输出的开放性伦理（ethic of openness）。然而，我们也确实见证了一种以截然不同的方式表达的叙事承诺（a commitment to narrative）。上述方面都凸显出互动新闻提供给新闻专业的抽象知识。

互动新闻有很大的公共影响：互动产品的兴起意味着报道内容可以用不同的方式来讲述，这种方式也许是前所未有的。因此，记者可以帮助人们通过基于代码的多媒体来理解报道，从而提供更好地理解报道中所讨论的社会现象的方法。或者，记者们可以用新方式展示和呈现数据，以便提高对它们的理解，从而超越通过传统的图形或故事文本提供的静态信息展示。因此，互动记者帮助改变了新闻工作的输出模式，并为人们获取信息提供了新机会。

成为一个互动记者，意味着要远离日常文本叙事建构（everyday constructions of textual narratives）的要求。这取决于对抽象知识的一种特定而专门的声张（claim）。本书的第5章重点阐述了对知识（关于新闻工作的知识）的更大声张，这种知识来源于互动新闻，其潜在主张是他们可以做一些别人做不到的事情。但还有另一种思考此问题的方式——为公众建构知识的替代性方式。因而，新闻的专门知识为数字化环境带来了诸多新的形式。

新闻子专业的专业化

目前新闻学研究的重点多集中于新闻业及其变革方面，互动新闻的兴起也不例外，尤其当互动新闻处在经济的、技术的、制度的和专业的压力环境下。纵观这个领域自身从实际的专业化进程开始的历史——正如迈克尔·舒德森（Michael Schudson）追溯从印刷商到对抗性报纸那样——随着新的新闻形式和新的实践的出现，新闻业的边界一直不断地被重新划分。[27]在这个大背景下，我们看到了新技能发展的重要性，比如新闻采访、专门的版面设计、专业性记者、随队记者（beat writers）等制度的创建，再如一些人利用专门的、指定的设备进行工作，如摄影记者。

专业新闻业持续性的生存威胁来自经济的、技术的、社会的以及制度的诸多力量。最近，传统新闻业所声张的专业权威面临着挑战。尽管新闻业一直以来丑闻不断从而使它的权威性受到质疑[28]，但随着数字文化兴起的新闻平台的扩张或许才是对新闻业最大的挑战。在新闻专业既存的边界和自我界定范围内，博客似乎展示出这个专业发展和扩张的潜能。正如威尔逊·劳里（Wilson Lowery）向我们指出的，博客暴露了专业性新闻领域的许多弱点，这实际上触发了人们对重新思考传统新闻业的讨论。[29]

同样，塞思·刘易斯也谈到了参与性内容的兴起所导致的专业主义的变化。他认为新闻业已经从担心用户生产内容会对其权威造成冲击，扩展到去接受一种更强调"适应性和开放性"（adaptability and openness）[30]的参与伦理。然后，在"专业系统"（systems of professions）①研究路径的脉络下，这些外在的挑战产生了一种对新类型的工作管辖权及其变化的回应。[31]其他更多的压力也随之浮现，因为非传统机构也在制作新闻产品，从而潜在地重塑着新闻工作。例如人权观察（Human Rights Watch）组织等非政府机构也在新闻现场发布新闻报道。[32]

尽管面临着变化和挑战，传统新闻机构还是可以声张其拥有某种特殊

---

① systems of professions 的表述来自安德鲁·阿伯特（Andrew Abbott）的社会学名著 *The Systems of Professions: An Essay on the Division of Expert Labor*，其中译本已由商务印书馆出版，但该译本将 systems of professions 翻译成"职业系统"（阿伯特. 职业系统：论专业技能的劳动分工. 李荣山，译. 北京：商务印书馆，2016.）。在本书中，因为作者将 occupation 和 profession 做了区分，所以译者将前者翻译为"职业"，将后者翻译成"专业"，由此也将 systems of professions 翻译成"专业系统"。——译者注

种类的专业知识。记者们有能力利用那些"不易分析和学习的方法"[33]报道复杂的事件。正如约翰·哈特利（John Hartley）所认为的，他们是现代性的意义制造者（sense-maker）。[34]刘易斯认为，在过去，记者们一直声称他们可以对创作、生产以及传播这类工作拥有独占性。[35]根据安德鲁·阿伯特（Andrew Abbott）的说法，从根本而言，新闻业可能是一种没有正规入职门槛的"可渗透"的专业，拥有"非凡的力量"，并且建立在"自20世纪初以来一直在为公众提供当前'事实'信息的基础之上[36]"。

然而，要将新闻这个职业（occupation）看作一种专业（profession）是十分困难的。通常，传统社会学一般会根据一些特征来评估某些专业，比如入职门槛、许可制度、行业考试、强制教育、明确规定的伦理规范、专业性组织、法律框架等等。新闻业有一些上述特征，但不符合全部特征，因此在是否"算得上"的问题上引发了激烈的争论。正如迈克尔·舒德森和克里斯·安德森所解释的，新闻业一直被认为符合一个专业的基本特征，它的特殊性在于对社会职能部门有着特定的权威声张。[37]在西尔维奥·韦斯博德有关专业主义的巨著中，新闻业经常被看作"一种具有专业性抱负的职业"，并且在"民主社会新闻伦理维度"的语境下，也被看作其所从事的工作有着特定的规范性实践。[38]学术研究领域有大量关于新闻专业主义的文献，包括丰富的比较性工作，它们试图评估专业性文化之间这些规范性的差异。[39]此外，还有大量的文献在争论新闻业到底是否称得上是一个专业。[40]然而，我在这里要做一点不同思考——新闻是一个专业，更是作为一种知识构建的过程，是持续性创造和再创造的实践，以及作为专业管辖权的声张（jurisdictional claims）。

韦斯博德、舒德森以及安德森都认为，专业主义经常被等同于一些职业伦理的先在观念（ethical preoccupations），比如对客观性的信念。专业主义也一直在讨论方法层面的问题，即一个专业如何具体追求为公共利益服务。在新闻领域，这可能被认为是有关客观性的方法，但是当这种方法被运用到专业领域的时候，它就变得复杂了。毕竟，什么可以算作一种方法？因此专业主义和职业伦理之间的界限是模糊的。[41]再如埃利奥特·弗雷德森

（Eliot Freidson）等人指出，当某些专业可以主导一个特定的市场角色时，它们会发展出一种职业认同，以一种令人信服的方式思考知识对经济收益影响的重要性。这一观点有助于进一步明确专业主义的定义。[42]

然而，如果我们跳出这一存在了几十年的讨论范围[43]，去探究新闻业如何在一个专业轮廓内运行（works），这可能是更为有趣的问题。正如建构了"专业系统"理论的阿伯特所言："是否新闻业没有能力去垄断从而使其'不是一个专业'，并不是一个特别有趣的问题。"[44]阿伯特的"专业系统"理论，提出了关于一个专业如何必须适应变革的观点，就此而言，该理论为思考转变中的新闻业提供了一个极好的框架：从以特征为基础评价一个专业到对一种职业类型的社会功能的考量。根据阿伯特的看法，专业会"抓住新的问题"[45]，这表明专业在适应经济、社会、政治和文化变革的同时也在不断变化——在这种情况下，专业需要不时调整，以满足网络复杂性所需的技术、经济和文化需求。

阿伯特观点的主旨，是通过人们所做的工作来考察专业，或者通过对一种特殊的、定界的专门知识——抽象知识和技能——的"管辖权"声张来考察专业。内部与外部的压力塑造了一个专业，这个专业与其他专业为了相关工作的"管辖权"而相互竞争。例如，会计专业是从法律专业中界定其边界的，这基于从业人员所从事的工作及其特定的知识。了解互动新闻从业者及其技能、他们所从事的工作以及他们所提供的知识，是建立公众与新闻业关联性的基础。

在这里我关注的是一个专业的子群体（subgroup）：互动记者。子专业（特别是新闻编辑室里的子专业）、子群体或者职业团体的兴起以往很少受到关注。在新闻业的专业语境下，我认为一个子专业的出现来自阿伯特所断言的力量：技术的、经济的以及社会的压力。对与公众相关联的声称也很重要，这通常来自客户（用户/读者），以及对专业间竞争和组织化需求做出反应的专业需要。

在各自的专业内，子专业提出了对知识的独特声张，它们的相对崭露头角/成功可以通过外部和内部的测量手段加以评估。杰弗里·布卢尔

（Geoffrey Bloor）和帕特里克·道森（Partick Dawson）认为："一个专业的亚文化塑造其组织文化的能力不是静态的，而是随着时间不断发展的，这也反映了一个组织的文化成分与外部环境之间复杂的相互作用。"[46]就互动新闻来说，新闻业内部和外部都面临着变革的压力。互动新闻作为一个子专业，甚至作为新闻业内的子专业都还缺乏说服力，但现状表明，这一问题还需进行一场更广泛和更有力的讨论。

当文献中讨论职业子群体的形成时，学术界一般关注的是"威胁"的观点。许多人认为，造成这种"威胁"的其中一个原因可能是新技术的实践。就像其他一般性的专业一样，学者们认为这些新的职业领域试图主张对特定工作领域具有控制权。这种对新领域的专业知识的渴望，可能会造成新闻业内的紧张氛围，这正如芭比·泽利泽（Barbie Zelizer）所概括的新闻摄影的兴起那样。在1935年，有线电传照片（wire photos）的采用威胁到了传统的新闻记者。传统新闻记者看到了技术领域的变化，因此，根据泽利泽的研究[47]，具有"保守主义特质"（reactionary character）的摄影师们仍旧影响了新闻与技术的整合。直到第二次世界大战，这个外部压力迫使对新闻摄影的需求发生变化，摄影师才开始正式被接受为新闻专业的子群体。[48]直到最近，在线新闻的早期制作者才被视为一个拥有特殊技能、与众不同的群体，这些人员在新闻编辑室的其他部门无法找到，并且容易被不信任对待。[49]虽然这种情况在美国已经不存在了，但在德国等国家，在线记者仍然被视为一个较小的分支群体。[50]

然而，正如威尔逊·劳里在其他场合指出的那样，由外部压力所导致的子群体的差异，实际上可能有助于维持一个职业的专业声张。劳里及其同事埃琳娜·埃斯科瓦（Elina Erzikova）在21世纪前十年的后期对俄罗斯新闻业的研究表明，威权主义（authoritarianism）的兴起已经在"政治"记者和非政治记者（例如软新闻的提供者）之间制造了分化。这篇记录这一专门化过程的文章，同时也谈到了非政治记者在有关技能和知识的管辖权获取方面发生的变化，例如他们要发展完善类似于图书管理员或咨询顾问的技能。然而，学者们认为："成功的差异化可以帮助维持职业生存，让核心工作领域持续地开展实践,以及与专业边界内的广泛客户群保持强关系。"[51]

因此,尽管存在威胁,但子专业很快就会被纳入到更大专业的主导性实践当中。占主导地位的群体倾向于定义什么是"标准"(normal)[52],并为组织中的规范、价值和实践开创先例。换言之,新的职业子群体会分享更大的职业群体的价值观。劳里也研究了视觉新闻记者的兴起过程。他认为,非新闻规范存在一种"入侵"的潜能。[53]他们中的一些视觉新闻记者来自艺术界,并且有着非新闻的专业背景。但他并没有发现这些价值观之间存在显著冲突,反而认为视觉新闻记者倾向于与主导性的新闻规范保持一致。这点非常重要,因为互动记者虽然在知识类型上做出了特别的贡献,但他们并没有提供一种全新的价值体系或对立的工作方式。

在专业内部,子群体们被认为是在更大的专业内为争夺对工作的控制权而竞争。根据阿伯特的研究,子群体是随着新技术而出现的。[54]一些研究结果也可以表明,这些子群体与更大的专业之间可能有直接的冲突,或者他们可能与更大的专业之间存在隐晦的冲突,从而"阻碍"(stunting)[55]了可以促进专业拓展的有效对话。但是,如果在更大的专业背景下子专业能够得到尊重和权威,它们可能就会在如何完成工作方面产生真正的改变。正如劳里在他有关视觉新闻记者的研究中发现的,只有当这些新闻记者在新闻编辑室被赋予了权威性的地位,他们才能更大程度地影响新闻业的规范。[56]

类似地,马修·鲍尔斯(Matthew Powers)研究了早期的网络开发者和计算机辅助报道记者。他认为,"技术上的特定工作"主要表现在三方面:"(1)作为连续性的样板(as exemplars of continuity);(2)作为附属的威胁(as threats to be subordinated);(3)新闻再造的可能性(as possibilities for journalistic reinvention)。"[57]本书涉及的问题是,互动记者是否被淹没在冲突之中并且无法改变或者挑战新闻规范,或者他们是否被赋予足够的权力来扩展新闻专业并且提供"再造的可能性"。研究结果表明,互动记者有足够的能力产生影响,并且与传统新闻从业者没有太大的竞争,因为他们在新闻编辑室的创新能力有很强的亲和力。子群体和大的专业群体之间的竞争并非总是显在的，且显在竞争在某些情况下也不是很严重，尽管可以预想的沟通问题仍然会出现。

值得注意的是，互动新闻的兴起并没有导致新闻编辑室内部出现严重的文化冲突（cultural backlash）。对其他记者来说，为拥有这些技能的人创造一个空间是很重要的，而且新闻专业确实能为这种成长提供空间。这表明，研究者需要在诸多有关专业的研究文献的细微差别中，认识到职业子群体可能会在没有专业内竞争（intraprofessional contest）的情况下平和地出现，而且他们也许能为现有的规范添砖加瓦，而非削弱主导的规范性价值。然而，一个主导性的规范系统可以控制子专业的贡献，子专业也可以持续提供它对扩展专业新闻领域的独特贡献的自我声张。大部分情况下（如果不是全部），互动记者并不觉得自己不受欢迎；事实上，互动记者因所能做的事情以及他们所带来的新的新闻类型而广受欢迎。尽管受到一些日常的实践性沟通的挑战，但在我所研究的新闻编辑室里，互动记者是否受欢迎并不是一个迫切的问题——他们很受欢迎，并且有时甚至被视为英雄或救星。

作为一个专业，新闻业正在发展扩张，部分程度上是因为有像互动新闻这样新的子专业的发展。新闻专业如何以及为何扩展是本书根本的理论基础，也是考察互动新闻如何创造思考新闻的新方式的起点。因此，通过检视互动新闻作为一个子专业产生的诸多条件，我提出了一些关键因素来解释互动新闻的兴起，其中的一些因素在有关职业子群体形成的文献中有清晰的传承，另外的一些因素则没有。它们包括：

（1）子专业可以非对抗地产生，而不必引发对专业性声张的对抗性竞争。

（2）社会文化的外部压力，如技术、经济、文化，会影响子专业的兴起。

（3）子专业的出现需要重申与公众的关联性。

（4）当能提出有关成功的外部和内部衡量标准的声张时，子专业就会出现。

(5) 在一个专业更大的管辖权抱负中,子专业提供了一种独特的知识声张。

这五个互动新闻发展要素,描绘了作为一个子专业的互动新闻在当下异军突起的条件。

子专业可以非对抗地产生,而不必引发对专业性声张的对抗性竞争。 从"专业都是对抗性的"这一更大的观点来看,子专业的出现可能是很独特的。就互动新闻而言,作为从其他专业或职业群体中脱胎而出的子专业,它并不会威胁到其最初的来源"编程专业"。这可能部分是因为当新的子专业出现的时候,从某个专业中挪用来的技能并不能使原输出专业失去主导地位。具体就互动新闻来说,编程成为其一项重要技能,并且对一些记者至关重要,尽管并非对所有记者都如此。

然而,拥有技能仅仅是开始。互动记者将这些技能与他们对新闻的了解相结合,产生了一种关于如何做在线新闻工作的独特知识类型。这个子专业的创立并不是在挑战编程专业的权威,而是在扩展新闻业,所以这并没有反映专业系统理论的一个重要前提,即该理论表明的变革来源于竞争的观点。

社会文化的外部压力,如技术、经济、文化,会影响子专业的兴起。 正如我在本书的导论部分指出的,来源于几个关键领域的技术力量(基础设施、用户设计、代码成熟度以及数据)影响了对互动新闻的需求。这些技术压力与经济压力并行。坦率地说,外部经济压力意味着新闻业没有真正的商业模式,而通过真正的商业模式可以持续地获得在线利润。解决这个问题的一个办法就是去创造在线价值。但是如何创造呢?互动新闻是一种创造价值的初步尝试。互动新闻之所以在新闻业内能够产生,得益于其内部的良好环境。内部的良好环境可以使新闻业尝试新类型的新闻,可能带来更多的用户或保持用户忠诚度。如果有人拥有帮助创造在线价值的特殊技能或特殊知识,那么他们在新闻专业内就有了发展的空间。因此,我们看到了对这样的部门及其招聘的支持——就像对互动产品和数据的尝试感兴趣一样。经济的必要性催生了对新闻特别种类的需求，而这种需求可以通过互动新闻来实现。

子专业的出现需要重申与公众的关联性。关联性帮助解释互动新闻的出现，反映出新闻专业内部和外部的压力。传统新闻业，特别是今天的传统新闻业，需要做出与公众关联性的声张，提供一些在其他领域找不到的独特东西。在更微观的层面，这意味着新闻机构必须表明，它们在提供与人们生活紧密相关的公众知识方面有着最好的主张，特别是处在注意力分散的在线经济条件下。

这种外部压力导致了一种可行动（actionable）的应对方式：创建一个可行的、可视的和可触的公众知识新场所。通过从搞笑到严肃的互动新闻，新闻机构向我们表明其有东西可供分享，在数字文化中新闻仍然与人们的生活密切相关。这种对专门知识的声张，意味着记者知道其他人不知道的一些东西：如何操控数据，或者如何以一种既在视觉上有意义又便于理解的方式来呈现信息，又或者如何创造出普通人做不到的一些有趣且信息丰富的东西。新闻记者必须回应用户的需求，或者是回应阿伯特所谓的更一般意义上的"客户"（clients）的需求，以便保有本专业的更大管辖权。因此，新闻专业有动力去发展特殊技能和获取知识来应对这些压力。

当他们能提出有关成功的外部和内部衡量标准的声张时，子专业就会出现。作为一个有意义的子专业，互动新闻之所以有着拓展的空间，部分原因在于，它在本专业内部有关于成功的外部和内部衡量标准。外部标准是互动新闻实际的投资回报。这种衡量标准超出了新闻编辑室的实际边界。强调重要性、成功性、关联性最显著的方式之一，就是通过网络流量进行测量。网络分析（web analytics）提供了一个引人注目的案例，证明了来自新闻专业之外的互动新闻的有效性。从内部视角来看，作为一个新兴的子专业，互动新闻通过设立其自身成功的衡量标准，突显出自己的重要地位。

就一个子专业而言，其力量大小可以通过专业组织及其成员来衡量。美国计算机辅助报道研究所是与互动新闻领域相关的主要专业组织（尽管不是唯一的），在仅仅25年的时间内，该组织的会员数从216名增长到4 500名，其年会，现在以互动新闻话题为主，聚集了大量国际听众。新闻专业这个关于成功的内部衡量标准，帮助证实了这个子专业的发展。在新闻业中很明显存在一个与众不同的群体，他们有着其他人所没有的特殊技能和专门兴趣，并且有着在其专门的环境中能够被有效解决的特殊关切点。

在一个专业更大的管辖权抱负中，子专业提供了一种独特的知识声张。 最后，互动新闻之所以成为一个子专业，关键原因在于它拥有一种对工作的管辖权，而这是新闻业的其他部门无法提供的。互动新闻所需的特殊技能和特殊知识在新闻业的其他领域还没有发现。我们将会在第2章中看到，当互动新闻从编程中得到启发时，哪一类的特殊知识会在这个领域中出现。互动记者可能是那些唯一声称熟悉其所使用的代码或程序的专家（the specialists）。当然，并不是所有互动新闻团队的记者都拥有同样的技能，但是他们都强调作为软件的产品，或强调利用代码进行新闻表达。这些都不是新闻编辑室的其他部门所正在从事的工作。因此，通过互动新闻的兴起，新闻业出现了一个针对特殊类型工作的专门化声张。那些拥有这些技能组合（skill sets）的人聚集在了一起，阐明他们对于更大的新闻专业性工作的重要性。

通观全书，我们将会看到一种有关互动新闻如何阐明了一个新闻子专业发展的说明。尽管这个案例对于新闻业内每个子专业来说可能并不具有整体的普遍性，但对现有理论的诸多补充则表明了思考这个特殊案例的重要性，特别是考虑到当前新闻产业的现状以及新闻业所面对的特殊压力的背景。特殊的知识和技能在建立互动新闻这个子群体的过程中发挥了巨大作用。概括地说，这个子专业的形成是对更大的社会文化力量的一种回应，这种情况部分源自经济与技术领域的变革。当我们从人、工作和知识三个层面来考察互动新闻时，职业子群体发展的上述诸多方面在全书中就变得更加清晰。但是，在转到互动记者所拥有的管辖权声张这个话题前，我们需要探究一下这种类型的新闻的起源。

注释：

[1] Tse and Quigley, "Is It Better to Rent or Buy?"

[2] Bostock, Carter, and Tse, "Is It Better, to Rent or Buy?" 这是我们在 2011 年使用的最新的计算器版本。

[3] van Dijk, *Network Society*.

[4] Rafaeli and Sudweeks, "Networked Interactivity."

[5] Steuer, "Defining Virtual Reality."

[6] Stromer-Galley, "Interactivity-as-Product," 391.

[7] McMillan, "Exploring."

[8] Bucy, "Interactivity in Society," 374.

[9] Bucy, "Second Generation Net News."

[10] Sundar, "Multimedia Effects."

[11] Rogers, Sharp, and Preece, *Interaction Design*.

[12] 代码是唯一能使互动成为可能的工具。过去，从电话线路到邮件服务系统，其他工具甚至语法也提供互动性。而代码是能够使互动产品按此方式运作的特定工具。

[13] Diakopoulos, "Functional Roadmap."

[14] Cairo, *Functional Art*, 195.

[15] Tidwell, *Designing Interfaces*, 125.

[16] Park, "News as a Form of Knowledge."

[17] Waisbord, *Reinventing Professionalism*, 227.

[18] Atherton et al., "Secret Life of the Cat."

[19] Kaufman, "To Spur Traffic."

[20] Howard, "Art and Science," 4.

[21] Howard, "Art and Science," 4.

[22] Anderson, "Between the Unique and the Pattern."

[23] Journalism and Computer Science (SEAS) Dual-Degree Program. Columbia Journalism School. Available at http://www.journalism.columbia.edu/page/306/7.

[24] Hamilton and Turner, "Accountability through Algorithm," 2.

[25] Diakopoulos, "Algorithmic Accountability."

[26] Bucher, "'Machines Don't Have Instincts'."

[27] Schudson, *Discovering the News.*

[28] Carlson, *Journalistic Authority.*

[29] Lowrey, "Mapping."

[30] Lewis, "Tension," 836.

[31] Lewis, "Tension," 836.

[32] Powers, "New Boots on the Ground."

[33] Reich, "Journalism"; Ettema and Glasser, *Custodians of Conscience*, 22.

[34] Reich, "Journalism," 32.

[35] Lewis, "Tension." 刘易斯提出了一个关于专业主义的综合性讨论，我从中受益匪浅。

[36] Abbott, "System of Professions," 225.

[37] Schudson and Anderson, "Objectivity."

[38] Waisbord, *Reinventing Professionalism.*

[39] Hanitzsch et al., "Mapping Journalism Cultures"; Weaver, et al., *American Journalist.*

[40] For example, See Reich, "Journalism as Bipolar."

[41] Waisbord, *Reinventing Professionalism*, 7.

[42] Freidson, "Changing Nature."

[43] McLeod and Hawley, "Professionalization among Newsmen"; Weaver et al., *American Journalist.*

[44] Abbott, "System of Professions," 225.

[45] Abbott, "System of Professions," 93.

[46] Bloor and Dawson, "Understanding," 276.

[47] Zelizer, "Journalism's 'Last' Stand," 89.

[48] Zelizer, "Journalism's 'Last' Stand," 78-92.

[49] Singer, "More Than Ink-Stained Wretches."

[50] Singer, "More Than Ink-Stained Wretches," 838.

[51] From Erzikova and Lowrey, "Seeking Safe Ground," 353.

[52] Lowrey, "Word People."

[53] Lowrey, "Word People," 415.

[54] Abbott, *Systems of Professions*, 149.

[55] Lowrey, "Word People," 428.

[56] Lowrey, "Word People," 428.

[57] Powers, "Forms," 24.

第 2 章 | 一个子专业的兴起：互动新闻

　　新闻互动产品的历史已经发展到一个新阶段，互动新闻和互动记者现在已经成为新闻编辑室的常规部分。互动新闻子领域的出现，部分归功于技术、经济领域的变化，以及对从事特殊类型工作的能力要求。

2005 年，美国公共广播电台（NPR）媒体专栏作家戴维·福克弗里克（David Folkenflik）在堪萨斯大学（the University of Kansas）所在地堪萨斯州劳伦斯发表了一个轻松有趣的报告，他在导入语部分如此描述：

> 这里是世界公司（The World Company）的运转之地。它拥有每日出版的报纸《世界日报》（*The Journal-World*）、一个地方有线电视台以及一些网站，其中包括一个视频游戏网站。没错，其中一个网站会不厌其烦地用 Xbox 游戏的形式呈现堪萨斯大学的男子篮球和橄榄球队史上的每场比赛。

视频游戏展示了堪萨斯大学松鸦鹰队（Jayhawks）历史上的每一场比赛。这是互动新闻在发挥作用。这也是《劳伦斯日报》（*The Lawrence Journal-World*）进行的为期三年的在线实验。到 2005 年前后，发行量只有两万份的该报，引起了如美国公共广播电台等全国性媒体的关注，并且一些大型媒体公司包括像《纽约时报》这样的媒体也从《劳伦斯日报》的创新中吸取经验。为了从在线新闻创新中吸取经验，许多新闻机构与该报进行交流并对报社进行了参观，以至于出现了如《芝加哥论坛报》（*The Chicago Tribune*）所描述的场景："兴趣表现得如此强烈，并且对工作日程造成了强烈的干扰，导致《劳伦斯日报》不得不花费精力安排好访问时间。"[1]

《劳伦斯日报》一直忙于做互动新闻，其记者们能利用编程创造出全新的网络产品。例如，早在 2002 年，旨在调查其所在州干旱情况的一个重要新闻产品，就诉诸这种颇具活力的互动式体验。就像劳伦斯本地网站的领军人物罗布·柯利（Rob Curley）向福克弗里克解释的那样：

我们合成了一个堪萨斯州地图，无论人们身处该州何处，只需点击鼠标就可以呈现所在地的正常降雨总量、目前的降雨总量，这对当地农民来说意味着数百万美元的经济价值。我们的电脑高手（nerds）会和堪萨斯州的电脑高手合作，共同建立一个完善的堪萨斯州数据库。因此，人们可以从中了解到灌溉是如何影响供水系统的。[2]

在在线新闻的简史上，互动性产品并非《劳伦斯日报》首创，但是从业人员与所出现的项目类型的特定结合，确保了这一场景成为互动新闻史上具有决定性意义的时刻（defining moment）。第一次，新闻编辑室的记者们积极地使用编程语言，以可视和互动的方式呈现数据和信息，这不仅体现在孤立项目上，还体现在网站核心结构中。

阿德里安·霍洛瓦蒂（Adrian Holovaty）是《劳伦斯日报》的前职员，辞去新闻记者的职务后，他现在成为一个执着的音乐软件开发人员。霍洛瓦蒂彼时是个年少有成的程序员记者（programmer journalist），他在个人博客上帮忙维护一个新闻记者的小社群，这个社群对程序和新闻结合的可能性有着浓厚兴趣，并且他也成为这个子专业未来的模范人物。《劳伦斯日报》的所作所为实在是效果显著又具先见之明。正是因为这个原因，《橙郡纪事报》（*The Orange County Register*）的执行编辑罗布·柯利一直在考虑《劳伦斯日报》这个案例。他向我解释道："我们正在构建人们真正想要的东西；人们以前从未见过互联网以这种方式运作，并且它运行得很好。"

几乎没有人能在 2002 年看到互动产品。事实上，当时虽有勉强过半的美国人家庭拥有互联网，但他们大多数只获得了缓慢的拨号上网服务。互动产品的"现代史"并不是从《劳伦斯日报》开始的，但它却是出现此种革新的最引人注目的案例。在本章的其余部分，我将根据对重要人物的访谈概述一些互动新闻的历史，以及讨论我在阅读和研究过程中所明晰的关键技术的发展情况。互动新闻的历史是不可能被详细论述的；我的研究目标是强调互动新闻的兴起，以便我们更好地理解这个子领域是如何产生的。

互动新闻的早期发展

互动新闻的兴起可以归功于代码和计算技术复杂性的提高，以及从当下前所未有的海量数据中汲取的力量，但尽管如此，它在新闻领域也有一段很长的发展过程。互动新闻子专业的兴起源于摄影、图形、数据可视化，以及计算新闻的融合。新闻业的上述方面以不同的方式相交织、汇聚，帮助形成了互动新闻。

新闻自身的形式——它的展现方式——在历史中一直不断发展，并且对于它的研究也产生了有关互动新闻兴起的一些洞见。凯文·巴恩赫斯特（Kevin Barnhurst）和约翰·尼禄（John Nerone）记录了其中的一些变化。他们认为，日复一日的可见结构，包括版面编排、字体、插图，呈现了报纸的外观和感觉，而这又反过来构成了报纸与公众之间的关系。[3]他们将报纸的展现形式分为四种类型：文艺型（printerly）、党派型（partisan）、维多利亚型（Victorian）和现代型（modern）。文艺型的报纸具有书卷气的外观，是给绅士们阅读的；党派型的报纸有更大的版面，表明了大众政治和市场经济的崛起；维多利亚型的报纸反映了帝国主义；现代型的报纸表达了科层制度的生产，以及提供专家式的解释。如今的互动新闻正是基于这一传统，提供用户导向（user-guided）的新闻与信息的体验。迫于之前施加于当今新闻业的压力所产生的需求，上述这种体验可能构筑了新闻业和公众之间的关系。

新闻业中图像的历史，特别是图形史，也促进了互动新闻的兴起。马克·蒙莫尼尔（Mark Monmonier）在他的《配图的新闻》（*Maps with the News*）一书中，展现了关于新闻中的图形的最全面的阐释。他认为，新闻中的图像最早可以在公元6世纪的雕版印刷出现时看到。在那时，浮雕的图像是通过一个滚轴生产的。[4]约翰·格里姆韦德（John Grimwade）是研究新闻中的信息图形（infographics）的业余历史学家，在20世纪60年代到21世纪初，他曾作为一位图形编辑在《泰晤士报》和《康泰纳仕旅行者》

（*Condé Nast Traveler*）工作过。他认为，最早的信息图形出现在 19 世纪早期，主要集中在战争和凶杀的内容方面。根据格里姆韦德的说法，第一个新闻信息图形是 1804 年在《泰晤士报》上发表的，它描绘了作为犯罪现场的一栋房子。"这是最早的叙事新闻图形之一，表达了一个十分简单的想法，那就是房子中的房间要展示出不同事件的发生地点。"他回忆道。[5]

查尔斯·米纳德（Charles Minard）所绘制的拿破仑向莫斯科进军的图形，常被错误地认为是第一个新闻信息图形，因为这个图形在 1859 年被绘制，但却描绘了 1812 年发生的事件。直到 19 世纪末期，新闻中才第一次出现有关天气的地图。然而，信息图形表达方式的下一次重大飞跃直到 20 世纪才出现。泰坦尼克号的沉没，以及第一次世界大战和第二次世界大战的爆发（也包括读者的需求），给使用信息图形去表达持续性的新闻事件以充足的机会。在那个年代，《时代》杂志被认为是新闻信息图形的主要来源。格里姆韦德认为，信息技术领域的进步——并不一定是制作信息图形的技术，而是传播信息和更好更快地更新数据的技术——极大地完善了信息图形（例如，实时天气数据）。

图形专家们基本上类似于绘图者（draftsmen），拥有专业的绘图技能。他们使用曲线板、椭圆模板、圆规、气刷、刀和笔这些工具。在格里姆韦德所处的时期（20 世纪 70 年代早期），为了描绘线条，这些图形记者不得不减少使用醋酸纤维板（acetate plates）以方便出版。他提醒我说，当时没有简单的方法来固定一个图形——没有计算机"擦除"功能来调整角度或纠正错误。一个图形记者必须把一切都设计得完美无缺。正如蒙莫尼尔所言，20 世纪 70 年代和 80 年代报纸在设计方面出现了很多创新，实际上这也使得照片和图表成为更重要的角色。他认为图形的加速发展部分原因在于技术的诸多因素，部分原因在于竞争的诸多因素。到 1979 年，随着新闻设计协会（Society for News Design）的成立，这个领域已经成为了新闻业的一个子专业。

作为新闻业中的一个独特专业部门，图形部门崛起的部分原因是报纸使用颜料的能力有所提高。随着技术的进步，无论是在报纸印刷还是版面设计上，新闻编辑室的主管们开始热衷于在新闻中尽可能加入更加复杂的图形。广电新闻业很早就开始在新闻中加入图形（伴随着电视天气预报的出现），印刷报纸则紧随其后。蒙莫尼尔认为，在 20 世纪 70 年代和 80 年代，各大报纸开始形成综合的艺术部门，这使得报纸颇具"吸引力且信息丰富"，从而拥有了各种各样的插图：地图、时政漫画、商业图形、彩色照片，以及专栏的插图式设计（例如美食或旅行）。

20 世纪 80 年代中期，早期的计算机图形设计开始进入新闻编辑室。蒙莫尼尔提议让"程序员和艺术家合作"[6]，来共同制作图表和图形。鼠标操控（mouse-controlled）使得在线创作更加简便，软件（例如微软的绘图功能软件）使得制作胶版、时间序列图和数据图表变得更加容易。报纸的编辑前端文字处理（editorial front-end word processing）也和排版相关联，使得电脑更容易传送图形。美联社（The Associated Press）开始让处在电子公告板上的图形进行移动，奈特里德报系（Knight Ridder）和甘尼特（Gannett）媒体公司也将具有图形设计功能的苹果麦金托什计算机（Macintoshes）① 引入新闻编辑室。此外，报社的图形部门随着报纸结构的变化也变得更加规范了。蒙莫尼尔指出，1984 年图形部门在美联社的新闻编辑室正式成为一个具体单位。并且，进入图形部门的一些人拥有艺术专业的背景，而非新闻学背景。1982 年，《今日美国》（*USA Today*）的创立虽然引起了争议，但却将图形的地位提升到新闻营销的一个重要方面。

蒙莫尼尔在 1989 年就离开了这个领域，但他对互动图形的发展状况做了一些可靠的预测，相信互动图形将会出现在新闻业中。他写到了有关视频文本互动应用的前景所在，那就是信息操控的用户导向：

> 电子显示屏制造了可闪烁和移动的地图符号，计算机图形系统可以生成动态地图。视频显示技术和现代电信技术提供了将高动态的制图显示软件与大型地理数据库连接起来的巨大潜力……如果电子新闻数据库可以作为一个大众传播媒介而出现，那么动态新闻地图就会变

---

① 苹果公司于 1984 年推出的一种型号的计算机，处理图形效果比较好。——译者注

得很平常。[7]

相应地,他预测动态地图会给用户提供一个通过键盘进行选择的"选择菜单"(menu of choice)或者甚至是一个触摸板,通过计算机编码提供有效的方式让用户关注各种新形式的信息。从理论和实践的角度来看,互动网页设计的思想,被预测为吸引未来计算机用户的一种基本方式,并且对于新闻而言,其发展的方向将是电子新闻的用户导向。

多媒体能力的提升和网站的完善促进了20世纪90年代新闻领域互动产品的早期创新。迈克尔·弗兰德利(Michael Friendly)认为,在20世纪70年代,对于互动图形的制作而言,"公式翻译"(fortran)这种计算机语言具有开创高互动能力的作用[8],但直到20世纪90年代中期,我们才开始看到新闻中以网络为基础的互动性元素的呈现。弗兰德利指出,计算机语言的进步使得开发滑块、选择框、列表、图形、表格,以及借由信息实现的用户交流成为可能。

新闻中的互动图形可能是1995年在《芝加哥论坛报》诞生的。尽管并没有哪篇论文这样认为,但是我在对《南佛罗里达太阳哨兵报》(*The South Florida Sun-Sentinel*)的一次访谈中确证了这一点。1996年,《南佛罗里达太阳哨兵报》的编辑莱维特·拜尔斯(Leavett Biles)聘用了唐·维特金德(Don Wittekind),他是一位具有编程背景的记者,可以帮助制作被拜尔斯称为"多媒体信息图形"(multimedia informational graphics)[9]的新闻——尽管维特金德表示并不清楚他在做什么。他们的第一个成果是关于火蚁(fire ants)的图形。互动记者阿尔贝托·凯罗(Alberto Cairo)将其描述为"未知领域四处移动的游戏按钮,而不再是过去规矩的旧油墨、纸张和静止图片"[10]。就此而言,这些新闻编辑室正在进行以人机互动(human computer interaction)为开端的试验——通过视觉、声音或是屏幕响应,可以获得读者与计算机之间实际反应的反馈。[11]那么,在电子时代的开始阶段,计算机增强(computer-enhanced)的互动产品是什么样子呢?以下部分将介绍一些来自那个时期的典型片段。

现代计算机互动产品的开端

20世纪90年代末，报纸和新闻机构普遍得出一个重要且似乎十分明显的结论，那就是他们需要对强劲发展的网站投资。主要的报纸媒体在早期的改革尝试中被弄得焦头烂额。人们应该记得，像奈特里德报系和《纽约时报》这样的机构投资了视频文本技术，即一种通过调制解调器进行信息传递的现代个人计算机的前身。但是家庭用户的接受程度一直很低，并且这项服务的商业回报也很少。巴勃罗·博奇科夫斯基或许提供了"印刷式日报是如何上网的"的最佳记载。根据他的研究，经济动因刺激了互联网领域的投资。当消费者开始追捧非印刷式的替代品时，报纸已经开始意识到利润的下滑。到20世纪90年代末，已经有超过40%的成年人口在上网。[12]

安德鲁·德维加尔（Andrew DeVigal）现在是俄勒冈大学（University of Oregon）的教授，以前长时间在《芝加哥论坛报》和《纽约时报》做互动记者，他向我描述了早期互动新闻的情况。德维加尔即使不是第一批出现的互动新闻团队中的一员，也是《芝加哥论坛报》建立的第一个互动新闻团队的成员，并且他还帮助建立了该报的第一个网站。"在上线之前，我们为创立这个网站前后花费了半年时间。这是一个建立模板的痛苦之旅。第一年或在此前后（1993—1994），没有任何技术可以开发这种模板；《芝加哥论坛报》只能自己动手做这个事情。"他解释道，"我们团队大约有12个年轻人，大家都在五楼的一个房间里工作，新闻编辑室里的人称其为'宿舍'（dorm room）……这个房间里的所有年轻人都在努力做一件事，伴随着震耳欲聋的音乐，特别有趣，这是一种叛逆。"[13]

起初，《芝加哥论坛报》只想涉足带有试验性的视频领域。但是，网络在20世纪90年代早期到中期的应用，使得他们的视频成果并不尽如人意——页面视频尺寸很小，而且也没有专门从事视频工作的专业员工。尽管很难去证实，但德维加尔将这一重大突破的成果称为第一个新闻互动产品。1995年,《芝加哥论坛报》发起了一个互动项目,追踪发生在芝加哥的所有凶杀案,这个项目以不同的形式一直持续到现在。[14]进行这个项目的团队,必须解决在没有任何可使用的技术工具的情况下如何使地图具有互动性的问题,从而使人们可以通过邮编来查找凶杀案的信息。

他们依靠通用网关接口(common gateway interface, CGI)这样一种早期(尽管目前仍在使用)的脚本语言,让用户发送请求至网站并检索输出(例如预先编程的地图),而不需要在网页上显示该输出。从本质上说,这个脚本语言是一种创建动态网页感觉的方式,尽管检索凶杀案的每个请求都是预先编程并且手工编码的。该团队必须逐条地输入邮政编码,并通过GIF语言来构建GIF格式的图形——所有这些都是手动完成的。随着编程技术和网络的总体发展,上述这种巨大的付出现在看来似乎毫不费力(手工编码变得不必要)。有迹象表明,甚至在上述做法得到应用的早期,互动新闻行业就已经开始发展了。德维加尔和他的团队成员享有着拥有特殊技能(包括编程能力和使用程序的能力)的地位,在当时的新闻编辑室中还没有人使用这些技能。他们的使命也不同:德维加尔的团队使用新技术用新的方式来讲故事。

德维加尔团队的这个特别任务,开始被芝加哥和其他地方的新闻编辑室高层和新闻团队明确加以表达。德维加尔向我强调,以互动方式讲故事对于《芝加哥论坛报》、他本人以及其他人来说,无论那时还是现在都令人感兴趣,因为它给用户提供了一个"掌握自己的互动,并决定自己如何去体验新闻故事"的机会,以及一个可以让我们看向他处的主题。互动记者开始发展出一种思考新闻的特殊方式,这很有可能改变之后的新闻规范,或至少提供了颠覆性的思维方式。

同样,在这段时间里一种职业身份也开始形成。1995年,在芝加哥召开了一次计算机经销商博览会(COMDEX),德维加尔参加了其中一个有关早期互动新闻的分组讨论。这个会议现在已经不存在了,但它当时是世界上最大的计算机贸易展之一,并以"极客周"(geek week)之称而闻名。[15]在这个会议上,德维加尔开始遇到从事与互动新闻叙事相关的类似项目的其他人，并学习有关的新技术和项目。正如他回忆的："真是让我大开眼界。我看到人们都在做着我想做的事情。"一个专业性网络开始联合起来，它成为了之后出现的互动新闻形成自己网络的一个重要信号，因为这可以通过内部和外部的诸多迹象，包括实践者的数量来加以测量。

然而，这一领域此时仍然是互不联系的，并且新闻编辑室之间关于互动新闻的策略、战略及形式等方面也存在很少的类质性（isomorphism）。反观现在，尽管有形式各异的主题和呈现方式，但互动新闻和新闻业的规范性方法往往有着共同基础，整个领域的新闻编辑室具有更多的一致性。但是，互动新闻讲述故事的一个要素是清楚的：无论你采取何种路径，讲故事都是一个艰辛的过程，并且它需要专门的技能，以及能够在现有网络和编程限制的范围内解决问题，从而使这些项目运转自如。

在其他方面，构造互动产品也一样是件十分费力的事情。杰夫·麦吉（Geoff McGhee）是互动新闻领域的早期开拓者，目前还在继续领导《纽约时报》互动新闻团队（在线图形部门）的第一次迭代（first iteration）。他做这些初步努力的时间始于1997年并持续到21世纪的初期。当时，麦吉的雇主美国广播公司新闻部门（ABC News）尽管以创新的网络设计和由重大网络投资支撑的强大团队而闻名，但他回忆说，仍要"没完没了"地从网页上下载一张单独的图片，并且那时候的显示器还太小——只有11英寸到12英寸。由于这些显示器的尺寸问题，以及当时网景（Netscape）和因特网（Internet Explorer）等主要浏览器有着太多行的搜索按钮和营销产品，所以视觉呈现相当困难。[16]

在美国广播公司，麦吉没有解决如何制作一个带有特殊网址（unique URL）的互动产品的问题。他解释说，创造一个互动产品的唯一途径，是通过编写JavaScript代码的方式创建一个弹出窗口（就像今天的弹出广告），从而可以使图像叠加在同一页面上。他将透明的GIF格式的图像放在一起来创建地图，可能首先是张地图，然后是数字，接着是文本，并且可以点击数字或者文本从而进一步显示图片。他说，"这确实给人以正在点击一个互动产品的感觉，是视觉化处理的一种方式，并且能让人们获得一个超越搜索和滚动体验的故事"。

麦吉解释说,这些"没有链接的神奇弹出窗口","实际上确实超越了情境式的新闻(episodic journalism)"。他和他的团队制作了民意调查、小测验、背景调查,以及一个专题项目,他记得这个项目得到了极大的关注:每个最高法院法官的个人主页上都有一个下拉菜单,可以让用户了解到最高法院的诉讼案件表和更多的信息。尽管这种互动产品并不新奇,但是这些发展让互动产品提供别样方法来向人们呈现新闻和讲述故事的功能更强。德维加尔和麦吉都是新闻记者,他们把自身的新闻技能和编程结合在一起。其他的新闻编辑室也在进行互动性实验,挑战对故事讲述方式的认知,并重新定义职业身份,然而它们并没有清晰地认识到程序员记者的发展前景。

博奇科夫斯基提出了有关新闻记者与程序员之间存在麻烦事的观点,因为很多对互动新闻感兴趣的记者并没有成为程序员,而程序员也没有十分接受新闻业。博奇科夫斯基是在一本书中回忆起此事的,这本名为《数字化新闻》(Digitizing the News)的著作考察了《休斯敦纪事报》(The Houston Chronicle)的在线部门。[17]从20世纪90年代末到21世纪,一个记者团队和一个编程团队合作完成了一个名为"虚拟航海者"(Virtual Voyager)的雄心勃勃的项目。这项工作始于一个商人和一个护士主动联系《休斯敦纪事报》,询问该报是否有兴趣报道他们为期三年的环球航行。报纸的旅游编辑部门没有审核通过这个项目,但是在线编辑部门对此颇感兴趣。"在海上"(At Sea)这个项目形成了超过1 000条的记录,并包含了图片、音频、视频,以及一个会自动更新旅行者位置的地图。[18]这不仅仅是一个航海项目,博奇科夫斯基认为,这个工作超出了仅仅是情境式新闻的范畴,以一种不同的方式讲述了一个故事。

除了编辑人员,程序员们也在工作,而且他们有做航海者网站以外的工作要求。尽管航海者和设计/编程人员在一起工作得很好,但这个项目更多的是在编辑和技术之间进行翻译转换,需要协调各种职业身份:编辑、程序员、设计师和生产人员。[19]记者们还不会编程;这个项目的负责人也注意到在程序员和记者之间存在合作的困难，并且如果他了解更多有关编程的知识，那就可以解决这个问题："部分是我的错，我应该学习 Java。"[20] 其他的先驱显示了互动故事讲述方式与一个新的专业身份形成之间的内在差异。正如上述那位记者所说："在印刷新闻业，我们想要走出去，体验一些东西，然后将其发表在报纸上。我们不会注意到其间发生的动作或是听到某种声音，除非涉及我们能将其转换为一种印刷产品的事情。我认为'虚拟航海者'正在使我们打开眼界，去关注作为印刷媒体人并不需要的一种新闻形式。"[21] 在这里，我们看到了一种观念的发展，那就是互动性产品的与众不同，以及一种区别于"印刷媒体人"职业身份的原初形式（proto-formation）。上述这种认知能够提供不同的贡献，对互动新闻的兴起是至关重要的。

还有其他一些早期互动项目的例子，这些互动性产品对于新闻编辑室之外的一些人来说不太惹人注意，仅仅作为帮助记者进行工作的工具而被创建——数据库、可搜索地图，以及针对内部而非外部用户的其他版本的互动产品。[22] 在 21 世纪初期，《纽约时报》的汤姆·托罗克（Tom Torok）曾在《费城问询报》（*The Philadelphia Inquire*）工作过，他在 NICAR 的会议上展示了一种工具，正如为了公众网的德里克·威利斯（Derek Willis）写到的："（这种工具）将使你的 SQL Server 数据库变得可搜索。任何数据库，无论何种信息类型都能被涵盖其中。"他称这个工具为"Shboom"。威利斯在 2014 年为 Shboom 制作了开源代码，并在在线存储库开源项目托管平台 GitHub 上发表相关帖子指出："对于那些并不真正了解软件的人来说，它是一款非常出色的软件。这是其扩散范围超越了新闻编辑室网络发展的第一批例子中的一个。"[23]

欧洲互动新闻的发展可能在稍晚的时候才开始，正如我在那里接触过的大多数记者所指出的，动画制作软件 Macromedia Flash（大约在 1996 年）的发展，对于开启他们的互动新闻生涯至关重要。在西班牙，包括《国家报》（*El Pais*）和《世界报》（*El Mundo*）在内，记者们开始将信息图形转换成互动产品。阿尔贝托·凯罗回忆，2001 年 9 月 11 日对美国的恐怖袭击使他确信互动产品将会成为在线新闻下一波发展浪潮中的一部分——这确实是信息图形的下一个迭代。在英国，英国广播公司是互动新闻的早期实践者。该机构在 2000 年和 2001 年就开始了最初的努力。但是，就像我访谈过的大量记者，以及博奇科夫斯基所表达的一样，许多初期的使用者都是为了适应网络环境并从纸媒角度进行创新的"印刷媒体人"。一个更流行的看法是，专注于网络并/或懂电脑的新闻记者将在未来主导这个行业。这些早期的做法会形成思考互动产品的一种方式，这种思考方式将整合整个行业，有助于为区别于新闻编辑室其他部门专业的职业身份奠定基础。

《劳伦斯日报》的诸多贡献

《劳伦斯日报》的在线团队在报社大楼的地下室工作，这幢建筑物曾是旧邮局大楼，后来经过了修缮。地下室虽昏暗且充满霉味，但地板是温暖舒适的木结构，访客们则身处四面红砖墙之中。罗布·柯利将这个空间描述为"华丽的，就好像你正在走进从未见识过的最酷酒吧和烧烤吧"。他的团队围着苹果机而坐，拥有报纸的西蒙斯家族（Simons family）仁慈地提供了宽松的环境和灵活的人员配置，柯利的在线团队因此有了创新的机会。

他们的项目包括州立法机构的追踪数据库、堪萨斯大学教授工资数据库、19 世纪 90 年代以来堪萨斯大学所有橄榄球比赛技术统计数据库、堪萨斯州所有高中运动员统计数据库、自动更新的天气地图、酒吧/啤酒吧/餐馆特价表和指南、互动和可搜索的音乐列表等等。一个重大的创新是把新闻视为结构化的数据——阿德里安·霍洛瓦蒂随后写了关于这一思想的文章，他在文中解释说："一个讣告是关于一个人的，包括日期和殡仪馆信息。一个婚礼公告是关于一对夫妇的，包括婚礼日期、订婚日期、新娘家乡、新郎家乡，以及其他各种洋溢着喜悦的信息。"[24] 换句话说，新闻是由零零碎碎的组件构成的，利用正确的编程，人们可以根据自己的意愿搜索所需要的信息。

"阿德里安关于相关数据库的想法启发了我，"柯利解释说，"我们不知道人们该做什么或是不该做什么。我们只是想，如果有一个劳伦斯地区的特价酒水数据库难道不是很棒吗？是的，这真的很棒，因此我们就这么做了。如何用事件日历（calendar of events）来构建一个酒吧数据库？分层照片怎么做？怎么让所有的表演变得可搜索，并且之后有可供下载的这个乐队的 mp3 文件？"

柯利描述了《劳伦斯日报》的一个典型项目。堪萨斯大学在 2003 年宣布不再照例实行荣誉校友季票制度，而是依据一套不同的标准碰运气。记者们搞到了这个新标准，它包括校友地位、贡献率、占座时长和其他一些因素。《劳伦斯日报》在线团队制作了一个体育场的互动地图以及一个数据库，这使用户可以根据他们输入的数据，来预测可能得到的新座位的位置。然后，他们可以点击预测的座位并获得体育馆的一个视图。今天听起来这个项目可能有点太普通，但《劳伦斯日报》的团队将编程、数据和照片相结合，与传统的报道协同创建互动产品，从而以一种个人化方式为用户提供了体验故事的机会。这是前所未有的创举。

《劳伦斯日报》还实施了其他一些项目，包括在选举报道方面的创新。该报发起了与候选人的在线直播谈话。霍洛瓦蒂在他的博客上描述了一个早期的互动产品："我们为城市委员会选举和学校董事会选举制作了互动产品'候选人投票器'（Candidate Selectors）——点击你所认同的候选人的引语，脚本将会告诉你哪些候选人是你最满意的。这个项目主要是作为一个引导，但毋庸置疑，'它确实是让我考虑候选人的一种方式'。"在这里，通过给读者提供一种直接的、用户操控了解候选人体验的方式，选举信息被重新讲述。这种方法已经成了互动新闻的一个标志。

除了创建互动产品，霍洛瓦蒂和另一个从英国招聘来的程序员同事西蒙·威利森（Simon Willison）也搭建了一个网络框架——Django①。Django 的目标是给使用 Python 语言的程序员一个建造网站和开发网络功能的起点。

---

① Django 是一个用 Python 语言写的开源 Web 应用框架，用来开发最初用于管理劳伦斯出版集团旗下一些以新闻内容为主的网站，是一种内容管理系统（CMS）软件。这套框架以比利时爵士音乐家 Django Reinhardt 命名，于 2005 年以开源形式被释放出来。——译者注

Django 经常被新闻机构使用，但从始至终都不仅仅适用于新闻领域。然而，这两个人确实为新闻编辑室开发了一个由 Django 支撑的被称为 Ellington 的内容管理系统，这个系统如今仍被新闻编辑室使用。

当时，霍洛瓦蒂的博客成了像他那样的小型记者群体，以及那些对创建在线新闻颇感兴趣的记者关注的焦点，特别是当编程与新闻相结合的时候。在博客上，他写了有关在《劳伦斯日报》（以及在他延续职业生涯的其他地方）进行的一些实验，从用户注册实践到在首页上寻找给某人发邮件入口的不便，他批评了关于新闻网站的几乎所有事情，并且通过发布来自全国各地的招聘广告建立了一个社群。该社群形成了一个活跃的网络社区，培育了对一些实验和观点的分享。参与其中的那些人将继续在主要媒体机构［包括《纽约时报》、《华盛顿邮报》、美国公共广播电台、脸书、推特、倡导者/这媒介（The Advocate/Here Media），以及其他的媒体和科技公司］中扮演重要角色。

正如我们所看到的，在霍洛瓦蒂之前，在全美甚至全世界零零星星的新闻编辑室中还有其他人在努力，尝试着以互动的方式来讲述新类型的故事。但是霍洛瓦蒂因为程序员记者的神话成为一个焦点人物，并于 2007 年在新闻与编程领域达到了职业巅峰。《劳伦斯日报》是这种编程—新闻（programming-journalism）相融合神话诞生的一部分；但更重要的是，它给在这个领域工作的其他人提供了声望——特别是对那些看到了发展一个新的工作子领域的前景和重要性的人而言。而接下来我们会看到，技术的发展（当然由人所创造）也为新闻业带来了巨变。

技术的发展

在今天的新闻编辑室，技术的发展在使互动新闻发挥其应有的作用方面做出了极大的贡献。技术的这些创新使记者们可以创造出越来越好的项目，而且由于消费这些项目的技术也在完善，互动产品对新闻体验的贡献也变得更为清晰。同样，这些技术发展也并非一定是线性的：当然，一个发展不会汇入下一个发展或成为下一个发展的条件，但是记者们描述这些变化的方式却作为一个整体叙事被建构，这个整体的叙事将互动从无链接弹出窗口带到了复杂的、个人化的，甚至是虚拟现实增强（virtual-reality-enhanced）的项目上，并且要进一步强调特殊知识和互动记者对这个专业做出的贡献。技术的发展包括了网络自身复杂性的不断提高、Flash 的兴起（和衰落）、"社交"开源社区兴起的重要性，以及云计算的出现。虽然上述这些革新充满技术术语和晦涩难懂的行话（jargon-y），但我希望，通过回顾这些贡献，读者可以理解今天为什么互动记者对其圈内的（esoteric）知识包括实践的和规范的知识，有特殊的声张。

表格百分比与启用内嵌框架

在互动产品的早期阶段，大部分网页是由 HTML（HyperText Markup Language，超文本标记语言）构建的，这在现在看来很简单，在当时却很复杂。尽管 HTML 具有局限性，但却很容易被理解。表格（tables）的引入使电子表格（spreadsheets）的设计被放到网页中，并且在很容易地去掉可见的线条和构架栏目布局后，网页很快会变得清晰。表格使程序员可以创建更为直观有趣的页面，并为图说、标题、导航栏、侧栏的布局等提供了便利。德维加尔认为，玩转表格百分比的能力，或是对这些元素的大小进行更多的控制是一个重大的创新，由此可以更容易地创造更多可自定义且外观漂亮的页面。表格百分比使设计人员能利用网络页面来做人们之前要使用传统的印刷设计才能完成的工作。正如前文提到的，CGI 的兴起意义重大，因为它成为了体验更加动态化网页的一种强有力的方式。它从一个网页上获取输入信息，然后运行程序去生成一个新的网页。但这种方式的局限在于速度很慢——需要召回到一个服务器上——而不像其他的技术（比如可以不同步的 Javascript 或者 Flash）那样可以与本地计算机而非服务器相结合。

紧随表格软件发展的是 Iframes 软件的兴起，它进一步使互动成为可能。Iframe 可以在一个网页中嵌入另一个网页。例如，想象一个带有滚动条的网页上的图片，或者不用经承载页导航或重载就可以被改变的其他配置（configurations）——只是页面的内容改变了，而整个页面本身并未改变。在通过调制解调器拨号上网的时代，这项技术意味着缩短加载时间，而这种体验就代表了一切。Iframe 进一步强化了建造互动产品的能力，提供了更好的用户体验，并以更具动态化的属性为特征。

Flash

当 Adobe 公司的 Flash 软件被发明时，互动新闻就被带到了一个新高度。到 2005 年前后，Flash 被整合进新闻编辑室，成为制作互动产品的重要工具。Flash 源起于一个叫 Macromedia Director 的程序，这个程序用于制作多媒体内容，在网页中需由 Shockwave 播放。Abode 公司在 2005 年收购了 Macromedia，并在此基础上继续开发 Flash。多亏了 Flash 这个软件，对于那些不懂编程语言的人来说，现在制作互动产品变得相对容易很多，并且这个软件的学习曲线（learning curve）① 很短。从 2004 年开始，《纽约时报》就是 Flash 应用的早期实验者，用它来制作例如竞选地图等政治性互动产品。[25] 随后，建立在 ActionScript 编程语言基础上的 Flash，使人们能更容易地进行视频托管（video hosting）、可视化动态展示、平滑集成（smoother integration）照片和音频。这款软件也被许多新闻编辑室甚至科技公司（YouTube 刚创立的时候，就是以 Flash 作为其视频播放器的）偏爱。Flash 极具吸引力，部分原因在于其可以和浏览器很好地捆绑使用，而且由于每个浏览器都拥有或可接入这个插件，所以几乎每个用户都能访问由 Flash 创建的内容。

Flash 软件也有助于信息图形专家的转型。这些专家过去主要从事版面设计，现在却被 Flash 软件带到了网上，他们可以在工作中处理印刷品级别的视觉细节，同时拥有强化了的在线应用能力。这些信息图形专家中的一

---

① 学习曲线（learning curve），是指在一定时间内获得技能或学习知识的速率，又称练习曲线（practice curves）。——译者注

些人,其中包括阿尔贝托·凯罗以及《华尔街日报》的乔恩·基根(Jon Keegan)(他的团队在第 4 章会有描述)等人,已经成为互动新闻领域的思想领袖和重要人物。因为利用其制作产品更加容易,Flash 在推广互动产品方面起到了重要作用,新闻记者可以制作更多的互动产品,对新闻编辑室而言,互动产品的价值得以强调,这些产品的质量有助于证明 Flash 作为故事讲述载体的重要性。并且,Flash 也使更多想要做互动记者的人进入了这个正在发展的子领域。

然而,从 2010 年起,苹果公司就不允许其平板电脑和手机运行 Flash,这基本上相当于在移动设备上判了 Flash 死刑。[26]苹果公司的做法使 Flash 最吸引人的工具——它的跨浏览器集成——不能再使用了。我清楚地记得在 2010 年(iPad 首次发行后),当时《纽约时报》的科技专栏作家尼克·比尔顿(Nick Bilton)正提出关于 Adobe 公司破产的阴谋论,原因就是苹果公司决定不再允许在其设备上使用 Flash。考虑到移动设备的兴起,这意味着如果新闻编辑室继续用 Flash 创造互动产品,它们就不能在最流行的移动设备上工作。尽管一些互动团队已经使用 Flash 之外的软件进行编程,但对 Flash 的强行屏蔽意味着了解其他编程语言的人会成为新闻编辑室追捧的对象。

如果你可以使用 Java 或 Ajax 而非 Flash 去编程制作互动产品,那么你将被新闻编辑室需要。正如凯罗所描述的:"使用 Flash 做东西如此舒适和高效,并且你可以轻松地制作某一非常复杂的产品,不是通过最小的努力,而是通过合理的努力来实现。但 Flash 一旦被淘汰,我们就陷入了困境,并明白了我们需要拥抱其他技术,而这些技术的使用者不是新闻记者。"例如,在 2009 年,《纽约时报》仍然在使用 Flash 制作复杂的互动产品:在"不同群体如何度过他们的一天"这个项目中,《纽约时报》让数以千计的美国人在可视化产品中去回忆每天的每分钟。[27]这个互动产品看起来很像其今天所做的众多互动的数据可视化产品,只是如今它们必须依赖实际编程来制作。这一时刻——Flash 的消亡——有助于进一步巩固新闻编辑室中具有专业化技能之人的重要地位,他们能制作出如今被更广泛使用、日益复杂的互动产品，这些产品越来越成为用户在线体验的一部分。

Ajax

大多我们想到的关于互动产品最重要的体验——在不刷新页面的前提下在网页上移动一个对象的能力——来自 Ajax。这是一款结合各种技术消除了网络上"开始—停止—开始—停止"互动特征需求的软件，正如用户体验专家杰西·加勒特（Jesse James Garrett）在 2005 年一篇推广 Ajax 的文章中说的那样。他进一步解释这一创新："在会话开始时并不是加载一个网页，浏览器加载的是一个 Ajax 引擎——用 JavaScript 编写并通常隐藏在一个隐匿的框架中……这个 Ajax 引擎支持用户与应用程序进行异步的互动，从而实现与服务器的独立交流。因此，用户绝不会盯着一个空白浏览器窗口和沙漏图标，等待服务器响应。"[28] Ajax 不仅仅是关于视觉图像的程序（你可以通过将你的标准 Gmail 与 HTML 视图进行比较，来了解它的功能），而且是一个类似于谷歌地图的程序，用户可以在其中点击并拖动而无须等待页面加载。这种互动产品设计的单一改进，不仅提供了更好的用户体验，还可以让人们实现真正的互动，因为这种互动形式实现了看似可即时响应，且不用复杂操作的浏览和搜索，并可将互动体验的主动权交给用户，从而以一种无间断的方式去讲故事。这一进步使互动产品在 2005 年得以引起新闻行业的关注。正如德维加尔所记得的："Ajax 在页面动态上做了一些改进。你突然可以在同一界面开始输入，并且它会生效……这简直太不可思议了。接下来发生的事情你都知道了，人们都开始使用 Ajax 做东西。"

但 Ajax 的发展展现了一种双面效果——网络设计和网络编程的新发展使其变得更难了。使用 Java 构建 Ajax 有难度，而且它并不一定在每个平台上都能正常运行。网页设计曾经是关于图形和布局的，现在却是关于编程的。正如伊桑·朱克曼（Ethan Zuckerman）所指出的："在某些情况下，是编程将网页设计工作变成了一个高度技术化的工作。"[29]

社会开源

自20世纪70年代到80年代初以来，开源软件（open-source software）运动一直在进行，但只有当1984年理查德·斯托尔曼（Richard Stallman）发起了"自由软件运动"（free software movement）后，这一运动也许才算是真正的开始。这一运动的理念是，如果代码是开放的，人们就可以自由地使用、修改和分享；这种开放要么是在做出改变后，要么是在代码的原始形式中。这样做的基本理念是，"公开编码"（coding in the open）[30]会鼓励社群提高透明性，让其他人在既有项目的结构上构建新的和更好的项目，并可对其改进和修复，从而使软件开发变得更快更好。但对于在新闻编辑室工作的记者来说，直到21世纪初开源代码才真正产生影响，当时平台（platforms）被开发出来，以一种帮助促进社交网络（social networking）的方式来托管开源代码。

开源代码对新闻编辑室（以及其他地方）的一些益处被作为互动产品广泛发展的重要因素加以解释。从佛罗里达的小报社开始职业生涯的内森·阿什比-库尔曼（Nathan Ashby-Kuhlman）目前就职于《纽约时报》，他解释说：

> 聪明人必须再三解决这些问题。在2005年之后，社会开源才开始出现。但当时我们正准备做模式识别（pattern recognition），并且坦率讲，我留意到一种可以节省我大量工作时间的可重复的方式，因此不用再做构建框架这样的重复性任务，我可以使用开源代码。这是大规模开展这种（互动性）工作的一个先决条件。[31]

阿德里安·霍洛瓦蒂呼应了这一点。实际上在互动新闻领域，引入开源代码被认为是"最大的事情"（biggest thing）："它是免费的，而且是高质量的软件，这个软件做了程序员应该做的所有簿记和无聊的事情，所以你能专注于建设站点，并因此可以越来越快地开发出高质量的产品。"[32]分享代码可以使我们缩短开发时间，接触新想法，以及基于兴趣的共享社群更普遍地去寻求改进新闻软件（或应用程序）的方法。开源代码库已经存在数十年了（我们关于网络的大部分所知是建基于开源软件的：Linux、Apache、Perl、MySQL），但是社交性开源社区的真正兴旺，却是在 21 世纪的头几年，也就是当新闻编辑室发掘了这些开源库，并出于研发目的开始使用它们的时候。正如阿什比-库尔曼所指出的那样，社交维度的开放源码库是十分重要的，特别就赋予各类新闻编辑室生产互动产品的能力而言。

社交开源的体验始于何处？这个问题的答案因人而异。美国公共广播电台的布赖恩·博耶（Brian Boyer）认为，社交开源在 2000 年始于 SourceForge 这个开源社区（尽管社交开源平台的原则更早可以追溯到几十年前的早期开源存储库）。[33] Forge Source 是第一个真正意义上的大型存储库（或代码托管地）平台，用户可以在其中了解他人如何以多种语言进行更适宜的编程。2006 年，谷歌代码（Google code）也被许多新闻行业的人士广泛使用。到 2007 年，显而易见开源代码已经更广泛地融入了社交网络运动之中。例如，"全球之声"网站就写了一篇题为"最好的 10 个开源社交平台"的文章。[34]

目前，大多数新闻编辑室在 GitHub 上进行合作或使用开源软件。GitHub 是 2008 年创建的一个开源存储库，并在随后几年获得认可。本书所讨论的几乎每个新闻机构在 GitHub 上都有一个托管一些开源代码的配置文件。正如博耶所指出的，"如今，人们站在巨人的肩膀上"，涉及的事实是，最聪明的软件制作人正在分享他们的工作，并让其他人可以用类似的方式制作高质量的产品——并可能对它们进行完善。

云计算

互动产品在服务器上占据了一定空间，这不仅对计算能力提出了要求，而且还可能与新闻机构的其他技术性基础设施不太好兼容。而要在新闻编辑室的物理服务器上获得空间，就需要与上级进行细致的协商，这样可能会降低研发过程的速度。但近年来云计算的兴起降低了网络服务器的价格，赋予了互动记者处理工作时更多的计算能力，并帮助他们避开其所在机构的一些组织和技术问题。

正如霍洛瓦蒂解释的那样："在 2005 年之前如果想运行一个网站，你必须自己去购置一台电脑，把它放到一个服务器机架中并为它付费。现在借助于云计算，你可以按分钟或小时租用一台电脑，并且如果你有大量的流量，也可以分拆给其他联机的电脑。云计算解决了基础设施的很多技术难题。"[35]因此，云计算从根本上使软件开发过程变得更加灵活和强大。阿什比-库尔曼补充说，在云计算出现之前，"你或者可以尝试和维护网络服务器的人成为好友，或者自己管理这个系统。这是网站维护，而不是做新闻"[36]。正因为如此，云计算是帮助将互动产品带到新闻编辑室前沿的另一项技术，互动产品因此变得更强大、更丰富。这些实验可以在不需要获得各层级新闻编辑室支持的情况下进行，最终使互动产品变得更好。

总的来说，凭借新技术所带来的好处，互动记者能选择适用的方式来支持他们自己的工作。每项技术都有助于强调互动性发展与新闻编辑室的其他流程的不同之处——尽管这些技术最终都使新闻网站变得更好，但的确是互动记者直接利用这些技术改变了新闻自身的呈现形式。利用和理解这些变化及其潜能，可以将拥有特殊技能、知识和特定声张的互动记者与新闻编辑室中不具备上述条件的其他专业性记者区别开来。

一个转折点：阿德里安·霍洛瓦蒂与芝加哥犯罪地图

霍洛瓦蒂在芝加哥的《劳伦斯日报》工作，从 2005 年开始，他在业余时间创建了一个名为芝加哥犯罪网站（chicagocrime.com）的项目。这个项目被称为第一个新闻"混搭"（mashup）网站，因为它结合了两组数据——谷歌地图和芝加哥警察局发布的数据——并使其具有互动性。这一努力提升了霍洛瓦蒂的声誉，并引发了印刷媒体的广泛关注。结果，霍洛瓦蒂经常被认为是第一个真正的"混合体"（hybrid）——既是一个程序员，又是一个新闻记者。

在一篇推广该项目的博文中,他这样描述这个网站:"这是一个可供用户自由浏览的芝加哥犯罪报道的数据库。我的脚本(scripts)每个工作日都要从芝加哥警察局收集数据。这个网站以诸多不同的方式安排呈现犯罪信息,并与谷歌地图以各种方式相融合。"[37]需要运用一些想象力去想象在谷歌地图被广泛使用之前的生活,想象一个大多数人所认为的真正需求无法被看到的世界:想想 Yelp(美国的一家商户点评网站)能做什么,例如它如何将餐馆标示在谷歌地图上。霍洛瓦蒂的首个项目是把芝加哥的交通地图和谷歌地图相结合,现在又在从事与新闻业相结合的工作。他是第一个通过真实的动态体验,来展示在地图上进行数据绘制可能性的人。

他在博客中阐述了这个网站的一些独特之处:

● 地图视角可以让你通过多种标准来查看犯罪情况,所有数据都是通过 Ajax 在谷歌地图上实时更新的。

● 使用谷歌地图界面来定位你所在的区域,推测你附近有多少巡警。

● 芝加哥的每个街区都有详细的页面介绍,包括最新的犯罪情况以及在 1、2、3、5 或 8 街区内的犯罪链接。

● 每个街区以及在这些地方巡逻的警察,都会得到 RSS 源(RSS feeds)。[38]

这是迄今为止新闻行业推出的技术最复杂,但却最易于使用的互动产品。

霍洛瓦蒂得到了新闻行业的高度赞誉。因在新闻领域的创新,他获得了 2005 年的巴滕奖(Batten Award)——现在是"奈特-巴滕奖"(Knight-Batten award)。他曾被《编辑与出版人》(*Editor and Publisher*)、《美国新闻评论》(*The American Journalism Review*)、《在线新闻评论》(*The Online Journalism Review*)、西班牙《国家报》采访过,并作为封面人物被《芝加哥论坛报》《纽约时报》报道过。

《纽约时报》在其 2005 年的思想版中,高度赞扬了芝加哥犯罪网站:

> 今年最具影响力的混搭，不是甲壳虫乐队的曲调与嘻哈音乐（hip-hop）歌词的混音，而是一个叠加着犯罪统计数据的芝加哥在线街道地图。芝加哥犯罪网站是由记者阿德里安·霍洛瓦蒂创建的，它是把从一个站点可获取的公开数据（在这个案例中是芝加哥警察局的在线数据库），与另一个站点所提供的数据地图（在这个案例中是谷歌地图）相结合的第一批网站中的一个。[39]

这是来自《纽约时报》的高度赞誉，该报认可霍洛瓦蒂，是因其开启了对房地产、分类广告、体育赛事，以及电影和加油站定价的地图绘制工作。

2008年，在霍洛瓦蒂将芝加哥犯罪网站转变成一个名叫EveryBlock（之后被美国全国广播公司收购）的创业公司后，《芝加哥论坛报》对他的赞美之词溢于言表：

> 霍洛瓦蒂既是程序员又是新闻记者……他和他的团队打造了一个科技和新闻领域都为其多重创新而欢呼的网站。尽管这个网站的目的与几乎所有新兴网站的目的一样——仍在为寻找大规模的受众而努力，甚至是追求更多的经济效益，但许多人相信，EveryBlock将有助于定义新闻业的未来。
>
> ……在Web 2.0的巡回会议上，霍洛瓦蒂是一个广受欢迎的演说家。在那里，人们重新构想互联网，一起讨论创业的方式和问题。在很多网络社区内部和网络社区之间，都存在哲学和个体层面的争论，但大多数人似乎认同霍洛瓦蒂的优点和良好的基本素养。[40]

霍洛瓦蒂是那些新闻记者型程序员的模范，这些人构成了今天互动新闻团队的支柱。2007年，马克·格拉泽（Mark Glaser）在MediaShift上发表了一篇文章，这可能是第一次强调在编辑团队中雇用程序员的重要性的文章。

> 每当非凡的程序员记者阿德里安·霍洛瓦蒂在会议上发言时，报纸的高管们就会上前去问，"我们去哪儿雇用像你这般优秀的记者呢？"

不幸的是，没有多少人可以把新闻与计算机编程结合起来，创造出像霍洛瓦蒂所做的具有开创性的芝加哥犯罪网站，这个网站将城市的犯罪簿注入到一个可搜索的在线数据库和谷歌地图上。

霍洛瓦蒂一再呼吁报纸编辑们要雇用程序员，很多新闻编辑室最终听从了他的建议，考虑了诸如让计算机程序员加入他们新闻团队、进入技术支持的队伍或者从事网络分类工作等。[41]

文章指出，无论是一些如《塔科马新闻论坛报》（*The Tacoma News Tribune*）、《格林斯伯勒新闻与纪事报》（*The Greensboro News and Record*）的小型报纸，还是一些类似《华尔街日报》的大型报纸，它们都雇用了被称作"新闻程序员"（news programmer）的员工。虽然霍洛瓦蒂主修计算机科学和新闻学，但这篇文章的重点仍是寻找那些能加入新闻编辑室的程序员。毕竟，正如格拉泽所写的那样："要教新闻专业的学生计算机编程，路漫漫其修远兮。"如今，我们看到计算机编程以某种形式——如只作为如何构建网页的概论——出现在全美几乎每个新闻学院的课程中。

格拉泽指出了程序员和新闻记者在文化上的碰撞：前者是对薪资有高要求和缺乏新闻从业经验，后者则常常困于新闻编辑的视角。并且，一些新闻编辑担心在编程上浪费资源而不是雇用新闻记者的做法可能会使他们的团队感到失望，尽管这一看法很快会有所转变。然而，值得注意的是，格拉泽坚持认为即使薪酬很低，程序员们也愿意在新闻编辑室工作。他认为这项工作将会对程序员产生吸引力，原因在于它允许一种创造性的自由，而这种自由成了很多当代黑客记者（hacker journalists）放弃编程工作的隐晦动机。霍洛瓦蒂在他的博客上解释了作为新闻编辑室团队的一名研发者意味着什么："当然，金钱报酬和直接的技术性工作不能相提并论，也没有极客的名望。但这是一个在自己的社区中值得去创造和体现不同的好机会。如果你是个黑客，你更愿意成为机器上的某个齿轮，还是发出独立的声音呢？"

这也许是一名在新闻编辑室工作的"黑客"第一次表达这样的想法：黑客程序员进入新闻编辑室，进行创新性的活动并服务于一种更广泛的利益,这事实上成了当下互动新闻的一个重要部分。他们对新闻和做工作(例如实验和迭代)有着不同的思考方式。在第3章我们将看到黑客记者们如何表达这些想法。但是,这篇发表在 MediaShift 上的文章也含有其他隐晦的信息:它强调了编程如何在编辑工作中占据重要位置,以及新闻编辑室中的新趋势是如何在我们身上体现的。

霍洛瓦蒂因为他自己的创新成了一个标志性人物,成了一个传奇,但这并不一定是因为他本应获得上述荣誉,而是因为新闻行业被他所展现的东西深深地吸引了。他是第一个引人注目的高姿态的程序员记者,也是第一个真正掌握了编程,并将其与自己的新闻技能并列视之的人。正如罗布·柯利所描述的:"阿德里安·霍洛瓦蒂是一个大牛人物。他是我遇到的第一个既可以写新闻又可以写代码的新闻记者,这实际上让他变得很强大。"有关霍洛瓦蒂的新闻报道,以及他在新闻创新巡回会议上的经常性露面,有助于扩散一种信息,那就是编程对于新闻而言是互补、必要以及关键的。因此,他为新闻机构的工作者树立了一个榜样——这是一个至关重要的发展,有助于在实质上推动互动新闻这个新闻行业子专业的进展。

里奇·戈登和奈特基金会奖学金的创建

在 2005 年左右,流行的观点认为,新闻编辑室发展互动新闻业务一定要引入程序员,而且普遍的假设是,大多数记者根本没有能力去做生产互动产品所要求的复杂编程工作。尽管新闻编辑室还是会使用 Flash 进行工作,这是一种需要少量技术诀窍(know-how)就能带来相当卓越成果的工具,而且也有编程出身的员工被培养为新闻记者,然而共识似乎是,程序员将有益于把最好的技术创新带到新闻编辑室。

基于这点考虑,美国西北大学(Northwestern of University)的里奇·戈登(Rich Gordon)教授尝试寻找一种培养更多阿德里安·霍洛瓦蒂式人才的方法。2006 年,他在最初申请"奈特基金会新闻挑战赛"(The Knight Foundation's News Challenge Grant)的项目时写道:

阿德里安·霍洛瓦蒂现就职于《华盛顿邮报》，他因将计算机编程方面的专门知识与对新闻的理解和使命相结合进而做出了很多创新性项目（《劳伦斯日报》网站、芝加哥犯罪网站、关于国会投票的华盛顿邮报项目、政治竞选广告等等）而被广泛认可。他将对技术的理解与记者关于人类社会重要议题的敏感性相融合，这使他有能力在数据中发掘故事，并抓住让数据对媒体消费者更有价值的机会。新闻行业需要更多的程序员记者，但是目前是缺少这类人才的。西北大学梅迪尔新闻学院已经做好准备开始培养这样的人才。[42]

自20世纪80年代末以来，戈登就一直致力于将计算与新闻相结合。当时在新闻编辑室中，他就利用一台计算机尝试对一个名为"Lotus123"的电子表格运用计算机辅助报道技术进行处理。当戈登在20世纪90年代初对互联网有了了解后，他开始思考如何能利用编程去帮助新闻编辑室。但在那时，他的这一想法遭到了嘲讽：在20世纪90年代中期，他当时正在《迈阿密先驱报》（*The Miami Herald*）工作，因为雇用了一名研发人员，奈特里德报系的一名高管严厉斥责了他。戈登回忆，"他说，你不需要程序员，你只需要新闻"。

作为新闻编辑室应该配备程序研发人员的长期倡导者，戈登利用霍洛瓦蒂的地位和影响力，在说服新闻编辑室雇用程序员的问题上，获得了新闻行业内足够的支持。但戈登也看到了给这些程序员进行新闻培训以避免文化上冲突的重要性。培训不仅可以使程序员了解编辑流程，而且也能让他们以编辑的身份进行思考。西北大学的新闻学硕士课程备受追捧，并且作为一个为期一年的项目，它可以培训不具备新闻经验的任何人为特色加以推广。从时尚设计师到艺术家再到科学家，他们都可以被培训为一个新闻记者——同样也可以培训程序员成为记者。正如戈登在奈特基金会项目申请书中所写的那样："我们的一年制硕士项目，每年都会招收几十个缺乏或根本没有任何新闻从业经验的学生，培养他们准备开始在新闻编辑室工作……对某些人而言这是一个理想的项目，比如一个计算机科学专业的学生，作为一个本科毕业生他没有学习过新闻学。"

戈登的"奈特新闻挑战"（Knight News Challenge）提案要求基金会资助 9 项全额奖学金（每年 3 个，一共 3 年），向拥有计算机本科学位的记者提供 2.5 万美元的资助，之后的目标是让这些记者在新闻行业中实习和工作。他认为，这个项目的口碑会有一个广泛的影响，能鼓励那些考虑把新闻视为一种可行职业选择的程序员们。他写道："对这个项目的宣传，也会促使其他年轻的技术专家考虑把新闻作为一个展示他们天分的可能途径，促使更多具有娴熟技术的程序员到梅迪尔新闻学院和其他学院申请一个新闻学学位。"戈登获得了该基金会提供的 63.9 万美元的奖学金。

这 9 项奖学金最终获得了 90 万美元的资助。获奖者后来在互动新闻领域继续扮演着特别重要的角色：第一批获奖者包括布赖恩·博耶和瑞安·马克（Ryan Mark）。博耶创造了"黑客记者"这个术语，用来描述那些也可以做新闻的程序员；而马克在跳槽去 Vox 工作之前，则领导了"芝加哥新闻应用团队"（The Chicago News Applications）（在博耶之后继任）。其他人则继续在《棕榈滩邮报》（*The Palm Beach Post*）、《华盛顿邮报》、美国公共广播电台工作；还有人成了"叙事科学"（Narrative Science）公司的联合创始人，以及第一批用算法生成新闻内容的创作者之一。这个项目在吸引和培养黑客记者方面已经取得了成功，然而正如我们将要看到的，记者们也自学了如何去编程，并且他们现在组建了大量的互动新闻团队。

奖学金的资助有助于进一步界定这个不断发展的子专业。机构基金和培训的支持表明了有一个可定义的群体类型，该群体中的人有着清晰的背景和技能，是一群可能成为互动记者的人。同样，传统上专业被定义的方式，部分是通过专业性教育对于这个领域的就业是否必要来衡量的。假若以此为标准，程序员们已经接受了有关新闻学的专门化教育，而当受过新闻学教育的记者报名参加计算机科学课程，或者参加一个混合了计算机科学和新闻学的项目时，那种专业化教育有助于创建一个专业的观点就更具有说服力。2011 年，哥伦比亚大学开设了计算机科学和新闻学专业联合培养的硕士课程，打算为未来的程序员记者们积累前期经验；2014 年，哥伦比亚大学引入里德项目（Lede program），作为一个为期 12 周或 24 周的非学

位课程,该项目旨在培养新闻记者"需要将数据转化成叙事的计算的技能"。[43]这个项目的广告宣称:

> 数据、代码和算法正在成为研究和创造性工作的核心,并且正在为负责任的公民实践设置新的参数(parameters)。哥伦比亚大学新闻学院和计算机科学系共同创建了两个新的硕士认证项目,它们将提供有关数据和数据技术的实践培训,这些课程都是在新闻、人文和社会科学的框架中教授的。在上述这些话题领域,这些课程假设了学员没有前期的经验,事实上,这些课程针对的是那些在计算和数据方面受过很少或没有受过正规训练的学生。[44]

这个项目开始招收那些上了基础计算机科学课程却没有编程技能的记者。梅迪尔新闻学院在 2008 年开始培训程序员。从 2012 年开始,这个学院开始给想要获得新闻学与计算机科学双学位的新闻专业的学生提供便利。类似的做法开始在全美各地涌现出来,因为新闻专业的学生或者接受过将编程作为核心新闻学课程组成部分的培训,或者发现主修计算机科学和新闻学已经变得更容易、更加符合心意。尽管这类培训并不是作为进入互动新闻领域的特定要求,但它确实表明了这种专业化的形式是必要的,并且这种教育方式有助于使程序员和记者专业化。通过多种途径,戈登普及了一种观点,那就是记者可以学习编程,而程序员可以在一种教育环境中学习新闻。他强调了这个子领域与其他类型的新闻工作的不同之处。

几家大报的关键时刻

大约从 2005 年到今天,随着互动新闻逐渐取得独立的发展地位,出现了有助于让主要的新闻编辑室确信这些项目潜力的几个关键时刻,并让它们意识到拥有会编程的员工的重要性。仿照大型新闻编辑室,规模较小的新闻编辑室也通过不同方式雇用了程序员,但是大报的这些努力是能得到整个行业的关注的。此外,无论好坏,大报都塑造和强化了现有的趋势。即使没有设定这种趋势,它们也强化了影响力。《纽约时报》和《华盛顿邮报》是重要的新闻编辑室，在那里取得的成功有助于体现互动产品的潜能，对整个新闻行业而言也是如此。每个新闻编辑室在21世纪的头十年都有自己的关键时刻，这些关键时刻为如今存在于它们新闻编辑室的大型互动新闻团队奠定了基础，并进一步显示了互动记者对于整个新闻编辑室的重要性。

《华盛顿邮报》在互动新闻方面具有首创精神。霍洛瓦蒂于2005年到《华盛顿邮报》任职，并创办了一个名为Post Remix的独立网站（现已不复存在）。这个网站托管了使用《华盛顿邮报》的数据进行项目创建的外部开发人员的方案。[45]在同一年，霍洛瓦蒂也负责开拓政治信息图形的工作，当时他和他的团队（包括即将获奖的《纽约时报》互动记者德里克·威利斯）创建了"国会投票"（Congress Votes），一个可以让用户以多种方式浏览自1991年以来国会每次投票情况的数据库。正如霍洛瓦蒂所解释的，"比如哪些投票发生在午夜之后、有哪些未投票者，值得一提的是，还有不同星座（astrological sign）的人各投了多少票"[46]。有趣的是，霍洛瓦蒂在其所写的博客文章中宣称，这个项目包含了一个直接指向搜索"贝拉克·奥巴马个人网页"的功能。

在2006年，霍洛瓦蒂创建了一个名为"毁灭的面孔"（Faces of the Fallen）的互动数据库，用户可以通过这个可浏览的数据库，搜索那些在伊拉克战争和阿富汗战争中阵亡的美军士兵。他指出，这个互动产品的第一个版本是用Flash制作的，但他使用了自己创建的Django框架来改善外观和功能。霍洛瓦蒂如此描述该项目："这个网站可以让人们根据年龄、死亡日期、家庭状况及所在城市、军种，或其他多种搜索标准来浏览。每个士兵都有自己的个人页面，页面上有死亡日期、家庭所属城市、年龄、军种等等。网站拥有收集每个州、每个军种最近伤亡信息的RSS源。我们已经将谷歌地图整合到一些页面上，以突出显示阵亡士兵所在的家乡。"[47]这个项目吸引了来自出版业和主流媒体的关注。它对新闻行业进一步产生影响的证据是，《纽约时报》很快也推出了记录战争伤亡情况的互动产品，名字叫"逝者的面孔"（Faces of the Dead）。

《华盛顿邮报》这些备受瞩目（或被反复模仿）的项目，使该报确立了在互动新闻领域的领先地位。在霍洛瓦蒂的带领下，《华盛顿邮报》在很多方面为新闻业的其他同行开创了先例。新闻编辑室的互动团队可以制作出引人瞩目的项目，也提供了另外的讲故事的有效方法。这些项目创造和提升了新闻价值，并引起了整个行业的关注。当用户接触到特定的内容块时，他们就能够对该信息进行控制，这是宽带互联网时代互动新闻产品第一次在大型新闻机构的网站上发挥作用。讲故事的方式正在变化，讲故事的人也同样如此。

《纽约时报》在对 2007 年明尼阿波利斯市（Minneapolis）I-35 大桥坍塌事件①的实地调查中，开启了该报互动新闻技术团队的发展之旅。这个团队的领头人阿伦·皮尔霍夫（Aron Pilhofer）和其他核心员工一起，曾经向谷歌介绍了《纽约时报》的数字产品，了解了谷歌最新的发展状况。然而谷歌这个网络巨头对新闻业的努力不屑一顾，因为在那时，甚至最前沿的数字化努力都没有太多的进展。这种羞辱让《纽约时报》开始思考如何在数字背景下将新闻做得更加有成效。当 2007 年明尼阿波利斯市 I-35 大桥坍塌时，皮尔霍夫和雅各布·哈里斯（Jacob Harris）开始思考如何编辑呈现大桥的数据。雅各布·哈里斯是一名程序员，他从一家金融服务公司离职后开始在《纽约时报》工作。但正如哈里斯所回忆的："我们想让所有事情与其条件相契合，但我们那个时候无法做到这一点。"[48]

然而，对于《纽约时报》和大部分新闻机构来说，它们需要提前为总统选举做准备，一些互动产品至少要提前完成。皮尔霍夫所在的这个小团队，当时已经汇总了初选和大选的竞选活动信息，并基于这些信息完成了几个创新性项目。但最重要的努力成果，是该团队对希拉里·克林顿所发布的白宫日程表的回应。哈里斯记得，"希拉里的竞选团队声称她做了日程表上所有的事情"，但不管她做了还是没做这些事，互动新闻团队都需要仔细琢磨这个日程表文件。《纽约时报》将这些文档数字化，并创建了一个互

---

① 2007 年 8 月 1 日，美国明尼苏达州的明尼阿波利斯市 I-35 大桥发生坍塌惨剧，事故造成 13 人死亡，将近 150 人受伤。该事件引发了美国民众对公共基础设施安全性的广泛质疑。——译者注

动的 PDF 阅读器（这是一个后来成为文档云的项目，一个协作的文档分享平台）。现在，《纽约时报》的新闻记者、编辑和普通读者都可以查看希拉里的日程安排，帮助发现其中有瑕疵的地方。这个项目向我们展示了《纽约时报》的互动产品是如何对突发新闻项目做出贡献，并将资源运用到互动工作上的做法正当化的。

2008 年的总统选举推动了其他重要工具的创建，其中就包括一个名为 Puffy 的软件。用户借助这个工具可以上传总统就职典礼的照片，《纽约时报》会对照片进行调整，然后将其发布。数以百计的用户能够拍到就职典礼的照片，可以捕捉到不同的照片角度、群体镜头和情绪，而这些是《纽约时报》的报道团队无法做到的。多亏了他们的编程技巧，互动记者也可以建造工具，这些工具能够有效地提升新闻报道的能力。然而，互动新闻团队——使拥有特殊技能和知识的人得以出现，并让他们有机会在重大新闻事件中做出贡献——在 2008 年大选之后得到了更加强烈的关注。

《纽约时报》持续在互动新闻方面攻坚克难，但直到 2010 年才清楚地认识到互动产品是该报获得认可和声望的一个重要部分。在那年，作为科技记者的马特·里奇泰尔（Matt Richtel），一直致力于关于分心驾驶（distracted driving）的一系列报道，关注当人们在驾驶过程中使用手机和其他电子设备时会发生什么。《纽约时报》里拥有编程经验的重要员工创建了一个互动游戏：操控电脑屏幕上的手机，用你的光标在一条视频游戏风格的、有各种障碍的街道上导航。这是在模仿任天堂游戏报童（Paper Boy）①。这个项目本质上是一款视频游戏，但最终作为一个整体报道中的组成部分获得了普利策奖。它的主题是开车回家（从字面上来说），而靠单独一个报道并不能很好地说明分心驾驶可能会让你丧命。

那一年，里奇泰尔凭其国内报道获得了普利策奖。普利策奖委员会对他的这些努力给予了肯定，授予里奇泰尔和《纽约时报》这个奖项，是因其"在报纸和网络上开展的对于驾驶汽车、卡车时危险使用手机、电脑和其他设备的敏锐报道促进了抑制分心驾驶的努力"[49]。当里奇泰尔面对

---

① Paper Boy 最早是 1985 年由 Atari Games 开发和发布的一款街机游戏。玩家扮演一个骑着自行车的报童，沿着城郊街道投递一份名为 The Daily Sun 的报纸。——译者注

《纽约时报》的员工发表答谢演讲时，他感谢了互动新闻团队，并说："我们拥有视频游戏的制作技能。旧世界新闻（old-world journalism）是新世界新闻（new-world journalism）的本质。这是个长格式的系列报道，有视频、音频，当然，还有视频游戏。"[50]现在，互动新闻团队一直在承担冲击普利策奖的部分工作。互动新闻团队实际上已经体现其价值：《纽约时报》一直都在寻求获得普利策奖，而互动新闻团队现在被认为是完成这项使命的重要部分。在新闻行业的其他报道领域，《纽约时报》在2010年获得了普利策调查性报道奖和国内报道奖，也因具有互动和多媒体的要素而受到普利策奖委员会的称赞，互动新闻团队作为这些报道得以成功的关键得到了认可。这种外部的认可（validation）——这些奖项——是确保一种职业认同感的关键，这种承认强化了《纽约时报》互动记者不断增长的有关重要性和自我界定（self-definition）的意识。

或许，在这个流量最终决定了广告主愿意给在线新闻网站投入多少的时代里，新闻网站正在挣扎着求生存。在2012年至2014年间，互动新闻这个子领域进入新闻编辑室的一个关键因素，很明显是因为互动产品是网络流量的驱动者。2012年，《纽约时报》的互动作品《雪崩》展示了带给该报新访客的潜力。正如本书导论中提到的，这个作品产生了290万次的访问量，以及超过350万次的网页浏览量（每个访问者的阅读量超过一页），最多时有2.2万人同时在观看《雪崩》，其中大约7 500人是《纽约时报》的新访客。这种吸引新访客的能力，对于网站的发展至关重要。随后，在2013年和2014年，互动产品是《纽约时报》网站一年流量的主要贡献力量——事实上，《纽约时报》生产出了如此多的互动产品，以至于互动团队、图形团队、多媒体团队以及其他团队的成员，都可能对这些互动产品负责（《雪崩》实际上是图形团队的一个技术性项目，而非互动新闻团队的项目）。一个尝试分辨人们方言的测试软件在2013年的榜单上拔得头筹。它是这一年被浏览最多的一个产品，尽管它本身并不是一个故事，而是一个有助于人们了解地方方言变化的互动产品。[51]2014年，有8个互动产品跻身于故事受访量榜单的前20名。[52]

在《纽约时报》的网站和手机端上，2014年访问量最高的产品是一个照片聚集（photography-focused）形式的互动幻灯片，它以两个姐妹在40年时间里拍的 40 多组照片为主题，题为《40 年里的 40 张肖像照》(Forty Portraits in Forty Years)。《方言测试》(Dialect Quiz) 排在第 3 位；排在第 4 位的是《2014 年要去的 52 个地方》(52 Places to go in 2014)；第 8 位是《埃博拉病毒爆发问答录》(Ebola Virus Q&A)（配有一个在美国和非洲埃博拉病毒分布状况的地图，以及一些可靠的事实）；第 10 位是《美国最难生活的地方是哪里？》(Where are the Hardest Places to Live in the U.S.?)（肯塔基州的克莱县排在第 1 位）；排在第 11 位的是一个流行视频游戏的明细表/解释器《30 秒内观看 10 000 场英雄联盟游戏》(10 000 League of Legends Games in 30 seconds)；排在第 16 位的是《租房还是买房更好》(Is It Better to Rent or Buy)；第 18 位是《地图上的乌克兰危机》(The Ukraine Crisis in Maps)。用其他标准（例如在社交媒体上的分享人数）测量的高流量产品还包括《图绘美国移民》(Mapping Migration in the U.S.)（它追踪了人们出生的地方和迁徙去的地方）和《只有英国球员参与的英超联赛》(The Premiere League If Only English Players Counted)（足球领域全球化的一个趣味性写照）。在那一年的网站和手机端上，流量排行靠前的 20 个故事中，有 8 个是互动产品。这意味着对于《纽约时报》而言，整个 2014 年几乎有一半的高流量都是由互动性产品产生的。

《2014 年要去的 52 个地方》，来自《纽约时报》

表 2.1　　年度访问量最大的博文、多媒体产品与互动产品

2014 年排名	标题	是否交互
1	40 年里的 40 张肖像照	是
2	迪伦·法罗（Dylan Farrow）的公开信	
3	你们是如何来谈话的	是
4	2014 年要去的 52 个地方	是
5	实力男演员菲利普·霍夫曼（Philip Seymour Hoffman）46 岁英年早逝	
6	人在四旬你学到了什么	
7	金钱之爱	
8	埃博拉病毒爆发问答录	是
9	奥斯卡奖得主、喜剧演员罗宾·威廉姆斯（Robin Williams）63 岁逝世	
10	美国最难生活的地方是哪里？	是
11	30 秒内观看 10 000 场英雄联盟游戏	是
12	尸检显示迈克尔·布朗（Michael Brown）至少被枪击 6 次	
13	科学的 7 分钟锻炼	
14	美国各地的感恩节食谱	是
15	贾登·史密斯与维罗·史密斯兄妹（Jaden and Willow simith）独家联合采访	
16	租房还是买房更好？	是
17	伊拉克自杀式炸弹培训师意外引爆其课堂	
18	地图上的乌克兰危机	是
19	纽约医生感染埃博拉病毒	
20	斩首之前的恐惧	

资料来源：nytimes. com and m. nytimes. com, adapted from nytimes. com data.

在榜单中，你可以看到一种聚焦娱乐的互动产品、聚焦数据的互动产品，以及一些直接与新闻相关的互动产品三足鼎立的状态。这表明了对互动产品具有一种广泛的需求。这种有关成功的外部衡量标准，仅仅凸显了互动产品对于《纽约时报》整体经营及其未来规划的重要性。通过互动产品的受欢迎程度，互动记者对他们工作的重要性有了具体了解。互动记者这个抽象说法的具体化（reification），不仅仅作为一个专业化的子领域，而且作为一个新闻编辑室中受人尊敬的重要部分，已经在《纽约时报》真正实现了，并且这种影响也已经被整个新闻行业看到了。

通过一些新闻小测试和游戏，一些新闻网站已经取得了巨大成功。这

些产品通常作为非严肃性新闻（not-serious news）而被加以摒弃，但它们可能与新闻事件相关联，或者它们可能提供了有用的信息，或是至少为新闻网站带来了以前从未光顾过的新用户。例如，Slate网站制作的模仿约翰·特拉沃尔塔在奥斯卡颁奖礼上说出一个百老汇明星名字的小测验①"像特拉沃尔塔那样说出你的名字"（Travoltify Your Name），就获得了该网站有史以来的最大流量。用户们玩得很开心，向人们分享这个互动产品，之后看到的人开始浏览Slate这个网站。在2014年，《时代》杂志的一个关于人们在脸书上浪费了多少时间的测试获得了470万次的点击，并给该杂志带来了有史以来最大的单日流量——380万次的独立访问量。确实，正如一些批评家所说的那样，这并不是一个严格意义上的"新闻"互动产品，但它给人们提供了有用的信息，为人们了解其所处的世界提供了指引。[53]

除了一些测试取得了成功，发表在《数字时代》（Digiday）上的一篇报道指出，《时代》互动数据团队在2013年迎来一位新领导，"他的团队制作的新闻报道，已经连续三年成为时代网站（Time.com）上最受欢迎的内容"[54]。由于这个原因，《时代》杂志甚至还创建了一个叫"时代实验室"（Time Labs）的单独页面来展示其所有的互动产品，以便让它们得到最大化的视觉曝光（visual exposure）。当然，为了产生最大的影响力，互动产品仍会出现在《时代》杂志的网站上。新网站存在的正当性，是被放在财务的角度上加以考虑的，根据《数字时代》的说法："广告商正在对读者在一个网站上花费多长时间和如何点击感兴趣，而对于网站本身而言，'时代实验室'是一种利用广告商们这一兴趣的有效方法。消费者花费的时间越长，就越能产生更大的广告商利益，相应地，就可以帮助网站获得更高的广告投放率，或至少带来更多的广告资源。"[55]正因为如此，互动产品对于新闻编辑室的存亡至关重要；对于整个新闻行业而言，这涉及经济上的成功和被视为一种凝聚公众注意力的方式。而制作互动产品的这些人，对于新闻机构而言开

---

① Slate网站的创意源于在2014年第86届奥斯卡颁奖典礼上，好莱坞知名影星约翰·特拉沃尔塔（John Travolta）在介绍表演嘉宾时念错了名字，将百老汇女星伊迪娜·门泽尔（Idina Menzel）错念成阿黛尔·达奇姆（Adele Dazeem），后引发网友一系列的恶搞行为，以对其进行嘲讽。——译者注

始变得越来越重要。作为新闻业中一个重要的子领域，互动记者的重要性一直因其在外部衡量标准上所取得的成功而受到新闻行业的推崇，他们在这些新闻机构的生存中扮演着重要的角色。

经由计算机辅助报道的数据新闻的开端

在这种情况下，勾勒数据新闻如何在今天的新闻编辑室获得认可的简史也是十分有益的。通过这个历史的透镜，我们可以了解数据新闻与互动新闻的总体工作有何不同。在 18 世纪，早期美国报纸一直用表格追踪记录股票的价格以及商品的进出口情况。[56]《卫报》的第一期，就是以关于公共教育的数据图表作为特色的。更复杂的表格出现在早期专业化的商业期刊中，特别是随着《华尔街日报》在 1889 年的崛起。早在 19 世纪 70 年代末，早期体育运动的得分表就已经出现于报刊中。到 1896 年，带有选举信息的地图开始出现在报纸的头版上。

克里斯·安德森也认为，在整个新闻业的现代发展史中，已经出现了某种形式的数据新闻。他指出了新闻业中的数据的各种示例：从便士报时代的文档转到口头报告，到 20 世纪 60 年代转向社会科学，再到 21 世纪初转到通过数理模型来建构新闻。他认为，20 世纪初的调查运动为可视化和收集社会数据提供了新技术，这反过来又激发了新闻业的发展。[57]

计算新闻在 20 世纪 50 年代才出现，它宽泛的定义是将计算机科学的方法应用于新闻业（或更具体地说，使用来自社会科学领域的算法、数据和知识，并通过计算技术将其应用到新闻领域）。[58] 梅利斯马·考克斯（Melisma Cox）认为，美国第一个计算机辅助报道（CAR）的例子出现在 1952 年，当时哥伦比亚广播公司使用了雷明顿兰德公司（Remington Rand）的 UNIVAC 计算机来预测艾森豪威尔（Eisenhower）和史蒂文森（Stevenson）竞选美国总统的结果。[59] 马修·瑞亚维（Matthew Reavy）还发现，像菲利普·迈耶那样的革新者，早在 1967 年就使用 IBM360 主机分析了关于底特律骚乱的调查数据。[60] 其他一些在早期采纳计算机技术的新闻记者，也开始在工作中使用计算机来分析数据。

1973 年，迈耶出版了《精确新闻报道》（*Precision Journalism*）①一书，倡导将新闻实践与计算机、数据和社会科学方法更大程度地结合。[61]同年，《纽约时报》公开了一个关于纽约城市警察统计数据的互动信息系统，这也许是有关新闻领域开源伦理的一个早期版本。[62]大约在此时，著名的《费城问询报》记者唐·巴特利特（Don Bartlett）和詹姆斯·斯蒂尔（James Steele）在迈耶的帮助下将法庭记录输入到一个计算机中，从而形成了"不平等的司法"（Unequal Justice）系列报道。[63]对计算新闻而言，或许其最高光的时刻是在 1989 年，那一年《亚特兰大宪法报》（*Atlanta Journal Constitution*）发表了记者比尔·戴德曼（Bill Dedman）的普利策奖获奖报道。该作品报道了关于不平等住房制度和房贷歧视（red-lining）的主题。

来自 20 世纪 80 年代末的一则逸事凸显了从数据库中检索信息的复杂性。《普罗维登斯日报》（*Providence Journal*）的记者埃利奥特·贾斯平（Elliott Jaspin）只想做一件事：获得政府的数据并将其应用到新闻报道上。但遗憾的是，这些信息并没有形成纸质形式。然而在 1987 年，美国政府将数据存储在类似于电影胶片的九磁道带（nine-track tapes）上，这些磁带只能由大型计算机来读取（这是当时大型机构的通常做法）。贾斯平接触到了所在新闻编辑室的大型计算机，并利用州政府的数据库取得了一些收获，甚至发现了使州政府住房机构的负责人锒铛入狱的信息。但是很多较小的报纸没办法接触到大型计算机——那些在大型报纸里可以接触到大型计算机的记者，通常并不适应使用操作系统 Unix 和 EBCDIC（二进制文件编码）。他想让其他新闻记者能在当时接触到使用数据库的现代手段。

在哥伦比亚大学甘尼特奖学金（Gannett fellowship）的资助下，贾斯平充分掌握了九磁道带的使用方法，他可以通过一台个人电脑访问此数据。贾斯平说，他当时就想，"如果我可以编写一个软件，通过它记者能在个人电脑上阅读和下载数据，那么我就能模拟一个价值 10 000 美元的大型计算

---

① 本书中文版已由中国人民大学出版社出版，完整书名为《精确新闻报道：记者应掌握的社会科学研究方法》，目前为第四版。——译者注

机了"[64]。在丹·伍兹（Dan Woods）的帮助下，一个有着计算机科学背景的新闻专业学生花了9个月的时间写了一个程序。但是对于大多数人而言这个程序还是太复杂了，并且需要进行特殊的训练。贾斯平解释，这个程序的确"很难学习。如何使用相关联的数据库？如何把文件从EBCDIC格式转化成ASCII格式？什么是可变长度（variable length）的记录，并且如何把它们下载到个人电脑上？"所以，贾斯平来到密苏里大学，并开始讨论美国计算机辅助报道研究所（NICAR）这个组织将何去何从。该组织成立于1989年，是调查记者和编辑的专业性子组织，其目标在于帮助记者对电子化的信息进行提取、分析和报道。[65]

到1991年，迈耶在其著作的第二版中认为，对计算机辅助报道感兴趣的记者是与众不同的，他们经常在新闻编辑室的技术变革中走在前列。新闻学者们在这段时间也开始写关于计算机辅助报道的文章。在1996年，布兰特·休斯顿（Brant Houston）指出了关于技术创新与新闻生产的三个重要标识：数据库报道（database reporting）、电子表格（spreadsheets）和在线报道（online-reporting）。[66] 20世纪90年代末和21世纪初涌现了大量有关计算机辅助报道记者日渐流行现象的学术文章，尽管当时计算机辅助报道仍然在通过未经证实的零散数据来寻找故事，而非使用原始计算来寻找处理大型数据库的总体模式。

但是，计算机辅助报道只是数据新闻综合体的一部分。计算机辅助报道只涉及了计算的方面，而数据新闻的应用则有一些其他的重要特征，比如数据展示，以及如何超越道听途说去检验数据，从而对整个数据进行更为全面的分析。第3章将详细讨论数据新闻记者如何理解和最终超越计算机辅助报道，以及这些记者是如何与互动新闻相关联，但又不总是局限于互动新闻的形式的。

从历史到人

从20世纪90年代中期的芝加哥和南佛罗里达，到21世纪初的堪萨斯州劳伦斯，再到 2014 年《纽约时报》的高观看量（most-viewed）产品榜单，新闻互动产品的历史已经发展到一个新阶段，互动新闻和互动记者现在已经成为新闻编辑室的常规部分。互动新闻子领域的出现，部分归功于技术、经济领域的变化，以及对从事特殊类型工作的能力要求。这些记者在新闻编辑室也被赋予了文化权力，因为他们的工作已经发展到一定规模、变得更加复杂，并在网络和移动设备上证明了自己的成功。因此，这些互动记者可以通过他们的工作来影响新闻机构。

与其他子专业不同，互动部门和新闻编辑室的其他部门之间并没有太多的竞争。当然，当互动记者和那些不知道如何使用软件的记者尝试合作的时候，可能会产生一些困难。但随着新闻编辑室里每个人都想让自己的新闻报道像《雪崩》那样成功，以及新闻机构在互动部门和互动记者身上投入了更多的资源，这些记者所拥有的对实践和抽象知识的声张，以及他们能带给新闻编辑室的变化，只会变得越来越明显。因此，我们将转向研究那些真正构成互动新闻子专业的人。

注释：

［1］Johnson,"Cyberstar."

［2］Rob Curley, telephone interview with the author, June 25, 2015.

［3］Barnhurst and Nerone, *Form of News*.

［4］Monmonier, *Mays with the News*.

［5］John Grimwade, telephone interview with the author, June 26, 2015.

［6］Monmonier, *Maps with the News*, 154.

［7］Monmonier, *Maps with the News*, 15–16.

［8］Friendly,"Brief History."

［9］Cairo, *Functional Art*, 185.

［10］Cairo, *Functional Art*, 185.

［11］Cairo, *Functional Art*, 185.

［12］Compaine,"Newspaper Industry."

［13］Andrew DeVigal, telephone interview with the author, June 23, 2015.

[14] DeVigal, "1995 Chicago Homicides."

[15] Fordahl, "Comdex Cancels."

[16] Geoff McGhee, phone interview, June 23, 2015.

[17] Boczkowski, *Digitizing the News*, 113.

[18] Boczkowski, *Digitizing the News*, 113.

[19] Boczkowski, *Digitizing the News*, 135.

[20] Boczkowski, *Digitizing the News*, 133.

[21] Boczkowski, *Digitizing the News*, 187.

[22] Derek Willis, in email to the author, January 27, 2016.

[23] See http://github.com/dwillis/shboom.

[24] Holovaty, "Fundamental Way."

[25] See http://www.nytimes.com/packages/html/politics/2004_ELECTIONGUIDE_GRAPHIC.

[26] Bilton, "Adobe."

[27] Carter, Cox, Quealy, and Schoenfeld, "How Different Groups."

[28] Garrett, "Ajax."

[29] Ethan Zuckerman, email with the author, July 21, 2015.

[30] Coleman, Coding Freedom; and Preston-Werner, "Open Source."

[31] Nathan Ashby-Kuhlman, telephone interview with the author, June 8, 2015.

[32] Adrian Holovaty, telephone interview with the author, June 9, 2015.

[33] Brian Boyer, conversation with the author, Amsterdam, June 16, 2015.

[34] James, "Open Source."

[35] Adrian Holovaty personal communication with the author, June 9, 2015.

[36] Nathan Ashby-Kuhlman, personal communication with the author, June 8, 2015.

[37] Holovaty, "Announcing chicagocrime.org."

[38] Holovaty, "Announcing chicagocrime.org."

[39] O'Connell, "Do-It-Yourself Cartography."

[40] Johnson, "Cyberstar," 1-2 (emphasis added).

[41] Glaser, "Web Focus."

[42] Knight Proposal (2006, 2007) provided by Rich Gordon to the author via email,

June 24, 2015.

[43] "Lede Program."

[44] Benton, "Columbia's Year Zero."

[45] Holovaty, "Post Remix."

[46] Holovaty, "Announcing."

[47] Holovaty, "New at washingtonpost.com."

[48] Jacob Harris, interview with the author, New York Times, September 9, 2012.

[49] "2010 Pulitzer Prize Winners."

[50] Author's field notes, April 12, 2010.

[51] Kaufman, "To Spur Traffic."

[52] "Year's Most Visited."

[53] Moses, "Narcissism."

[54] Moses, "Narcissism."

[55] Moses, "Narcissism."

[56] 很多早期的历史由斯科特·克莱因在一个讲座上提供。这个讲座在艾奥瓦州莫里茨法学院于2014年3月举行的"大数据的未来"会议上发表。参见斯科特·克莱因的《内战前的数据新闻：或，大数据如何击败林肯》，在为了公众网书呆子博客上可以获得，网址：www.propublica.org/nerds/item/antebellum-data-journalism-busted-data-lincoln.

[57] Anderson, "Between the Unique."

[58] Hamilton and Turner, "Accountability through Algorithm."

[59] Cox, "Development."

[60] Reavy, "How the Media Learned."

[61] Meyer, "New Precision Journalism."

[62] Lewis and Usher, "Open Source and Journalism."

[63] Cox, "Development."

[64] Jaspin, Facebook message chat with the author, June 26, 2015.

[65] "NICAR：About."

[66] Garrison, "Tools," 113.

第 3 章 黑客记者、程序员记者和数据记者

随着记者开始从事代码工作，关于新闻业如何去扩展它的专业领域，这些记者帮助新闻专业做出了一种与公众相关联的声张。从来没有那么多记者如此大量地开始从事代码工作，并在某种程度上实际地改变了新闻工作的形式。

2007年5月的一天，布赖恩·博耶正在随意地浏览技术博客Boing Boing。一直以来，该博客的特色是将稀奇古怪的新闻和科技信息混合起来加以呈现——令人喜爱的播客、博主的访谈、苹果电脑软件的更新，以及有关被日本科学家教跳舞的鸡形机器人的有趣特稿。[1]但在5月24日这天，博耶发现了一种不同类型的推送——一则将改变他的职业生涯和生活轨迹的通告。通告写着：

将编码员变成记者

（提示：增加拼写检查，减少胡说八道）

西北大学梅迪尔新闻学院的里奇·戈登表示，梅迪尔新闻学院刚刚获得了一笔基金，该学院准备利用这笔钱，向有意获得新闻学硕士学位的程序员提供奖学金。奈特新闻挑战项目将提供大约1 200万美元的津贴奖励。[2]总的想法是想吸引有才华的编码员，让他们参与到新闻实践当中，然后释放他们的活力，从而找出将新闻整合在一起的有趣方法。

博耶当时正在从事为一些小的医生诊所设计医疗记录软件的工作，他说他非常享受"制作软件的技艺"，但已经失去了出于商业目的制作软件的兴趣。他想做一些之前没有做到的能让他感到骄傲的事情，所以他正在寻求去做一些不同于在商业世界中所一直做的事情。因此，当他偶然间看到了Boing Boing上的推送，正如他指出的那样，"我用谷歌搜索了一下新闻，然后说，天啊，那就是我想做的事情。实际上，新闻就是关于使人们可以做得更好、让人们自治的东西，我说我想做那个……让我们提供给民众信息，并从基层建立起民主"[3]。

博耶成了首批参与梅迪尔新闻学院项目的成员，在这个项目中他学会了从如何报道犯罪到什么是诽谤法等很多东西。到 2011 年，他已经能在《芝加哥论坛报》负责一个完整的团队。但是，这个团队并不是大家所理解的典型的新闻编辑室的报道团队。博耶的团队——《芝加哥论坛报》新闻应用程序团队——为数据分析和可视化制作工具，并最终为新类型的故事讲述，以及传统的基于文本的描述创建软件。编程是他们工作的起点，也是他们对于编辑工作流程贡献的开始。

博耶是一个规模虽小但却十分卓越的新闻记者群体的一分子，这个记者群体从编程领域进入到了新闻编辑室。他是一个黑客记者——过去从事软件工作，如今转战新闻编辑室。博耶并不是一个单独的案例：如今，由于数字环境下新闻业对于与公众关联性的主张，因此编码技能也变得日益重要。加入博耶团队的之前都是专业的程序开发人员，他们现在花费大部分时间进行编程工作，以服务于新闻领域。他们中的一些人抗拒"新闻记者"（journalist）的标签，但是为了成功，他们必须了解编辑工作流程、要求、需求和期望，依照新闻的规范去沟通交流，而且更重要的是，他们要扩展对于新闻工作和知识的专业管辖权。

在全美各种规模的新闻编辑室中[4]，与博耶一起进入新闻业的，还有最开始在新闻领域工作或是有人文学科背景，并且一直自学编写代码的其他同行。这些程序员记者首先从故事的角度来思考，并且他们对互动新闻有着不同的思考方式。除了上述类别的人员还有数据记者，他们与数据为伍，经常使用计算机来协助报道，但他们可能并不完全了解如何编写代码。这些记者延续了计算机辅助报道的传统，运用数据服务于新闻业——他们也可能是制作互动产品的数据专家。这些人也会以不同于传统新闻记者的方式思考新闻，经常寻找数值数据或分类数据，而不是定性的证据。这里所定义的上述记者的类别，对互动记者自身而言可能没有太多意义；事实上，他们可能会认为这些区分是随意的或者重叠的。那些我定义为黑客记者的，他们可能称自己是程序员记者或数据记者，并且在美国之外的新闻实践和学术讨论中，这些术语变得更加模糊混乱。那么，我们该如何理解这种标签窘境呢？

对于那些从事实际新闻工作的人而言，他们很难从日复一日的工作中抽身来思考更大的概念范畴，尽管他们认为自己可能正在这样做。然而，学术界的优势在于我们可以提供这样一个视角，开始为正在萌芽的领域描绘出一个轮廓——学者们拥有一个优势，就是可以为区分和分析这些概念保持一定距离。本书从全球14个不同的新闻编辑室搜集到的经验数据，可以为描绘这些区分提供证据。经验数据展示了人们所说的真实话语，也提供了一个直接来自这些新闻编辑室工作人员话语的理论基础。所以，这些记者本质上都涉及了如何通过谈论他们的背景和看法来定义自己（define themselves），并且我通过其谈论自己是谁的研究方式，提出了分析性的区分框架。

用来定义新闻从业者的术语和描述词，在不同学者的著作中不尽相同。凯瑟琳·芬克（Katherine Fink）和克里斯·安德森在他们的著作中，在没有对数据新闻下定义的前提下开始了研究。[5]澳大利亚学者特里·弗卢、克里斯蒂娜·斯珀吉翁（Christina Spurgeon）和安娜·丹尼尔（Anna Daniel）则看到了互动新闻的起源问题，认为互动新闻是随着计算机科学家增补到新闻业而开始的。[6]西尔万·帕拉奇（Sylvain Parasie）和埃里克·达吉拉尔（Eric Dagiral）做了一个关于《芝加哥论坛报》的民族志研究，他们使用"程序员记者"（programmer journalists）这个术语来描述那些我将其定义为黑客记者的人，但是他们把自己的研究对象与数据驱动（data-driven）新闻从业者混为一谈。[7]辛迪·罗亚尔（Cindy Royal）花了一周的时间对《纽约时报》的互动新闻团队进行了田野考察，她发现这个团队的记者拥有各种各样的背景：有些曾就职于科技公司，其他人则一直从事新闻行业并且拥有新闻学背景，但是他们都团结一致为服务新闻事业而奋斗。[8]

还有一些人尝试对互动记者进行类型化研究。威比克·韦伯（Wibke Weber）和汉尼斯·拉尔（Hannes Rall）界定了在互动新闻领域工作的三种记者群体：程序员（programmer）、设计员（designer）和统计员（statistician）。[9]阿斯特丽德·吉内德（Astrid Gynnild）（奇特地）认为，当处理开源数据的时候，数据新闻就只是数据新闻。[10]马克·科丁顿（Mark Coddington)为定义这一领域提供了另一种尝试,他通过指出计算机辅助报道是一个"定量新闻的历史模式"(historical mode of quantitative journalism)[11],从而将其与数据新闻区分开来。即使是第一个有所突破的互动记者阿德里安·霍洛瓦蒂,他在如何为自己的工作加标签上也遇到了很多难题。他写了一篇博文争辩关于"谁在乎"他的工作是否被叫作数据新闻,但接下来他使用了"新闻是编程"(journalism as programming)这样的表述作为谈论他工作本质的一种方式。以上的这些定义如此不同,以至于尝试使用基于田野调查(field-based)的证据,从而厘清概念的清晰性就变得十分重要。这种概念的清晰性基于一种对模式(patterns)的分析,通过这些模式,记者们谈论他们是谁,以及如何应对自己的工作。

但是,现在去了解和区分互动记者比以往任何时候都是更为基础的工作。这些术语都十分流行,但是作为一个被使用的时尚词语(buzzwords),关于它们到底意味着什么的观点并不十分一致。不应该让"黑客记者"、"程序员记者"和"数据记者"停留在时尚词语的层面,任其在几年内被丢弃,如果它们能表明一些清晰明确的含义,那么这些词语实际上在新闻业的话语中将更有持久力。同样,这些分类显然表明这些术语是重要的,因为它们有着构成其实践和身份的特定历史和文化假设。通过实证研究将这些群体分类,我们可以了解到他们与传统新闻职业相比有哪些新颖、陈旧以及相似之处;相应地,这种分类也有助于我们对身边的现象获得更全面的了解。

本章主要考察新闻专业工作与知识扩展背后的人。之所以从这个角度切入,是因为他们的背景和看法有助于我们理解其进行工作的路径。通过对记者思维方式的考察,我们能够检视他们如何提出对抽象知识的独特声张,从而丰富和扩展更大的新闻专业范畴(进一步的探讨详见第 5 章)。关于"人"的这一章,可以帮助我们更清晰地了解确实存在新类型的记者——那些使用代码进行工作的记者,使用计算工作来处理整体性数据的记者——他们的存在正是通过新闻业正在如何扩展而体现的。

黑客记者来了

谁是黑客记者？奈特基金会制作了一个幻灯片，讲述了关于理想化的黑客记者的故事。黑客记者将与传统记者相结合成为"记者2.0"（Journalist 2.0）版本。幻灯片的一侧，是戴耳机，穿黑色T恤、牛仔裤、宽松衣服（chill clothes）的程序员/黑客，他们被描述成了"问题解决者和过程向导"以及"建造者"（builder）。幻灯片的另一侧，是穿着笨重衣服的记者——衬衫和领带外面套着系扣开衫，手中拿着采访本，戴着眼镜。这个传统记者旁边的配文是："宏观思考者（big picture thinker）、故事讲述者（storyteller）、文字匠人（wordsmith）、反对者（contrarian）、调查者（investigator）。"[12]

经过了新闻学院的学习，或者也许在体验了传统新闻工作之后，黑客记者，或者说"记者2.0"将进入新闻编辑室。在这张幻灯片的中间，黑客记者穿着新衣服（一件格子衬衫代替了黑色T恤），给他的配文是：翻译者（translator）、信息提炼者（info distiller）、锻造者（impactor）、数据视觉化者（data visualizer）和实用主义者（pragmatist）。之后，这个黑客记者将以他的思维方式去满足新闻编辑室的需求。[13]这张幻灯片指出，这个混合人物"大体上建立在布赖恩·博耶，一个厌倦了为保险公司提供电子解决方案的程序员的生活经验基础上"[14]。因此，黑客记者这一概念描述了那些之前具有编程背景，现在成为新闻编辑室一分子的人。[15]

博耶说，据他了解是他创造了"黑客记者"这个术语。[16]事实上，他拥有hackerjournalism.net这个域名。他在2008年写道："如果你是一个黑客，你就是一个特别出色的程序员。那么，如果你是个黑客记者你会怎么样呢？试想一下摄影记者要做的事情——他们用相机讲故事。"黑客记者将通过代码讲故事。黑客新闻业既是一种新闻业类型，同时也囊括了现如今在新闻编辑室工作的一类人。并且，这种黑客记者来自新闻界外部，为如何从事新闻工作带来了新的技巧、想法和观念。

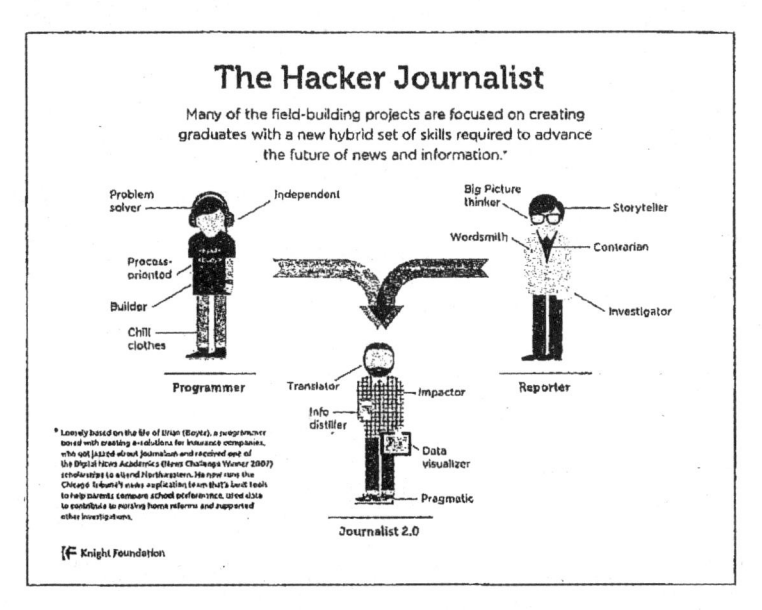

"黑客记者",来自奈特基金会

黑客记者从来不应该和反社会(anti-social)的黑客混为一谈。后者具有邪恶意图——这些黑客入侵他人电脑或窃取密码,从政府或新闻机构窃取数据,或者非法获取信用卡信息。而黑客记者的"黑客行为"(hacking)在这里被用来意指一种亲社会(pro-social)的活动,以及创建软件的展望。这些程序员的黑客行为是出于为公共利益开发软件所带来的乐趣。

黑客行为作为一种技艺(technical craft)有着很长的革新和创造史,其目标是使用代码来改善社会。黑客行为的这一愿景,可以追溯到20世纪60年代麻省理工学院(MIT)的早期计算机文化——在那里,电子邮件成为了早期的黑客行为领域——这种文化持续地灌输社区、开放、参与和试验的精神。思考黑客行为的另一种方式,是将其作为解决问题的一种方案,即采用最容易的路线去让事物正常运转。黑客行为价值观的其中之一是"不作恶"(do no harm),它来自开源软件社区的原则。[17] 新闻编辑室的程序员自身和新闻编辑室中的编程行为,一般都与上述黑客文化有关。这种文化受到一种内在愿望的驱动,那就是想要利用代码做好事,并且将其与更广泛的公众分享。

作为一名黑客记者,美联社的乔纳森·斯特雷(Jonathan Stray)曾询问一些可能成为记者的技术专家："你是否会写代码？是否擅长帮助人们了解他们所处的世界？你认为软件用于公民媒体是否可能有助于某种民主的或社会的公益并让世界变得更美好？"[18] 后来的黑客记者多出身于编程领域，并且通过应用代码来服务新闻的方式使世界变得更美好。他们是离开之前所从事行业的异类，在原来的行业里，他们有时候要为他们认为没有灵魂和创造价值的产品编程。现在，他们有机会为公共利益而编程。这些程序员在新闻行业中极受欢迎，因为他们有能力去建构计算的解决方案（computational solutions）。他们一直是创新的先驱，并被传颂成了鼓舞人心的神话——正如我们从奈特基金会幻灯片中所看到的有关记者2.0的发展愿景。尽管如此，在所有会编程的记者中，那些一开始就是程序员的记者还是明显少数。

他们为何而来

程序员们说，离开原来的工作是因为他们无法在商业领域中找到类似在新闻编辑室所做的事情。大部分加入新闻编辑室的程序员有着在商业信息技术领域工作的经历，他们之所以离开，是因为之前的工作过分强调了客户层面（client-side），同时在创造性表达上也有很多限制。每天都面临着新挑战的新闻编辑室，为黑客记者提供了构造新项目的机会，让他们帮助阐明一些有关公共利益的社会问题和议题，而这些在他们原来的工作中是不可能做到的。来自西北大学项目的黑客记者瑞安·马克曾说："我认为现在外面有很多像工厂一样的软件开发公司，那里的人工作朝九晚五，对他们正在做的东西实际上也不太关心……但是在媒体和新闻领域，情况则完全相反。人们真正在乎他们的工作，真正在乎做正确的事情。"[19]

马克的同事乔·格姆斯卡（Joe Germuska）提道："我从事过十年的互动市场营销，主要做不是很公开的网络开发工作。到最后，我并不关心所做的是什么东西。只专注于技术本身是远远不够的。"[20] 根据前面提及的马克、格姆斯卡、博耶以及其他人的情况，软件开发者在寻求"解决心头之痒"（scratch the itch），或者通过编程为他们眼中的问题找到一种解决方案，或者只是为此而心烦。从事商业软件领域的工作，并不能像在新闻领域那样，可以探索问题，或提供创造性的解决方案。

也有其他国家的程序员选择将纯商业性质的工作换成为公众服务的工作。英国广播公司的黑客记者詹原（Tsan Yuan）曾受雇为银行和保险公司进行大型的网站开发："我到新闻编辑室工作，是因为我对数字媒体感兴趣。新媒体及其技术以一种不同的方式形塑着新闻……这里有着巨大的影响力。"[21] 简而言之，如果你想有所作为，那就放弃那些赚大钱的机会到新闻行业工作。

英国《卫报》的记者阿拉斯泰尔·丹特（Alastair Dant）谈到曾在旧金山的工作是一系列"吸食灵魂的 JavaScript 工作"，是一个"赚钱丰厚的无聊事业"。[22] 在业余时间成功制作了一个儿童视频游戏之后，他希望去《卫报》工作，因为每次当商业模式陷入困境之时，这份报纸都承诺要做好的新闻。"《卫报》有很多自由的声音……它现在正在做高质量的新闻。"[23] 为了生存，《卫报》需要在在线新闻领域进行创新，并且丹特相信他能够为此尽一份自己的力量。

在半岛电视台英语频道，默罕默德·哈达德（el Haddad Mohammad）认为，通过在新闻编辑室工作，他能更好地与世界上发生的大事件融合在一起。哈达德大学一毕业就从事了现在的工作。他说他来到半岛电视台英语频道时，正值中东地区的大新闻多发期。[24] 他对 MediaShift 说："我非常幸运能在 2011 年加入半岛电视台，当时是中东的动荡时期。我想我们都意识到了将要发生的这个时刻意味着什么。对我而言，新闻领域还是很新鲜的，没过多久我就看到了传统媒体与技术的结合将会如何影响这一地区数以亿计的人们。"[25]

从事黑客新闻工作，将是一种能够真正改变人们如何经历阿拉伯之春（Arab Spring）① 及后续事件的方式。黑客们可能也信奉言论自由的承诺

---

① "阿拉伯之春"是阿拉伯世界的一次革命浪潮，在 2010 年由发生在突尼斯的一位小摊贩自焚事件所引发。突尼斯革命的成功激发了阿尔及利亚、埃及、利比亚、叙利亚等国的抗议运动，并逐渐呈星火燎原之势，席卷阿拉伯世界。在这次运动中，现代移动通信技术和互联网社交媒体起到了重要的作用。——译者注

(commitment to free speech);事实上,在极端情况下,黑客享有解密他们相信属于公众的机密文件(例如索尼公司无论好坏的内部邮件)的名声。即便是这种情况,我也没有遇到过因为言论自由的承诺而进入新闻业的黑客。也许他们对于言论自由的承诺,已经隐含在服务公共利益的更大承诺之中了。

自从新闻业拥有驾驭新技术应用的潜能后,程序员就有了将他们的专长与新闻业的独特使命相结合的能力。新闻专业为有技能的个体创造了机会,他们带着编码知识进入新闻编辑室,改变了编辑流程中技术使用的方式,这就意味着,黑客记者在新闻编辑室里有了容身之处。同样清楚的是,他们关于公共利益的信仰与新闻业自身更大的总体目标可以很好地融合,这意味着当那些程序员加入新闻编辑室的时候,他们不需要改变他们的目标或志向。

思考的方式

进入新闻业的程序员因为拥有不同的专业背景而有机会以新的方式思考新闻。编写软件以及在编程社区中工作的经历,也意味着他们与一套独特的方法、问题和解决方案相关联。这种所谓软件设计的"黑客"方法,渗透在互动新闻之中,并且他们中的一些人之前就是程序员。黑客记者是将新闻业作为一个展示、探索和解决问题的平台加以思考的。

美联社记者乔纳森·斯特雷在他的博客中解释了带着这种黑客行为视角加入新闻业意味着什么。在一篇名为《制作者的新闻》(Journalism for Makers)的博文中,他探讨了新闻创新和发展中的黑客行为这一重要主题。他指出了从做编程转向做新闻的那些人的内在品质,以及他们是如何思考自己的工作的:

> (他们是)极客,那些喜欢了解非常复杂的系统,并且瞎捣鼓(tinker)它们的一群人。我想借用制作者(makers)文化这个术语,因为制作者文化是这种思想的一个标志。制作者文化借鉴了精通技术的黑客传统、被朋克(punks)完善的DIY美学,以及全球反抗文化(counter-culture)最具颠覆性的趋势。它存在于在线论坛里、狂热爱好者的聚会中,以及黑客空间肮脏的沙发上。这就是那个为硅谷提供动

力的混乱生态系统。[26]

按照斯特雷的理解，黑客新闻将把最好的"黑客"和"自己动手"的精神结合起来，去尝试新事物，去"瞎捣鼓"，或者做出一些小的调整和改变来看看实际上会发生什么，并分享一个来自完全不同角度的不同看法。正如加布里埃拉·科尔曼（Gabriella Coleman）所写的那样[27]，这种"瞎捣鼓的好奇激情"是黑客文化的基石[28]。黑客记者来源于这种带有颠覆性目标、通过"高超技术"（technical mastery）从事软件制作的黑客反抗文化。

比起新闻故事本身，探讨新闻如何成为可以被解决的"问题"，则是黑客记者更加强调的一点。斯蒂恩·德布鲁沃尔（Stijn Debrouwere）是一个在《卫报》工作的黑客记者，过去曾经从事过商业性编程工作，他尝试去解释他所了解到的黑客记者提供给新闻编辑室的思维方式——一套解决问题的技能组合（skillset）：

> 这绝对是陈词滥调，但是我相信确实是这样的：软件开发者被训练成为懒人是一件好事。记者习惯于手工操作：每天浏览相同的法院数据库，查看是否有任何新的文件，手动研读大量的文档，不断重复相同的计算，或者他们可能事实上要放弃一些故事，因为一些挑战似乎是无法克服的。
>
> 一个软件开发者永远不会做上面那样的事。他们会写一个小的应用程序，所以他们从来不用重复做工作。而且，这种收获也并非一次性的，因为一些应用程序可以供其他的报道者在不同的环境下使用，还有一些可以被开放并重新应用到新闻客户端上供人分享。我认为这是一种非常有价值的态度和技能组合。
>
> 我也认为程序员更习惯于用信息思维而不是故事思维进行思考。这既是有价值的优点，也是其短处，因为这一方面意味着程序员点出了我们可以和用户分享的有价值的信息，即便有时候它看起来非常无聊，或者在记者眼中根本"不是一个故事"，但另一方面，它也意味着程序员在讲故事方面可能并没有很好的感觉。[29]

德布鲁沃尔指出了思考新闻的两种不同方式。第一种，新闻是可以被"黑"到（be hacked）的一些东西；第二种，新闻是信息。程序员使新闻聚焦于"黑"（hack）这一行为——为大问题寻找快速的解决方案，以便找到一种做事的简单方法。当然，这种解决方案源于代码。通过编程，新闻生产过程中遇到的问题可以更容易被解决。黑客记者提供了一种思维模式（mindset），那就是如果应用正确的代码和正确的方法，新闻生产将会变得有效率，并且能解答所出现的问题。

程序员也没有将新闻作为故事来看待，而是将其视为一种由各种部件构成的产品——"信息"（information）。这表明对于程序员来说，新闻也许可以脱离叙事和更长的时间背景。相对地，新闻作为"信息"可以被四处移动、分解和重组。记者为报道故事所揭示的每个元素，都应该被看作一连串的代码：信息是组件而非故事的终点。之后，信息将成为其他项目的脚手架（scaffolding），它最终能否形成故事并不是确定的。

黑客记者通过一种传统新闻业所没有的视角来完成他们的工作。传统记者在谈论他们的工作时很少出现"玩儿"（play）这个词。但是黑客记者却从编程精神中吸取了"玩儿"的思想，不断地测试检验一些东西。他们很享受创造新的工作方式的过程。他们喜欢乱搞一通（messing around），尝试让电脑以一种新的方式来完成新闻；尽管知道有可能失败，他们还是不断尝试。兰塞姆·姆皮尼（Ransome Mpini）是BBC的一位黑客记者，他这样解释此种态度："这非常有意思。你必须享受与科技共舞的乐趣。有一个我喜欢的黑客定义，是我昨晚发现的，我认为十分正确，大意为'一种充满激情以及有创新性的技能'。"[30]

"黑客"们不断尝试和不断创新。这个态度也满足了把做工作当作有趣、好玩的事情的一种愿望。他们将新闻视为信息和可以被解决的问题。这种思维方式此前在新闻编辑室中并不常见，它来自编程文化的熏陶。如今随着代码在日常新闻工作中变得越来越不可或缺，这种思维方式已经渗透到新闻编辑室中，而编码员也更加深嵌于新闻编辑室中。

黑客记者也认为他们会打乱新闻编辑工作的流程。在西弗吉尼亚大学

（West Virginia University）的一个专题讨论会上，《西雅图时报》（The Seattle Times）新闻应用程序团队的负责人劳伦·拉拜诺（Lauren Rabaino）表示，她发现传统的工作流程限制性很强："这种新闻编辑室的项目管理结构就是一条流水线。"[31]她认为这条流水线非常不灵活。相反，她指出了"敏捷"（agile）软件开发实际上表现更好。敏捷是一种软件开发的方法，随着主要参与者报告的评估进展，生产得以在快速循环中发生。无论好坏，这种敏捷开发使得快速创造原型（prototype）成为了可能，而且能很好地适用于长期和短期的项目。这种创造原型再次说明了"黑客"带给新闻编辑室的实验气氛。

此外，还有黑客记者带入新闻编辑室的一个非常酷的元素——他们通常都穿着黑色T恤。《纽约时报》的比尔·凯勒（Bill Keller）指出，在2010年凭借一个重要的互动项目赢得普利策奖之后，报社突然出现一群有文身和打孔的人。[32]这些黑客记者甚至有了个人形象（刻板地被想象为长着浓密的胡须——一个凸显了更加复杂的性别议题的问题），并且有种局外人叛逆的心态，然而却尝试创建公共项目。上述这些表现你都可以在开源社区上找到。拉拜诺补充说："我们想要为公众争取权力。我们也想要成为新闻编辑室里的酷小子。"[33]从这点来说，上述这些团队的一些领导者希望注入一种新的活力和态度。

结果，"黑客"带进新闻业的这种态度与新闻编辑室中创新的新方法紧密结合。那些拥有非"黑客"背景的记者，表达了他们对"黑客"世界的看法。《华尔街日报》的乔恩·基根解释道："黑客行为和新闻相结合的想法，部分来自技术黑客行为——想看一看新闻以新的方式去做到底能走多远，并且这不仅仅是在解决技术问题。"[34]他认为，这个术语提出了一个关键的问题："你能创造性地解决问题吗？"[35]

基根所在的新闻编辑室的其他记者，同样从他们所看到的黑客新闻背后的哲学思想中获得了灵感。基根的一个助手萨拉·斯洛比（Sarah Slobin）解释道："我从黑客记者的工作中学到了你必须自己解决问题……你必须做好你看似做不到的事情，解答你看似不能解答的问题，你必须解决这些事情……你也要具备自己动手做的意识。"[36]这激励她成为一个程序员记者，因为这会"促使我去做一些新东西"。[37]与此同时，《华尔街日报》从来不会使用"黑客新闻"（hacker journalism）这个术语。作为新闻集团（News Corp）旗下的报纸，它们对于"黑客"这个词极为敏感，因为在英国的电话窃听门丑闻事件中，记者黑进了潜在信息源的语音信箱。

但是这个术语依旧激励着位于下曼哈顿地区（Lower Manhattan）的公共广播电台——纽约公共之声（WNYC），该电台办公地址距离《华尔街日报》总部大约40个街区。纽约公共之声数据新闻团队的负责人约翰·基夫（John Keefe）认为，黑客新闻的思想源于开放和社区（openness and community）精神。他指出："通过黑客新闻，这个群体有这样一种意识，那就是认为自己在做好事。这非常酷。我们正在对工作进行分享和构建。"[38]

通过这种方式，融入新闻编辑室的"黑客"们代表了新闻的升级——记者们确实为应对新闻问题提供了一种新的方法。不仅是平台不一样——通过软件——而且过程也不一样。其他记者也接受了这种"黑客思维"，并且从黑客记者带给新闻编辑室的已经被认可的一些益处方面获得了灵感。玩儿（play）、解决问题（problem solving）、试验（experimentation）、制作（making）和做（doing）这些术语，都体现了这些程序员所带来的代码思维（code-based thinking）。并且，就像我们从其他记者那里所看到的，这种做事情的方法受到了编辑室的欢迎。

他们是记者吗？

如果将关注点放在汇编代码和写程序上，那么将引发一个问题：这是否还是新闻？当然，从地图到表格再到数据库，如果黑客记者们通过编写脚本生产互动产品，那么这肯定不是传统的新闻。通常，黑客记者要和从事寻找故事工作的传统新闻记者一起工作，尽管黑客记者们也有首页的署名权，可如果产品是一个应用程序，而且黑客记者并没有提供对数据的分析,那么他们是否仅仅是新闻编辑室里的程序员?

通过黑客记者的自我描述可知,他们中的很多人抵制新闻记者这个标签。他们并不认为自己正在撰写传统的故事。格姆斯卡说他并不是一个"真正的"记者,虽然他也为参与合作并且让故事上了头版的事情感到骄傲,但在他看来感觉更像参与了《芝加哥论坛报》新闻创新体验的一部分。半岛电视台英语频道的默罕默德·哈达德直到最近才开始称自己为记者——当我 2012 年见到他的时候,他说:"我不会称自己是一个记者。"[39]但是在两年之后,伴随着编程和新闻工作中不断出现的新难题,他的个人简历现在写着"数据新闻记者"。哈达德向我解释,"我必须学习一些有关新闻的知识"。显而易见,正如他所说,"黑客"这个词在半岛电视台并不是简单地被使用,而是要么用来形容他所做的事,要么用来谈论他所从事的新闻类型。黑客群体的来源太接近那种反社会工作的职业类型,这些活动也包括叙利亚电脑恐怖分子不断地致力于破坏半岛电视台英语频道的内容。[40]

我访谈过的大部分人表示非常关心新闻工作,但他们觉得没有能力直接参与到日常新闻工作的流程里。博耶说,你(指笔者)在例会上所观察到的那些传统的美国公共广播电台记者才是负责新闻故事的人,而他自己并不是。[41]此时,他的小组正在收集能填充搜索字段的数据,并且团队中有一个专家负责收集这些报告。也许接下来,他将作为一个互动新闻的数据收集者和数据呈现者进行工作,而不是从事传统的广播新闻工作。就此而言,可以说他正在做着新闻工作,即便他生产的不是传统新闻。

在英国,新闻从业者中的"黑客"们也不认同新闻记者的标签,认为自己不过是恰巧愿意在新闻编辑室里工作的开发人员。《卫报》的一个员工如此解释这种现象:"作为一个开发者,我觉得我对于内容生产和故事的贡献在于对技术知识、网络文本以及 HTML 的应用,这使更多完整的互动产品变成某种可视化的东西,并且使某些东西变得具有互动性……提供一个不同的方式来观察专家们的反馈。我认为我正在做新闻,但从背景来看我不是一个记者。"[42]在这点上,很多来自科技领域具有开发技能(developertype）的人，并不是我们所认为的来自新闻编辑室的传统新闻记者。

　　将黑客记者称为"记者"仍然有重要意义，尽管他们可能不这样来看待他们自己。"记者"这个词有着相当大的力量，而且这是一个重要的声张：对于未来新闻业而言，这些黑客记者必须被认为十分重要，并且必须以记者这个带有象征性力量的词语被认知。如果我们不把黑客记者作为记者来看待，我们就无法认识到他们带给编辑流程工作的价值。当然，他们的产品是软件，但是他们所做的是另一种形式的新闻。制作一个互动产品的过程，通常要求黑客记者去挖掘数据、收集信息，并为新闻消费行为做好准备。这样的整理和收集是新闻工作的一个重要组成部分。同样，融入编辑流程，则显示了这些黑客记者正在扮演着新闻记者的角色：如果没有他们的编码工作，最终的产品——新闻报道——是不可能完成的。

　　为了完成他们的工作，这些黑客记者必须去理解新闻，并且必须要带着一种新闻敏感进行交流。制作互动产品以及与其他记者共事，都要求他们对新闻进行判断，以及拥有在宏观角度上理解新闻需求的能力，这些都凸显出黑客记者与新闻编辑室的融合。如果不能进行跨新闻工作的沟通，他们就无法顺利地从事他们的工作。并且，这些黑客记者中的大多数人乐意接受、尊重，以及希望追求共同的新闻目标，正如格姆斯卡、哈达德和其他人所表达的，他们有了解新闻业的强烈意愿，以及有帮助新闻业实现更大目标的工作期望。事实上，在这些黑客记者加入新闻编辑室之前，他们已经有了关于新闻公共服务角色的理想化认识。他们出于为新闻业做出更大贡献的渴望，自愿放弃那些赚钱的工作，这体现出他们对于新闻专业目标的接受和理解。

　　因而，为了思考推进新闻业必须做出的改变，认识到黑客记者是新闻编辑室的重要组成部分是必要的。对于记者们提出的与公众相关联的声张，新闻机构和新闻业必须阐明这些黑客记者究竟能做什么。在更大的信息生态中，上述工作对于为新闻业建立一个独特的切入点十分重要。尽管他们可能并不使用"新闻业"这个标签，但他们在新闻流程中扮演的新角色却要求其了解新闻生产的流程。所以把黑客记者视为新闻记者是很重要的。

黑客新闻的知识对于新闻业保持与公众的关联性非常重要——外界施于新闻专业进行定义的压力有助于创建一个子专业。为了帮助新闻业做出改变以满足数字时代下的需求，黑客记者需要创造一些新东西。这种对抽象知识的需求对于扩展新闻业的边界，以便回应其所面临的社会文化、技术和经济的压力是十分重要的。新闻业寻找思考新闻和做新闻的新方法成为必然要求，而黑客记者能用他们对于新闻专业的影响，帮助推动这个专业向前发展。黑客记者的同行，程序员记者（包括非编程专业出身的人），帮助进一步扩展了作为一个专业的新闻业。

程序员记者：传统的背景

大部分程序员记者并不是来自技术领域。相反，大多数写代码的记者在接触编程之前，多少都有些新闻学的背景，他们或者来自新闻学院，或者在传统的新闻编辑室履行着传统的职责。他们自学编程，而且一般谈论最多的是故事作为中心任务的重要性。不同的背景，以及首先将自己视为一个记者的前提，对于他们的自我认知十分重要。

米歇尔·明科夫（Michelle Minkoff）成为程序员记者的传奇故事，展示了由沉浸于代码世界的黑客记者来讲述故事的另一面。当明科夫还是布兰迪斯大学英语专业本科生的时候，她实际上并不知道计算机代码或编程的存在。在 2014 年 8 月的一条推文中，她说："2008 年！我正准备从布兰迪斯大学毕业，对代码 & 未来茫然无知。"[43]当还是西北大学新闻学研究生的时候，明科夫选了一门她描述为简直改变了未来生活方向的课程。她回忆，这门叫"报道的数字框架"（Digital Frameworks for Reporting）的课程，是由《纽约时报》的程序员记者德里克·威利斯讲授的，这门课程如此具有革新性，以至于当她走进教室的"那天起，生活将不再一样"。[44]她的博客记录了她学习编程的步骤，例如从开始努力学习编码语言、编写编程新闻课程的愿望清单、"进行编程式的思考"[45]，到她当前公开进行的用"重构"（refactoring）方式检查更加复杂的实验工作，或者进行使其更加简洁的改善代码的设计。[46]

米歇尔·明科夫在短短几年里已经有了传奇的职业生涯：她开始在《洛杉矶时报》的数据部门做"数据开发者/实习记者"，后来去美国公共电视网（PBS）做数据生产者，现在则在美联社做互动产品制作人。有趣的是，她最近的两个头衔中都没有"记者"（journalist）或"报道者"（reporter）这样的词，但是明科夫确信自己处于日常新闻生产的流程之中。对她来说，她被冠以的头衔——不论被叫作程序员记者、数据记者，还是其他什么——意义不大："我根本不在乎叫法是什么……你做你工作要求做的，你做你工作需要做的。"[47]然而对她来说，不同于一些黑客记者的类型，她的工作重点是明确地服务于故事，并且她直接将自己视为一个记者。"我从事的是有关新闻的工作，"她补充说，"没有人看代码，人们看的是分析。"[48]最终的目标是"通过数据和应用程序为人们制作故事……从而便于人们在线找到可以放大和深究的东西"。

在明科夫的一篇博文中，她描述了成为一个程序员记者对她意味着什么，如果她必须去界定的话："我每天既不单独花时间在新闻方面，也不单独花时间在编程方面——我一天的大部分时间花在了为实践新闻而进行的编程上。我也做其他事情——写文件、提供想法、参加例会。但是我一直，一直，一直在服务新闻。"[49]

从明科夫的案例中，我们可以看到程序员记者的发展变化。通常，这些记者之前都没有接触过代码，并且他们的背景往往与编程无关（他们大多仅仅是从文科专业起步的，就像很多没有上过新闻学院课程的记者一样）。很多程序员记者可能在学校学习了一些基本知识，但他们也继续自学一些技能，尝试应用编程使新闻变得更好。明科夫专注于新闻的做法，表明了一种与黑客记者不同的定位——对她而言，优先考虑的总是故事，并且她基本的自我认知是一个记者。

与明科夫有着相似背景的其他记者，强调了程序员记者和黑客记者之间的差异。他们也同样表示，自己在处理各自所做的工作时有着不同的视角——主要的差异在于他们将新闻视为传统理想化的东西加以强调，尽管他们也谈到要用编程的新态度和思考方式来工作。程序员记者经常会用计算技术从事数据工作,这些数据或者是他们自己搜集的,或者来自同事记者,然后帮助将这些材料转换成故事。上述情况为界定程序员记者增加了困难,因为数据新闻领域也有很多这样的记者花费时间做同样的工作。

背景和视角

当程序员记者谈论他们是如何熟练地将代码和新闻相结合的时候,我们看到了一个在传统技术路线之外发展的探索过程,这种做法是由后来进入新闻业的黑客记者所带来的。程序员记者或者来自传统的新闻学院,或者来自其他人文领域的专业。他们常常会讲有关在业余时间如何自学编程的故事。许多程序员也是自学的编程,并且随着程序语言的变化和改进,他们还需要常常学习大量有关编程的新知识。但这些程序员在做记者之前却都是记者出身。

曾供职于《华盛顿邮报》,现在是为了公众网的记者的魏思思(Sisi Wei)告诉我,她曾是西北大学新闻学专业的学生,之前对编程仅有的了解是在一个新闻学课程上有关 Flash 编程的快速介绍,尽管 Flash 现在已经过时了(但当时对她很有帮助)。后来魏思思选了一门为非专业学生开设的编程入门课,以确保她正在学习正确的东西[50],但她大部分时间花在"通过课外课程和暑期班学习编程"上了。在她的观察中,"编辑室里一个普遍的问题"是,大部分记者是没有计算机科学学位自学成才的程序员,这意味着他们不会"自信地说他们是开发者"[51],尽管她认为自信这个话题是不断变化的。

埃米莉·周(Emily Chow)是《华盛顿邮报》的程序员记者,她称自己是"记者-开发者"(journalist-developer)。周讲了一个与魏思思类似的故事,她也同样出自西北大学梅迪尔新闻学院的项目,并且还以专业的程序员记者身份加入到魏思思的一个独立研究中。"我自学编写代码,"她说,"我们有一个为期一周的 Flash 介绍……我认为我可能会成为一个作家或者摄影师，但他们训练我学会了编程。"[52]类似的故事在互动新闻领域被一些主要人物一遍又一遍地反复提及，包括《纽约时报》互动团队的负责人阿伦·皮尔霍夫，他之前是一名计算机辅助报道记者，后来自学成为了现在的程序员记者。

《纽约时报》的杰里米·鲍尔斯（Jeremy Bowers）也在一封电子邮件里分享了他的经历："我将自己的经历视为记者→程序员，而不是程序员→记者，因为我在找到报纸的工作后开始学习编写专门的软件，而我在大学学习的是政治学和英语专业。"然而，这种专门的编程知识，仍意味着鲍尔斯可以将他每日工作的大部分时间用在代码上，正如当我访问美国公共广播电台时，我观察到他正在做的那样。[53]

有些记者对编程有着长期的兴趣，但却致力于开创新闻领域的职业生涯。纽约公共之声的约翰·基夫在"还是个孩子的时候就靠编程赚钱"，但却直接成为了公共广播电台的传统新闻业务主管。然而，他在业余时间开始思考互动新闻应该如何讲故事，并且以"一种无法……用词语或声音很好表达的方式"来讲述。他解释说他得到了"他所能得到的最好的"条件，并且依靠编程会议和纽约其他程序员记者的帮助来处理他所不理解的东西。[54]事实上，他还向我讲述了他是如何以中国食物为回报，向几个纽约记者同行学习一些编程的故事。

美国公共广播电台的丹尼·德贝利斯（Danny Debelius）是一个从未想到最终会从事代码工作的程序员记者。他在科罗拉多大学（University of Colorado）学习了新闻学。"我没有太多的数字化技能，"他告诉我说，"我想我曾上过一门电子（新闻学）的课程……也许是关于 HTML 入门的。"他最初的职业生涯被困在了博德尔（Boulder）的《摄影日报》（*Daily Camera*）。他开始了长达两年"将相关内容弄到电子内容管理系统上的单调乏味的工作"，直到可怕的大夜班使他精疲力竭，才辞职去了一家吉他店工作。之后，德贝利斯被《落基山新闻报》（*Rocky Mountain News*）雇用，从事一些专门项目的设计，比如 2004 年的大选报道。此后他的职业生涯开始腾飞。德贝利斯告诉我："我想大多数人会说我属于程序员记者，因为我每天的确花费大量的时间编写代码。"[55]

这些程序员记者花了他们大量的时间从事数据工作。我们将在第4章重点探讨数据和编程，观察互动新闻团队的工作流程。他们的工作既包括为特殊的展示做好渲染数据的准备，也包括为故事潜在地处理数据。他们大部分软件的原料是数据，尽管实际上并非都是如此。他们必须知道怎样使用数据进行工作，以及如何把它制成一个未结构化但叙事清晰的软件产品。通常，程序员记者的目标是通过互动产品来创造故事，输入数据，再将其输出为软件。在有些情况下，他们会被称为数据记者，甚至许多程序员记者可能也会自称为数据记者，这是因为他们使用数据进行着紧张的工作。但是，我想要表明的是，数据记者可能是专门关注数据的专家，他们较少关注数据可视化和互动的展示——尽管他们可能的确做了一些这样的工作。而且，很多程序员记者可能同样符合对数据专家的描述。一个人可以同时身兼程序员记者和数据记者，或者根据本书收集的证据所表明的分类，成为专门的数据记者（数据记者将他们大部分的时间，即使不是全部的时间，专门花在了数据的实际输入或输出的工作上）。

思考故事

像米歇尔·明科夫一样，尽管程序员记者的头衔涵盖了互动新闻制作者、数据开发者、新闻应用程序设计者等可能的范围，但他们首先将自己视为新闻记者。很多程序员记者表示，他们总是首先要思考故事。他们有一些关于他们如何不同于那些黑客记者的理论，这些黑客记者首先关注于开发而非新闻工作。尽管如此，程序员记者给新闻业带来了思考如何制作新闻的一种独特方法。

斯科特·克莱因描述了他所了解的那些没有编程背景的记者的普遍态度。"软件是外在于他们的，而记者是内在于他们的……软件开发的吸引力要小得多。他们主要是作为记者在工作。"[56]在新闻的专业传统内，程序员记者所遵从的首要目标是讲述一个与公共信息相关的故事，然后再思考如何使用代码来讲述那个故事。他们的首要身份是记者而不是编码员。在克莱因手下工作的魏思思补充说，她团队的认知聚焦于成为记者以及开发者。"（你）不仅是一个开发者……你也要用编辑的思维思考事情。"她还指出，成为一名记者的想法"很可能是人们最在乎的"。

在我访问美国公共广播电台时，杰里米·鲍尔斯主要负责解决互动项目的技术问题。他在一封电子邮件里描述了他了解到的处理编程和新闻工作的不同思考方式。

> 在一些项目中，具有程序员→记者背景的人并不享受制造软件的工作，因为他们对技术挑战并无兴趣。很多新闻问题在技术上并不是特别有趣（当然，有些是有趣的）。结果就是，具有记者→程序员背景的人对解决具有很高新闻价值的那些"容易"的问题感兴趣，而具有程序员→记者背景的人可能对解决有较小新闻影响但更复杂的技术问题更感兴趣。

他补充说：

> 我认识的很多具有程序员→记者背景的人都痴迷于不重复自己，并因此想要建造"平台"或其他应用广泛的工具。作为一个具有记者→程序员背景的人，我对可重复的软件有更高的容忍度。[57]

所以对于鲍尔斯而言，区别在于黑客记者可能更侧重于技术的创新。他们可能更有兴趣解决新问题，而非思考如何在他们已经开创的领域里工作，并且可能更关注技术解决方案而非新闻输出。这种关注点上的不同，可能是黑客记者和程序员记者争论的一个点，但它似乎更是一个明显的差异，而不是一个分歧。

值得指出的是，很明显，来自黑客行为的思想确实渗透到了新闻编辑室。程序员记者会谈论他们的黑客文化；然而，主要的区别在于，程序员记者会在编程过程和传统新闻生产过程之间进行比较，寻找两者之间的联系，而非定位的差异。这些程序员记者讨论快速建立原型和实验方法，但是他们设计这种有关编程的方法，与传统新闻可能使用的方法大致相同。

魏思思认为，新闻生产与编程过程有很多的联系："我想编程中的东西与新闻事务是密切相关的，甚至可以说和新闻相类似。新闻从头到尾都关乎知识与新信息。而对编程而言，你必须有一直尝试新事物的意愿，因为技术变化得如此之快……随时在迭代，并且这非常类似于写草稿和裁剪东西。"[58] 不过，她也强调，由于技术正在快速变化，并且随着科技领域不断推出新的产品和服务，一个程序员记者必须具备适应能力。正如我们已经观察到的，在传统新闻编辑室转向在线新闻的过程中，记者对于新技术挑战的适应能力当然并不总是最强的。

明科夫也同样赞同，程序员新闻似乎更像是突发新闻故事。她指出，编程互动产品适合她目前所供职的美联社的故事写作模式。

> 我们已经尝试了敏捷开发流程（agile process），而且我认为有很多事情与我们在新闻例会上所做的相关：你会得到大量迭代的新闻，尤其处在美联社的环境里。首先你会得到一个新闻提示，然后你有一个故事梗概——70个单词的故事，再然后你通过它展开描写，并且有时候这非常紧张，就像我要展示一些东西，但并不意味着它是最终产品，这与其他技术类产品很近似。[59]

这些记者看到了快速迭代的重要性。敏捷开发流程着重于快速开发，以及在最终产品之前发布测试版本。你可以发布一个并非完全没有差错的消费产品的创意，至少从编程的方面看，这似乎与推出一个快故事（fast story）的想法有所不同。就美联社而言，快故事不会有任何差错——一个互动产品的速写初稿在想法上与这类速写初稿别无二致，但前者在建造软件方面有更大的实验空间。

这些程序员记者相比黑客记者对新闻有着更加清晰的认同。他们首先是记者，然后才是程序员。他们所说的关于如何从事互动新闻的话，都将新闻放在了他们所做事情的中心——故事第一。另外，他们的某种认同和看待自己的方式，以及他们做事情的方式，完全不同于之前的新闻形式——一个注重实验，而另一个则注重基于代码的工作成果。

有史以来第一次，记者将学习代码和做新闻的重要性等同起来。程序员记者在两个领域工作，以便进一步推动新闻流程。这为新闻专业的拓展提供了明证，因为新闻业吸纳了具有新技能的一些人。同样，这些记者也接受了传统新闻业中所没有的思维方式。尽管已在尝试，但他们所专注的新鲜事物所需要的独特适应能力，尚未被多数记者拥有。将不完美的东西，比如实验性的测试版本推给受众进行消费的行为，意味着一种对新闻规范的偏离。尽管如此，他们与黑客记者同行还是颇具共同之处，从而表明了在更大职业子群体的发展中这两种专业人士有着一致性。有人可能会认为，黑客记者和程序员记者之间，会因为在思考新闻工作方法上略有不同而产生一些冲突，并且工作流程确实会随着谁来管理团队而变化，但正如我们将在第4章看到的，程序员记者和黑客记者并肩工作，很好地融入了新闻编辑室的团队中。

数据记者：界定的不确定性

对于新闻界和学术界的许多人来说，数据新闻是本书所描述的工作类型中一个包罗万象的术语。但这并不完全准确。并不是所有的互动记者都是数据记者，也不是所有的数据记者都是互动记者。数据新闻可以包括数字、统计数据、名称、类别、文档和其他类型的信息，这些信息可以通过计算机分析的方式被编码和分类，以便为新闻服务。霍华德对数据新闻的定义（再一次重申）更加清晰："收集、清洗、组织、分析、可视化和发布数据，以支持制作新闻的行为。"[60]但是数据记者不应作为一个独立的特定类别。根据实证研究，数据记者有其特殊之处：他们主要在服务新闻报道的过程中从事数据工作，积极地尝试用数据讲故事，并且大部分时间专门花在了数据工作上。当然，一些数据记者可能是程序员记者或黑客记者，因为他们有时也可能从事数据工作，但数据记者要把数据作为他们工作中的主要侧重点，并且许多人并不认为自己主要在从事代码工作。事实上，一些数据记者可能根本不做任何编码工作。

如果说数据新闻与编程产生了关联，那就是这个术语在美国有其历史起源。它与新闻编辑室使用数据进行工作的早期方式有关——"计算机辅助报道"（CAR）及其实践者、计算机辅助记者。事实上，数据新闻是计算机辅助报道的一种演化。通俗地说，操作数据不是互动记者要做的；然而，一个数据记者被纳入互动新闻的范围内，他就必须从事互动产品的工作。这些术语很重要，但让我们明确一点：数据记者可以是互动记者，但是如果他们不制作互动产品，他们就不是互动记者——这应该是讲得通的。如果他们不制作互动产品，那么他们可能更接近于计算机辅助报道记者，这个话题接下来将会讨论。事实上，不管数据记者是否真的会写代码，这都不是很重要——只要他们正在创建互动产品。这似乎很复杂，但在涉及经验性的讨论，以及记者们是如何谈论他们自己时，这种区分就是有意义的。因此，考察数据记者如何谈论他们所做的事情，以及他们如何理解他们的工作，这是非常重要的。尽管并非所有的数据新闻都是互动新闻，但在很大程度上它们可以被纳入这个新兴的子专业。

正如亚历山大·霍华德所指出的，新闻编辑室里的每个人都使用计算机：所有的新闻现在都是由计算机辅助完成的。当数据被简单地用于服务故事的时候，计算机辅助报道可以说代表了一个时间节点，而现在，数据可以独立地成为一个故事。数据新闻似乎是一个更好的术语，用来描述和解释数据的增长，也可以用更全面的方式使用计算和可视化，从而超越逸闻趣事，达成总体性的系统分析。数据新闻将全部数据集展示给公众，至少是尽可能多地展示，而计算机辅助报道记者为了满足他们分析的需要，则可能仅仅分享内部数据库的一些关键细节。

正如霍华德等人指出的，以互动形式初次公开引入的数据新闻，也许可能是关于维基解密（WikiLeaks）的报道。《卫报》《纽约时报》《明镜周刊》，都推出了可搜索的互动数据库和地图，可以让用户浏览数量庞大的战争日志以及后来的外交信函。年轻有为的统计学家纳特·西尔弗（Nate Silver）依靠他的数据新闻技能准确预测了2008年和2012年的总统大选。在2012年，他为《纽约时报》贡献了20%的在线流量。[61]其他重要的例子还包括特里·弗卢及其同事所做的《卫报》对议会议员开支的披露。[62]从

2010年海地地震到有关竞选捐款的几乎所有数据现在都可以在世界各地的很多报纸、一些广播和有线网站上找到。

然而，今天一些人所称的数据新闻不同于计算机辅助报道，因为前者的最终产品不是故事，而是"信息过滤"（information filtering）后的"生产性制品"（productive artifact）。[63]正如鲍尔斯解释的那样，计算机程序员和网络开发者长期被认为是非记者（non-journalists），并被认为与编辑工作无关；他们被看作是"不同的群落"。[64]在互动新闻领域，程序员和新闻记者在互动新闻的语境下结合为一体，不仅使用计算机来完成新闻，而且实际上利用计算机去制作独特形式的新闻。在数据新闻领域，计算机被用来辅助新闻工作，但可能并不直接为新闻消费者生产可视的、有形的、可用的输出产品。

数据新闻是一个具有争议性的术语。如果以用某种方式操作数据作为标准，那么新闻编辑室里的每个人都在做数据新闻吗？这里有没有复杂程度的区别？他们的工作以什么方式延续了计算传统？我访谈过的记者试图讲清楚新闻编辑室里过去的实践与仍在使用计算机辅助报道的工作方式之间的差异，因为计算机辅助报道和数据新闻都涉及使用计算机去分析数据以服务于故事。《纽约时报》互动新闻团队的负责人阿伦·皮尔霍夫在2011年解释道[65]：

> 很多时候，从事计算机辅助报道的人和那些为我工作的人（在互动新闻团队里）掌握的技巧非常相似……X与我一样有作为国会记者的背景，并做了大量的数据库分析工作，在当时我们将其称为计算机辅助报道，现在则称作编码员。
>
> 不同之处在于，互动新闻主要侧重于利用网络应用程序，面对公众讲故事，以及使用数据来构建一种叙事，或者创建工具。

他试图在定义的构架中去表达清楚，什么样的人是他所认为的数据记者：

> （谁是）数据记者 vs. 程序员记者？在过去的三年里，大量的术语

被创造出来。数据新闻是一个模糊的术语,在以前意味着某人是做计算机辅助报道的。但是现在边界已经宽泛了许多。

使我们结合在一起的,是我们正在建造的网络应用程序。计算机辅助报道在根本上是追求做(写)故事的。网络应用程序没有明显的方法指南。我认为使用什么术语并不重要。在这个宽泛的定义下,你不必非得成为一名开发者或一名数据记者。

在这次访谈中,皮尔霍夫提出了大量的重点。首先,他将传统的计算机辅助报道形式与互动新闻和数据新闻做了区分。互动新闻以及现在的数据新闻侧重于网络应用程序,然而数据新闻确实是从计算机辅助报道中传承而来的。计算机辅助报道关涉传统的故事,数据记者可以为面向公众的数据创建工具或网络应用程序。

另一个重要观察是,他提出了数据记者不一定非得是开发人员。这表明,虽然数据记者在一个代码的世界里工作,但他们实际上不一定非要创建代码。所以程序员记者可能了解代码以及编写代码,其中一些人可能会认为自己也在处理数据,或者甚至自称为数据记者;但数据记者不一定非要和代码打交道,从而仅仅被纳入"使我们结合在一起"的范围内——为了网络应用程序而一起工作。因此,在有关这个术语的演绎中,由于具有在线这个元素,数据新闻确实可能不同于传统的数据报道。

美国公共广播电台的数据记者马特·斯泰尔斯(Matt Stiles)解释了对计算机辅助报道与他目前所从事的工作的看法:"二者是不同的,因为在一个项目中,前者在电子数据表(如 Excel)上进行数据处理,后者则利用更复杂的 JavaScript 或 Python 进行处理……这和计算机辅助报道并没有太大的不同,但是多了一个在线的组成部分。"[66]斯泰尔斯将过去的计算机辅助报道与当下的数据新闻做了区分。

为了公众网新闻应用程序团队的负责人斯科特·克莱因是一位和数据打交道的程序员记者,他试图更深入地描绘数据新闻的演化过程:

> 20世纪70年代或80年代的计算机辅助报道意味着利用电脑工作,但并不是以一种互动的方式。你会看到一个带有类预测(class predic-

tion）的数据集（举个例子），然后去找到并撰写你自己有的一些采访案例故事。而更新的方法是，以一种清晰诚实的方式向人们公开整个数据集——这（要求）我们通过分析数据、统计数据以及清洗数据，来向人们提供数据集。[67]

正如克莱因所继续讲的，如今操作数据集是服务于整个数据体（body of data）的，"而不是寻找两三个例子，或花费几周时间去寻找奇闻逸事（就像人们使用计算机辅助报道那样）"[68]。此外，计算机辅助报道仅仅是要展示一些数据点，而数据新闻意味着将所有的数据点提供给公众，或者至少可能以系统的方式让公众检查所有数据点。数据新闻努力的侧重点必须是"我们如何向人们提供数据集"，或者以一种人们易于操作的方式呈现数据集。输出的产品是一个新闻应用程序，而不是一个静态的故事。此外，老式的计算机辅助报道并不是互动的。

一些记者明确地将关注点放在了有关新闻的差异方面，很少谈及有关互动元素的话题，这表明数据新闻不用必须与在线的组件有关联。相反，数据新闻是一种思想方法。《纽约时报》记者德里克·威利斯给了一个这样的定义："基本上，如果一个记者借助于各种工具进行采访、分析，或用任何媒介为任何类型的故事传送数据，那么这个人就可以被称为数据记者。我认为可以粗略地将其分为两个阵营，尽管有一些重叠——为了分析而与数据打交道的记者，以及为了展示而与数据打交道的记者。"[69]第一类似乎更接近对传统计算机辅助报道记者的描述；而展示数据的想法，似乎更准确地描述了本书中我对数据记者的分类方式。在上述界定中，威利斯甚至没有提到有关可视化数据的想法。

一些记者尝试着共同努力去规范某种形式的定义。在2011年的莫兹拉节（MozFest）——一个由莫兹拉网络公司举办的媒介与计算机的节日上，来自欧洲和美国的记者聚集在一起制作了《数据新闻手册》（Data journalism Handbook）。伯明翰城市大学（Birmingham City University）的保罗·布拉德肖（Paul Bradshaw）为这个手册写了前言，尝试厘清数据新闻的定义。文章中，他一开始就拒绝了这样一种定义，那就是数据新闻仅仅是利用数据来完成的新闻。他指出，20 年前记者只是简单地将数据视为一个数字集合，它们"大部分是在电子数据表上收集的"。[70]但是在那时，"这几乎是记者们处理的唯一一种数据"。

布拉德肖观察到，如今的不同之处在于，"随着现在可获得的数字信息规模和范围的扩大，当你将传统的'新闻嗅觉'与讲述吸引人故事的能力相结合时，许多新的可能就会被创造出来"[71]。他补充了这个定义，认为它还涉及用程序或软件自动收集数据、整合信息，或者找到"成千上万的文档"之间的关联。[72]他指出，数据新闻"经常以互动的方式被讲述，并且数据可能是故事的来源或工具"[73]。他在书中所提供的每个例子都是一个互动产品。但是根据这本手册的定义，数据新闻并不总是有关互动产品的。尽管围绕这些定义存在一些分歧，但这个手册本身意义重大，因为它反映了通过创造公认的实践意识对子专业进行规范和典范化的一种尝试，从而实现进一步推动子专业发展的更大目标。

值得指出的是，欧洲的一些记者倾向于使用"数据新闻"这个术语来从总体上描述互动新闻，而不仅仅用它来描述与处理数据相关的工作。但是根据机构的不同，被称为开发人员或数据记者的新闻从业者仍然可以从事有关互动产品的工作。作为美国人的皮尔霍夫认为："数据新闻就是他们那里所谓的互动新闻。"[74]

但事实并非总是如此。在一些新闻编辑室，比如"时代在线"（Zeit Online），数据记者萨沙·费诺尔（Sascha Venohr）向我解释，"开发人员"（developer）从事编程工作，然而他并不使用代码，而是"利用数据从事互动产品的工作"。在我要求他进一步澄清的时候，这种区分似乎越来越令人困惑。[75]在《卫报》，数据记者维护着"数据博客"（DataBlog），并从事与可获得的公开数据相关的工作，撰写博文。"开发人员"为一些重要项目，例如奥运会项目和故事制作复杂的互动产品，然而这种工作仍然需要数据，但是这些人更擅长使用代码。英国广播公司也有类似于《卫报》的差异。英国广播公司将"开发人员""设计者""数据记者"的称呼用在了其新闻专栏团队（News Specials Team）身上。和在美国一样，这表明这些术语在欧洲同样令人困惑。

是否所有的程序员记者都是数据记者？这是一个程度的问题，取决于自我认知以及感知到的处理数据的数量。几乎所有我访谈过的美国程序员记者都说，如果数据记者这个术语可以被宽泛使用的话，他们可能称自己为数据记者。这些程序员记者中的很多人正在从事芬克和安德森所描述的作为数据新闻关键组件的工作：数据获取、图形设计和统计分析。[76]但是很多人很快又提出应区别对待"真正的数据记者"，从而将获取数据或做统计分析的记者与程序员记者或黑客记者做出了区分。

当通过增加在线组件来区分他们所做的事情时，数据记者就是互动记者。本书的研究表明，数据新闻很难被定义，并且来自计算机辅助报道这个更大的传统。当他们聚焦于网页应用程序、软件和/或互动性时，数据记者就与互动新闻这一更大的子领域更直接地关联起来了。

非编码员

皮尔霍夫帮助我们了解到，并非所有的数据记者都是程序员记者，因为他们并非都会编码。一些数据记者根本不会编码，而是将他们的时间主要花在清洗、排序和解释数据上。其他人则使用不是很复杂的工具来建造互动产品。不过，他们仍然是子领域架构的组成部分。他们的工作仍然依赖于现有网站顶层的附加代码。他们所使用的代码，通常已在既有软件中完成程序化。如果不在这个代码领域里工作，他们就没法创建互动产品。

《卫报》记者、数据博客负责人西蒙·罗杰斯（Simon Rogers）就将自己描述成一个数据记者。但是他并不编写代码，而是依靠现有的数据库和模板将他的作品可视化。他的目标是为用户提供更易获取、搜索和互动的数据。他告诉我说："'9·11'之后，我开始收集大量的数据集，并自问是否可以做一个开放平台的数据博客。我希望看到的是能通过数据博客展示所收集文章的信息，使它拥有更长的寿命。"[77]

然而他强调，无论从哪方面来说自己都不是一个程序员或者编码员。[78]

但是，他会使用免费工具，主要是免费的谷歌融合（Google Fusion）程序来创建互动产品。这一程序为创建互动产品提供了多种选择。因此，从图表到地图，他们所应用的代码都是现成的，并且广泛依赖电子表格。其他不编码的数据记者也可能使用像 Microsoft Excel 或 Access 这样简单的工具，或者使用其他可以实现互动的工具，比如 Tableau、Carto DB 或 Data Wrapper。一些记者确实学习了有关代码的基本知识，以便帮助输入数据、从网站抓取数据、校准互动产品。如果他们对代码掌握得更加熟练，就可以开启程序员记者之路。

这些记者没有使用复杂的代码展开工作，但他们将自己所做的事情看作是整合进一个传统报道项目的重要部分。布赖恩·博耶称他的员工马特·斯泰尔斯是美国公共广播电台互动团队中"真正的数据记者"。斯泰尔斯解释了原因："我有作为记者的敏感性。我是那种在工作台上必须配备电话的人。我也是支持《信息自由法案》的一员。我是获取数据的记者。"[79]他指出：

> 我不会称自己为编码员。我可以用 JaveScript、Python、SQL 和 R 写一些基本的代码，但是我不是一个经过培训或拥有技能的程序员，就像美国公共广播电台互动团队中的其他成员那样……我确实制作互动图形，但是我不能胜任建造一个复杂的网络应用程序。我需要别人帮助才能做到这一点。

> 即使使用像 CSS 或 HTML 这样的基本代码，我的速度也比很多"编码员/记者"要慢。我和他们（之中的）一些人的区别在于，在我开始尝试一点黑客行为之前，我有过十年的传统新闻报道经验。[80]

斯泰尔斯在他的自我评估中提到了许多关键点。他将自己视为一个数据记者，并且他也明确了互动图形是他日常工作的一部分。但是他并不从事任何复杂的编码工作，虽然他多少懂一些代码。他认为自己拥有并使用了传统的新闻技能来从事他的工作。

其他记者同意他的看法，但指出了他们在专业知识方面存在的一些差异。莫娜·查拉比（Mona Chalabi）是在《卫报》的现实核查博客（Reality

Check blog)工作的一名数据记者,她一般利用谷歌融合来实现作品的可视化。她如此解释所做的事情:"作为一个数据记者,我认为我向其他人解释这份工作的方式,是我利用数字进行工作。这就是我最关心的。"[81]她说将这些数据可视化,是为了帮助人们更容易地接触数据,尽管并非她所有的作品都是互动的或可视化的。

在每年的美国计算机辅助报道研究所大会上,数据记者可以学到更多的代码知识——会议议程现在有一个关于编程的重要组成部分,旨在帮助数据记者更加熟练地使用代码,以便既能分析又能展示故事。例如,在2014年会议议程中,一个工作坊承诺说:

> 给我们四个小时的时间和你的笔记本电脑,我们将把你送入美国计算机辅助报道研究所,这里拥有功能完善的数据处理设备,以及使用它的知识方法。
>
> 学习编程的最大障碍之一,是设置计算机的过程常常令人无所适从。

承诺的设置包括以下可能的编程附加组件:

> 参加者将带着一个功能齐全的开发器(在他们的个人电脑上)而离开,它包括:VirtualBox、Ubuntu/Xubuntu、csvkit、Python、Git、Django、SQLite、MySQL、PostgreSQL、PostGIS、PANDAS、Ilene、virtualenv/virtualenvwrapper、QuantumGIS、Node.js、NPM、Ruby、Rails、RVM、Bower、Grunt、Fabric、Yeoman、CIR 新闻应用程序模板。[82]

其他的分组会议议题包括:新闻训练、初用数据可视化、绘图迷你训练(宣传语写道:"ArcGIS、QGIS、PostGIS、TileMill、GDAL、GeoDjango 以及可能还有额外添加的更多缩写词。")、PyCar 迷你训练[其广告称:"(我们)使用 Python 语言来教给新闻记者基本的编程概念。"][83]

由此,我们可以看到,程序员记者和数据记者之间并没有明显的界线。程序员记者的主要精力确实用在了代码和做新闻上;数据记者被认为更接近从事数据分析的工作,并且自认与向公众展示这些数据的活动相关联。

当他们描述自己所做的事情时，我们看到他们是如何把数据新闻关联到互动新闻的范围之内的。并非所有的数据新闻都是互动新闻，并非所有的数据记者都是互动记者。然而，数据记者与程序员记者的紧密联系，以及故事输出和互动新闻目标的紧密联系，都表明将这个子群体纳入互动新闻范围，从而增加对互动新闻的认知有多重要。

数据记者与传统新闻记者有着紧密的传承关系。自20世纪60年代以来，计算机辅助报道记者一直是新闻业的一部分。他们利用数据的产品也包含在许多获奖的故事中。与此同时，随着制图学的兴起，图形展示领域也开始兴起。数据记者开始同分类的、数字的、基于文档的等跨越社会生活所有载体形式的数据打交道，而非依赖质化的方法对新闻做出解释。这个记者子群体的出现，标志着新闻专业的扩展，因为记者需要新的技能来解释更复杂的数据。发展了的计算能力不仅给这些记者提供了处理更多数据的工具，也提供了互动工作环境——记者无须了解更多代码知识。

总结定义和人

本章的目标是阐明从事互动新闻工作的人员的类型。要理解互动新闻子专业的形成，重要的是了解参与开拓这个新闻新领域的行动者的背景和自我认知。我们发现了三个重要的群组：黑客记者、程序员记者、数据记者。这些分类更像文氏图（Venn diagrams）①，而非确定的各自独立的分类。在某些情况下，记者的背景是相似的；在另外一些情况下，处理新闻的方式是相似的。

黑客记者以编程的背景进入了新闻编辑室。他们通常主要依靠编码技能进行工作，尽管一些人确实也拥有头条署名权和从事数据分析。他们也许并不被看作是记者，但在本书中他们被称作记者，是因为他们必须知道

---

① 一种在不太严格的意义下用以表示集合的草图。——译者注

在新闻编辑室的工作流程中如何与其他记者进行沟通，为一些新闻工作建造产品，并融入到编辑工作流程之中。

程序员记者在编码和新闻方面一样擅长，但他们最初并没有编程的背景，并且首先将自己视为记者。他们主要谈论对故事的关注，且经常从事数据工作（尽管他们对数据的操作可能没有数据记者的工作那么复杂，后者在数据上花了更多时间），输出的主要是互动产品。这些互动产品独立地服务于故事，并对传统新闻报道做出补充。

数据记者有时可能被归在程序员记者的类别下，但他们也可能是一群并不擅长写代码的记者。这些人近似于老派的计算机辅助报道记者，他们依靠计算机来产生一些对故事的重要想法。如今，数据记者致力于呈现更多数据，并经常使用计算机程序来为互动产品服务。他们对在线组件的关注将其与更大的互动新闻子领域联结起来，尽管并非所有的数据记者都是互动记者。应该指出的是，在一些像《纽约时报》这样大型的新闻机构中，图形部门也从事着互动产品的工作，他们中的一些视觉记者（包括《雪崩》的记者）掌握着数量惊人的数据和代码，并且一些视觉记者认为，他们擅长数据可视化但并不会编程，尽管他们也做一点这样的工作，正如本书所访谈的阿尔贝托·凯罗所言的那样。

进行概念分类十分必要，因为这些概念可以描述记者们是如何谈论他们自己的。自我认知能为我们提供记者最终是如何看待他们对工作的管辖权的。这些区分有助于我们了解他们在思维方式上的相似和差异之处，从而最终帮我们确定，他们的这些背景对扩展新闻专业抽象知识的发展做出了什么贡献。这里还有一些特别的方面，比如记者接触编程的各种方式。这确实能导致他们在描述自己背景等方面的一些天然差异。同样，这些区分也有助于展示，当子专业发展其内部凝聚力时，其定义是如何被讨论的。互动新闻中这些较小子集之间的差异可以在工作中互补，并能增强相关产品及流程的功能性。

一些读到上述描述的记者可能并不认同我所做出的分类。无论如何，可能一些分类的区分度不太明显或者相互交叉。有些记者可能主张，他们具有这些群体中我所视作实际存在差异的所有品质。黑客记者有所保留的对故事的看法是什么？程序员记者和数据记者当然想声称他们深受编程视角的启发，事实上也的确如此。但是这里确实存在差异，而这些差异尽管可能在程度上不同，但在处理数据时确实会显现出来。

将黑客记者纳入"谁是记者"的讨论之中是很重要的，因为黑客记者必须被看作互动新闻这个子领域取得更大发展的一部分。他们的角色构成了创建互动产品工作的组成部分。了解程序员记者也非常重要，因为这突显了当代记者是如何学习不同的技能和方法的，而这超出了此前任何记者所考虑的新闻工作的范围。对数据新闻的讨论，揭示了新闻编辑室数据处理方式的发展演化过程，以及数据新闻是如何融入更大的互动新闻子领域的。

随着我们在这种新的新闻类型中对这些不同行动者的界定，互动新闻子专业的兴起变得更加清晰。我们看到，外部压力可能会以不同的方式影响每个团体。回想一下，新闻不仅受到经济压力的挑战，而且还受到更复杂、可参与的总体网络开发进展的挑战，这突显了使新闻专业扩大和增强适应性的重要性。

这些专业之间很少出现对抗。编程专业对这种公共服务事业没有声张管辖权，只是为个体提供有关其社区的知识。记者从编程专业获得了技巧和思考方式，并以一种没有任何迹象表明有内部专业冲突的方式将其付诸实践。这表明了一种对传统专业发展理念的背离。这种理念认为在不同的思维方式之间存在着潜在的竞争。互动记者被新闻编辑室接纳而较少受到排斥，很可能是因为他们被认为对改变新闻的未来极为重要。新闻编辑室对这些变化表现出开放的姿态，尽管有时它们对新闻工作表现出一些不同的处理方法。而且，就内部而言，传统新闻业的记者不接触这些要求他们去做或希望他们扮演这些工作角色的编码项目和数据互动产品，而是以是否拥有没有人可以声张的技能与视角背景来区分这些个体。类似地，所有这些新型记者对专业新闻主导性规范，即为故事、为公众服务而工作的取向和愿望以及传统新闻实践的信念的接受，可能有助于他们的整合，尽管输出物是一种互动产品。

我们看到,随着记者开始从事代码工作,关于新闻业如何去扩展它的专业领域,这些记者帮助新闻专业做出了一种与公众相关联的声张。从来没有那么多记者——新闻编辑室的编辑成员——如此大量地开始从事代码工作,并在某种程度上实际地改变了新闻工作的形式。这种发展使得新闻编辑室内的黑客行为具有与公众的关联性,并使新闻更加适应了数字环境的需求。但重要的是,我们要了解这些记者在新闻编辑室为创造这种新形式的新闻实际上做了什么。为此,我们需要看看记者是如何工作的,以及他们如何解释他们的工作。

注释:

[1] Boing Boing.

[2] US＄667,000.

[3] Brian Boyer, personal communication with the author, November 5, 2011.

[4] Fink and Anderson, "Data Journalism."

[5] Fink and Anderson, "Data Journalism."

[6] Flew, Daniel, and Spurgeon, "Promise."

[7] Parasie and Dagiral, "Data-Driven Journalism."

[8] Royal, "Journalist as Programmer."

[9] Weber and Rall, "Data Visualization."

[10] Gynnild, "Journalism Innovation."

[11] Coddington, "Clarifying."

[12] "Knight News Challenge."

[13] Boyer, "Brian Boyer."

[14] "Knight News Challenge."

[15] 将这一群体界定为男性,穿着某种行头,具有显著的象征意义。

[16] Gordon, "Programmer-Journalist."

[17] Kelty, Two Bits.

[18] Stray, "Identity Crisis."

[19] Ryan Mark, personal communication with Seth C. Lewis, July 20, 2012.

[20] Joe Germuska, personal communication with Seth C. Lewis, July 20, 2012.

[21] Tsan Yuan, personal communication with the author, October 21, 2013.

[22] Alastair Dant, personal communication with the author, November 2, 2011.

[23] Alastair Dant, personal communication with the author, November 2, 2011.

[24] Mohammed el Haddad, personal communication with the author, June 7, 2012.

[25] Graff, "Al Jazeera's Mohammad Haddad."

[26] Stray, "Journalism for Makers."

[27] Coleman, *Coding-Freedom*, 423.

[28] Lewis and Usher, "Open Source."

[29] Stijn Debrouwere, personal communication with the author, February 27, 2014.

[30] Ransome Mpini, personal communication with the author, October 21, 2013.

[31] Reed and Coester, "Coding for the Future."

[32] Usher, *Making the News*.

[33] Reed and Coester, "Coding for the Future."

[34] Jon Keegan, personal communication with the author, September 4, 2013.

[35] Jon Keegan, personal communication with the author, September 4, 2013.

[36] Sara Slone, personal communication with the author, September 4, 2013.

[37] Sara Slone, personal communication with the author, September 4, 2013.

[38] Sara Slone, personal communication with the author, September 4, 2013.

[39] Mohammad el-Haddad, personal communication with the author, June 11, 2012.

[40] Mohammad el-Haddad, personal communication with the author, June 11, 2012.

[41] Brian Boyer, personal communication with the author, August 8, 2013.

[42] Hacker journalist, personal communication with the author, October 23, 2013.

[43] Michelle Minkoff, tweet, August 19, 2014.

[44] Minkoff, "Teaching at Medill!"

[45] Minkoff, "Letter."

[46] Fowler, Beck, Brant, Opdyke, and Roberts, *Refactoring*.

[47] Michelle Minkoff, personal communication with the author, July 23, 2013.

[48] Michelle Minkoff, personal communication with the author, July 23, 2013.

［49］Minkoff,"What's It Like?"

［50］Sisi Wei, personal communication with the author, September 19, 2014.

［51］Sisi Wei, personal communication with the author, September 17, 2014. 魏思思认为，自从我们交谈以来，事情已经发生了变化，因为现在记者们作为编码员可能更加自信了。

［52］Emily Chow, personal communication, August 23, 2013.

［53］Jeremy Bowers, personal communication with the author, August 15, 2014.

［54］John Keefe, personal communication with the author, July 9, 2013.

［55］Danny DeBelius, personal communication with the author, March 26, 2014.

［56］Scott Klein, personal communication, August 7, 2013.

［57］Jeremy Bowers, personal communication with the author, August 15, 2014.

［58］Sisi Wei, personal communication the author, September 17, 2014.

［59］Michelle Minkoff, personal communication with the author, July 23, 2013.

［60］Howard,"Art and Science."

［61］Tracy,"Nate Silver."

［62］Daniel and Flew,"Guardian Reportage."

［63］Jonathan Stray, personal communication, October 27, 2011.

［64］Powers,"In Forms."

［65］Aron Pilhofer, personal communication with the author, November 11, 2011.

［66］Matt Stiles, personal communication, July 30, 2013.

［67］Scott Klein, personal communication, August 7, 2013.

［68］Scott Klein, personal communication, August 7, 2013.

［69］Derek Willis, personal communication with the author, October 24, 2012.

［70］Bradshaw,"Introduction."

［71］Bradshaw,"Introduction."

［72］Bradshaw,"Introduction."

［73］Bradshaw,"Introduction."

［74］Field notes, September 3, 2013.

［75］Sascha Venohr, personal communication with the author, August 29, 2012.

［76］Fink and Anderson,"Data Journalism."

［77］Simon Rogers, personal communication, November 2, 2011.

［78］Simon Rogers, personal communication, November 2, 2011.

［79］Matt Stiles, personal communication with the author, July 30, 2013.

［80］Matt Stiles, personal communication, March 10, 2014.

［81］Mona Chalabi, personal communication, October 23, 2013.

［82］"Schedule Details."

［83］"Schedule Details."

第 4 章 ｜走进互动新闻编辑室

　　总体而言，新闻编辑室实践的主导性规范与互动新闻业对新闻做出的贡献之间，是你来我往、互相迁就的。然而，我们也能看到，互动新闻仍然具有其独特性，因为它所提供的确实不同于任何此前出现的东西。

距离华盛顿特区仅 14 英里处，有一条波托马克河（Potomac River），河间有个大瀑布（Great Falls），有着一系列复杂的漩涡急流，是东海岸河流中最陡峭的瀑布之一。大瀑布的险境包括：喷泉（The Spout），一束足有 18 英尺到 20 英尺高的水柱；查理洞（Charlie's Hole），能够吞没一整艘皮艇；地下水道（The Subway），底部洞穴有 16 英尺到 18 英尺深的急流穿过，这个洞穴已经夺走了两位专业皮划艇运动员的生命。只有最专业的皮划艇运动员才能在大瀑布中成功驾驭小艇。如果旁观者不幸掉入其中，将意味着必死无疑。

沿着波托马克河，在大瀑布下方两英里处，还有其他一系列充满水汽的急流。在平常的日子里，它们可以形成比皮划艇还要大的漩涡，以及高达五英尺的波浪。湍急的水流在令人惊叹的马瑟峡谷（Mather Gorge）的边缘处平静下来。在华盛顿特区炎热的夏季，游客们来到著名的大瀑布国家公园，会发现河水特别诱人。尽管张贴着"请勿游泳"的警示牌，但仍然有人会这样做，而这往往会造成严重的后果。

2013 年的夏天，有四位游客的生命被这条河夺走：一位来国家公园游玩的中国籍女子、一位刚刚高中毕业的学生、一位有着美好职业前途的士兵、一位受人尊敬但不够幸运的皮划艇运动员。他们被困在了专家认为的瀑布中最危险的地方。还有数不清的人不顾危险，跳入了看似平静的水域，最后不得不等候救援——被皮划艇运动员和当地的消防救援人员救出。

《华盛顿邮报》勤勉地报道了这些危险，但是这些报道却没有引起人们足够的警惕，于是记者们决定要做更多的事情。所以，《华盛顿邮报》的图形团队开始工作，他们广泛利用一系列的技能构建了一个引人注目的互动设计，用一种仅通过报纸的词句无法做到的方式来讲述这条河流到底有多危险：设计的目标是使读者感受到河流威力，以防止其他无谓的死亡和危险事故的发生。

在过去，图形团队会将一些内容整合成一个静态的图形———一幅带有显示急流标签的河流绘图，或者显示河流深度的某类图表。但 2013 年的图形团队已经不是老式的图形团队。互动记者当时已经在团队中了，并且这个新团队组合起来所迸发的才能已经在最终的产品中有所呈现。

《大瀑布的危险》（The Perils at Great Falls）这个作品，带给读者的是令人震撼的体验。河流栩栩如生，清晰地展现了当前水流的运动。锥形图标轻轻盘旋在上面，点击一下会显示更多关于河流主要特征的信息。页面中的静态图形，可以引导读者了解更多的信息。一个清晰、简洁的故事，给读者的体验带来了一个解释性要素。文本和用户导向（user-directed）的互动元素相结合，可以让页面访问者徜徉于互动作品之中。通过火速编码、报告、熟练地运用像 Adobe After Effects 这样被游戏公司使用的软件程序，图形团队持续工作整整一星期，最终将这个作品带到用户面前。正如程序员记者埃米莉·周指出的："我们一直在做解释性的跨页版（double truck），但是我们可以在网络上以一种可行的方式提升整体性的体验。"[1]

在全美和全世界的新闻编辑室，类似《华盛顿邮报》的《大瀑布的危险》[2]这样的作品，现在已经成为新闻生产的一个常规部分。很多新闻编辑室正在尽可能地增加互动记者的数量，尽管它们仍在为接纳这些新型互动记者寻找适合自身的生产节奏和流程。那些拥有专门互动员工的新闻编辑室特别幸运，因为它们可以投入资源，去开发持续性、一连串的互动产品。在多哈（Doha）的半岛电视台英语频道，一位互动记者随时准备好去教作为记者的同事如何与互动产品打交道。在华盛顿特区，一个七人团队围坐在美国公共广播电台崭新的新闻编辑室门牌边，正在用令人费解的技术术语进行着交谈。在《纽约时报》，互动记者们努力在急迫的截稿期限与较长的故事之间获得平衡。在《卫报》，数据记者使用一些基础工具来制作每日的新闻故事。再看看位于纽约和华盛顿特区的两家美联社分社，它们的互动记者的工作经历大为不同——纽约分社专注于日常的截稿时间,华盛顿特区分社则关注长篇的调查性报道。

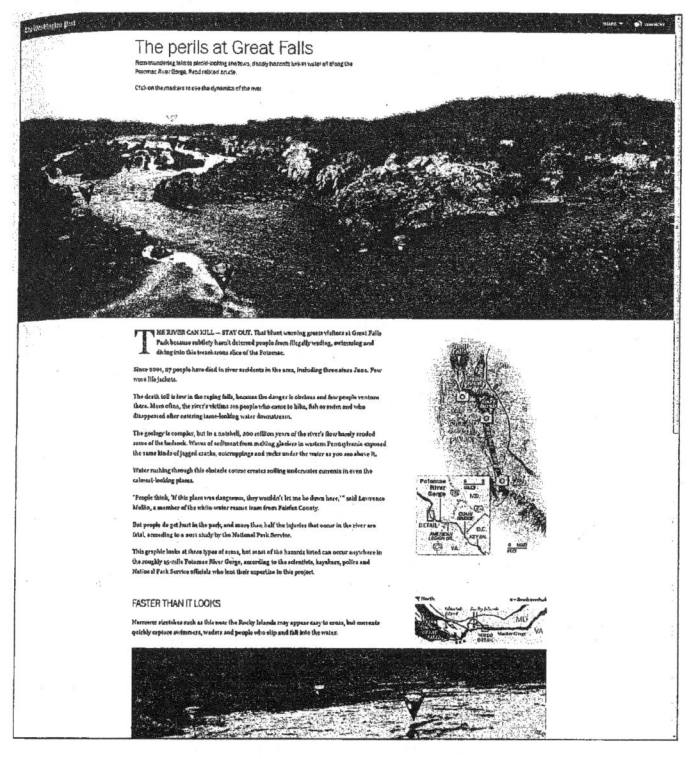

《大瀑布的危险》,来自《华盛顿邮报》

通过对建基于上述七个田野地点的深入考察,本章旨在为互动记者如何工作提供一种"深描"(thick description)。我们去了解这些记者所面对的时间压力,他们如何与新闻编辑室的其他成员进行互动,以及他们所制作的产品。一个差异是,互动记者是在更多地从事日常生产的工作,还是在更多地投入到以项目生产为导向(project-oriented)的工作中。另一个差异则是,互动记者是独立生产他们的作品,还是努力与其他的编辑任务相配合。

互动产品的制作形式会随着这里所考察的新闻编辑室的不同而不同。我讨论的很多互动产品是数据驱动的,但获取数据的方式与分析数据的复杂程度截然不同——有的数据必须仔细搜索或申请调阅联邦文件才能找到,有的基于公共数据库，有的则来自数据记者自己的统计。但是这里和其他地方所讨论的，还涉及其他种类的互动产品。它们聚焦于讲故事的不同方式，而非明确地适应数据驱动的需要。例如，《大瀑布的危险》更多聚焦于视觉形式的故事叙述，而不是数据呈现。

这种对人们如何工作以及他们做了什么的考察，能够为专业主义研究提供洞见。社会学家安德鲁·阿伯特研究了关于工作的管辖权问题——一个专业实际上做了（does）什么，以便去理解某个专业提出的对专业知识的主张。在每个新闻编辑室的概况中，我们可以了解到互动记者如何建立他们想要提供的工作类型的管辖领域。若想从这些不是很清晰的日常例子中抓住新闻的日常变化，就需要更加复杂的考虑。比如思考这些记者在工作时形成的某种规范性的暗示，即他们带给新闻业的抽象知识。但在转向探究知识之前，思考在日常工作背景下互动新闻确切地意味着什么是非常重要的。

这一基于田野的研究材料是在 2011 年到 2015 年之间收集的，如今很多情况已经发生了变化。数字技术发展很快，但新闻专业也能迅速地改变和适应（尽管文化变化往往是缓慢的）。读者在这里看到的描述，只是这些媒体组织的一个特定快照，而非对他们如何工作的确定性描述。尽管如此，这些来源于田野的民族志细节仍然很有价值，因为它们阐明了互动新闻所引发的更广泛变化的趋势，以及互动新闻与更大专业之间的关系。具体情况可能发生了变化，但本章所描述的整体性的时间、组织、结构的工作安排，则展示了一些模式和过程，这些模式和过程有助于理解编程正在如何改变新闻业的大趋势。

半岛电视台英语频道：一个小职员所做的协调努力

2012 年的夏天，我在多哈逗留了两个星期，以考察半岛电视台英语频道新闻编辑室的互动产品的利用情况。当时，半岛电视台英语频道是半岛电视台媒体帝国唯一一个制作英语新闻的部门。它的节目只能在数量有限的几个地区看到：华盛顿特区、纽约和佛蒙特州的伯灵顿（Burlington, Vermont）。即使是在"后阿拉伯之春"（post-Arab Spring）时期，半岛电视台英语频道也没有在有线电视节目中找到一席之地，并且面临着来自一流有线电视提供商的一些潜在阻力。[3]

在半岛电视台英语频道，推动互动产品发展的动力主要来自两个因素：用户和编辑方针。当时，网站是美国用户可以获得半岛电视台英语频道内容的少数几种方式之一。每个月有800万人访问这个网站，其中超过50%的用户来自美国。由于半岛电视台英语频道的怪异做法，用户只能收看实时直播节目，而不能在美国收看事先录制好的剪辑版的节目。这意味着，在线新闻对半岛电视台英语频道变得更加重要。从编辑的角度看，半岛电视台英语频道只报道大多数人没有注意到的领域，并且经常做一些其他新闻机构不做的公民新闻内容。互动新闻为半岛电视台英语频道完成它的使命提供了一个绝佳的机会，那就是成为"无声者之声"（voice of the voiceless）和"全球南方之声"（voice of the global south）[4]。互动新闻可以为用户带来那些遥远之地的图景，而这些地方通常没有被西方新闻记者以任何形式深度报道过。

鉴于我之前了解到的半岛电视台英语频道在线互动产品的某种复杂性——由图层照片、声音、视频、选举指南，以及用户生产内容等构成的冲突地区的地图，我最初猜想制作方是一支强有力的团队。然而当我访问时却发现，这里只有一位名叫默罕默德·哈达德的全职互动记者，他正忙着将一连串的互动产品整合起来。当然他不是完全独立地在做这个工作，还有基于文本的传统记者同事在帮忙。在日常工作基础上，哈达德与其他帮忙的记者进行了无缝的交流。这些记者正在快速学习，以帮助整合这些互动内容。

在新闻编辑室的二楼，哈达德坐在在线记者和在线专栏编辑的中间。

这里没有隔间，只有上面放着台式电脑的低矮的马尼拉式（manila）的桌子，一些记者在用笔记本电脑进行工作。专注于在线工作的新闻编辑室在楼上，距离大型网络制作台有一段楼梯的距离。从可以俯瞰布景的有利位置走一小段路，就能看到主持人不时在轮换。其他基于文本的在线记者虽然坐在这个电视制作区的中间，但其实是负责维护网站内容的快速更新的。记者们远离这个支离破碎的分钟周期（minute-by-minute cycle）进行工作，意味着大多数的在线记者也在忙于长期的报道。这也意味着这些记者都熟悉哈达德。

哈达德是一位有着计算机科学背景的记者。他告诉我说："我的技能大多是技术性的。我并不总是很了解新闻的立场是什么，但我正在不断地学习。"[5]不过，他的父亲曾是一名训练有素的记者，所以当哈达德来到半岛电视台英语频道工作时，他对自己的编程技能如何应用到新闻领域很感兴趣。

在我对新闻编辑室访问期间，哈达德主要的工作重心是整合一个关于欧盟财政状况的互动产品。这是欧洲债务危机最严重的时期，全世界都不确定希腊需要什么样的贷款，也不确定是否会有财政援助。我观察到哈达德与记者萨姆·博利尔（Sam Bollier）合作密切。他们尝试通过一个互动产品来帮助解释债务危机。

哈达德经常以浏览 Visual.ly 制图软件开始他的一天，以便获得最好的静态信息图形。他对我说，"有些设计是非常棒的，所以你能获得一些好想法，尽管"大部分设计也很普通"。[6]他批评了一些设计，也称赞了其他一些设计。哈达德告诉我他的许多项目都不成功：曾制作的一个也门地图只获得了5 000的点击量。但他耸耸肩说："在你做大事情之前，你必须先做一些小事情。"[7]哈达德在网络上寻找灵感，以确保他的互动产品能够不断完善。这种从其他新闻机构和本行业寻找灵感的做法，进一步表明那些在子专业工作的人正在围绕一个共同的知识库（knowledge base）聚集在一起。关于这一点的论述我们将在第5章中看到。

完成早上的工作以后，哈达德照常参加上午11点的网络新闻会议，并给最近的项目指明方向。在我旁听的其中一场会议中，主要的在线编辑威尔·索恩（Will Thorne）在谈论完如何分析希腊债务危机的困难之后，抛出一个问题给哈达德："哈达德，那个有关欧洲的互动新闻怎么样了？我们可以做个长线项目。我们想要再进一步——在欧盟是否会与希腊达成借贷关系或提供有效财政援助这一点上，有很多可聊的东西。"[8]之后，哈达德的任务就是制作一个互动产品，通过非传统的故事讲述方式，让读者更容易地了解希腊债务危机。

在此前一天，也就是2012年6月10日，博利尔和哈达德已经开始着手进行有关这个互动产品的工作。博利尔是一个以文本为中心（text-focused）的网络记者，他花费大量的时间报道欧洲和美国。他不仅要忙着为这个互动产品添加数据，而且还要帮忙将其整合起来。博利尔告诉我，"这是我第一次做"，他解释说他以前从来没有在工作中使用过谷歌融合这个程序。

他的第一步是，找到政府网站上的债务统计数据进行计算。然后，他要找到这个国家的标志性照片来使用。但他也面临诸多设计上的挑战，这些挑战在他与哈达德的反复沟通中变得愈加清晰。例如，他大喊："你能帮我让那些围绕比利时和法国的圆圈看起来不那么同心吗？"博利尔皱着眉头，因为图形上的一些标签出现在错误的地方或者搞颠倒了。

第二天取得了更多的进展，哈达德和博利尔开始讨论视觉元素。例如，博利尔询问，是否能设计一个可以导向谷歌地图上的意大利菲亚特（Fiat）公司总部的按钮？但是哈达德提出了一个设计想法——博利尔的提议可能会不美观而且没有相关性。博利尔继续在互动性上下功夫，哈达德则在iPad上进行测试，以检验它是否是"好的和不丑的"。与此同时，在我们的谈话中，哈达德对博利尔一直在进行的改进工作显得不是很满意。他指出："每个人都清除了谷歌文档（Google Docs），转到谷歌融合并不是什么大不了的事。"

整个一下午，哈达德和博利尔都在进行持续的讨论。为了让互动产品变得更有趣，哈达德让博利尔去寻找半岛电视台英语频道上来自每一个国家的视频包（video packages），他自己则尝试去寻找合适的 YouTube 嵌入代码（embed codes）。下午的时候，哈达德从他的工作中抬起头向我解释，这个项目的工作不会是一次性的。"（互动产品）的巨大挑战，是以一种仍然相关的和可更新性的方式去建造它们。"哈达德继续检查互动产品，然后告诉博利尔，"法国看起来很空"。

当天下午晚些时候，博利尔从远处几张桌子那里走过来，与哈达德快速交流了一下。他承认，他正在为一个事实性问题苦苦挣扎：西班牙的债务问题有多少被添加进了援助计划里。而且，在寻找每个国家的照片过程中他也遇到了麻烦。他叹了口气并询问："我们应该仅仅使用巧克力来代表奥地利吗？"另一位记者补充说，"这是一直以来最好的想法"。

在这一天的其余时间，博利尔仍然努力工作——在写完一个短故事后，他大约在下午六点钟继续之前互动产品的工作，"摩尔多瓦没有引人入胜的数据"。然后，他开始担心人们是否能理解这个互动产品。他再次和哈达德商谈，哈达德解释说："很多看互动新闻的人不知道去做什么。我们必须把指令放入一个大的文本中。"哈达德补充说，"或者我们应该让它们醒目点"，并建议博利尔为读者写出三种形式的指令。他们一起一个图表接一个图表地检查，因为哈达德纠正了此前博利尔利用谷歌融合时出现的一些小错误。哈达德称赞博利尔："爱尔兰这部分做得非常好。"在经历了漫长的两天之后，他们最终抓住了重点，从而能一起验证整个互动产品，那就是尽可能多地点击选项和路径。[9]

这两天的工作片段，强调了互动记者和其他编辑流程部门的紧密合作。哈达德被整合到了编辑工作流程中。他和网络新闻团队一起参加例会，找出当天的优先事项，以及听取报道什么和如何报道的新闻选题指令。他很熟悉半岛电视台英语频道日常的新闻工作规则，甚至还会接到来自这些会议的指示。

我们也能看到，互动记者与更传统的记者在一个项目里工作时，他们的关系是怎样地紧密。哈达德有设计的视野以及编程技能。尽管他让博利尔去寻找需要的信息，但是在让这个欧元区互动新闻的编辑视野变得更加清晰方面，他扮演了重要角色，所以用户能够在不同国家间任意浏览，以了解债务危机。哈达德必须要像一个记者那样去沟通，以便理解他的同事想从这个项目中获得的新闻敏感性。

这个例子特别有趣的一点是，更传统的新闻记者实际上已经准备好去思考如何自己做互动新闻报道了。他们尝试用谷歌融合来制作互动产品的意愿，被看作是新闻职责的延伸，而非日常工作的附加或不必要的方面。在这一过程中，博利尔接受了哈达德的指导。这种对互动新闻的欢迎，表明了互动产品在半岛电视台英语频道的重要性。

我还发现另外一些以文本为中心的记者和哈达德有密切合作，他们努力去构建引人注目的互动产品的例子。始于2011年的叙利亚战争，美国新闻界报道得不多，但是半岛电视台英语频道每天都会进行大量更新。巴斯马·阿塔斯（Basma Atassi）是一名来自叙利亚第三大城市霍姆斯（Homs）的记者。这个城市也处于战火中心。阿塔斯有独家消息来源，她认为借助声音和视频将其转化成一个输出产品很重要，这让她感觉比单独讲一个文字故事显得更具真实性。

阿塔斯-哈达德项目（Atassi-Haddad project）是一个有关叙利亚动乱的时间线互动产品。阿塔斯解释说："我有自己的想法。一开始我整合了一个Word文档，并且把它提取出来。哈达德告诉我，这在技术上是可能的。"[10]阿塔斯说，她收集了每个省份的叙利亚人的观点，包括"赞成的和反对的意见"。她还补充说，"有太多的照片了"。哈达德构造了互动性，而她则做了这个报道。他们一起把材料做成了一个编辑项目。从她的角度看，时间线已经做得很好了："有400条推文，所以有很多好的意见。"在这种情况下，阿塔斯提出了一个想法并进行了报道，并且通过与哈达德的密切合作，他们把这个项目变成了一个进行中的互动项目。[11]

阿塔斯谈到了她为"霍姆斯大屠杀"（massacre in Homs）①一周年纪念日制作的另一个互动项目。她拥有屠杀日及此后的大量图片、视频和音频

---

① 2012年5月25日夜间，叙利亚中部霍姆斯省胡拉镇发生了90余人被杀害的惨剧。在此次事件中，共有92人被杀害，其中包括32名儿童。——译者注

资料。她想用地图结合时间线的方式制作一个多媒体的体验产品。她说："我们想向大家展示当天发生的事情，'感受'一下当时人们经历了多少苦难。对于霍姆斯的每个人来说，这是他们生活中最重要的一天。"阿塔斯希望这个互动产品可以成为人们一遍又一遍反复观看的产品。它可能会成为具有历史意义的产品供人参考——不仅仅是一个新闻故事，而且是正在进行的斗争的明证。[12] 她解释了如何将来自五名目击者的内容整合进一个音频幻灯片中加以展示。她还获得了来自公民记者的大量照片。但是，她无法将它们整合进互动产品里，反而是"哈达德将其放在了照片中"。根据阿塔斯的说明，哈达德也制作了关键时刻的时间线。为建造一个超越线性的、文本的展示故事，传统记者与互动记者再一次一起工作。哈达德必须要有新闻判断能力以便和阿塔斯进行沟通，而阿塔斯必须准备好并乐意听从哈达德的建议，以便学习如何更好地汇集她的材料，以提供她想提供的经验。哈达德和阿塔斯的伙伴关系产生了两个互动产品：一个由地图、时间线和照片组成，另一个还具备音频和视频。

在这个小团队之中，我们能看到从事这个项目的传统记者和互动记者之间存在一种直接的、频繁的沟通。记者们可以从事更多的独立工作，帮助互动产品更好地向前发展。在这些例子里，我们能了解这些互动行为是怎样发生的：博利尔做报道、寻找照片、收集数据，甚至进行最初的一些有关互动性的工作；阿塔斯寻找照片、与消息源谈话、寻找视频、草拟时间线，然后与哈达德合作整合最终版本的互动产品。在微观层面，我们可以看到新闻编辑室中的技术领域和内容领域存在着一种伙伴关系，这种关系产生了最终的互动产品。我们也能看到，互动记者如何被整合进日常的新闻流程。此外，我们还能清晰地看到，作为一名记者，哈达德是如何工作的：他必须从一个编辑的角度思考项目，并且知道如何把新闻组件用互动的形式传达出来。他有新闻敏感性，尽管他早先是一个程序员。

记者们谈及哈达德的方式，体现了他既作为一名记者又作为一名程序员的信誉度。一个叫达尔·贾马尔（Dar Jamal）的在线记者向我解释道："（哈达德）对我很有帮助。我告诉他我需要一张突出、显眼的地图，然后他就能提出一个大致的想法。哈达德是个优秀的人，作为记者，无论他给我什么……都是非常酷的。他会制作一个互动地图，而这个地图就是新闻。他确实为我们所做的事情增加了一个整体的新维度。"[13]阿塔斯解释了她对哈达德所做出的贡献的看法："我欣赏（哈达德）的原因是他能理解新闻。这个人了解叙利亚，而且他了解新闻工作。"[14]

这里所讨论的互动产品，被认为是故事讲述过程中的一个重要组成部分。欧元区地图这个项目，被设想成能为读者提供关于欧洲债务危机的清晰印象的一种方式。它被看作一个能够定时更新的互动产品，因此读者可以获得更多的信息。有关叙利亚的互动产品想要展现西方新闻媒体很少注意到的一些微小细节。这些互动产品突出强调了只有半岛电视台英语频道才能获得的独特材料——从中东获得的公民新闻。[15]半岛电视台英语频道所创作的互动产品很少关注日常的截稿时间。尽管他们被新闻周期束缚，虽没有即刻的压力，但是这个团队聚焦于制作互动新闻，以便能及时反映新闻事件。

半岛电视台英语频道的互动团队十分精简，但却能够和其他员工进行紧密合作。这是新闻机构能够生产如此多的互动产品的显要条件。半岛电视台英语频道是西方式新闻业（western-style journalism）在荒漠中的一个前哨，它可能已经适应了与愿意在多哈工作的老练程序员之间的距离感。但是，这种适应可能是一种优势。互动新闻已经完全地融入到了工作流程里，更重要的是，传统的以文本为中心的记者现在开始思考互动产品，甚至开始参与制作。通过与首要身份是程序员的记者的紧密合作，这项工作得以发展。半岛电视台英语频道最初只是针对美国用户的在线媒体（直到其美国频道的创建）。在这个意义上，随着互动产品在多哈的蓬勃发展，其地位甚至变得更加重要。半岛电视台英语频道的个案研究显示了一个单打独斗的互动记者可以在新闻编辑室创造出怎样的不同，一个互动记者和一群更加传统的记者如何在合作与协作的过程中创作互动产品，以及互动记者如何充分融入新闻编辑室的工作流程。

美国公共广播电台新闻应用程序：像一个技术团队那样运转

闪亮的美国公共广播电台新大楼，是在华盛顿特区联合车站的旧址上修建的。这个由玻璃和钢铁建成的大楼，闪烁着创造数字未来的雄心和公共广播的卓越。美国公共广播电台新闻应用程序团队（NPR News Apps Team）也在致力于实现这个志向。当这些新的互动记者工作时，他们看起来就像一个技术团队，但是他们也和美国公共广播电台其他的新闻团队紧密合作，去制作一些项目。尽管似乎他们主要是从编辑角度到软件产品的转译者（translator）角度来提供服务的，但这些记者也在收集和准备数据。

我是在 2013 年 7 月 30 日的上午去访问的。在大厅保安区，我见到了新闻应用程序团队的负责人布赖恩·博耶，他站在这个宽敞房间的最后面。博耶把我带到了三楼的新闻编辑室。这个明亮的工作空间有着灰绿混合的毛毯、许多低矮的立方体形状的陈设，显示着开放与明净。在房间的中央，有一个巨大的媒体处理板，可以切换到各电视台、网站以及网络指标跟踪器（metrics trackers）上。这个新闻团队处于中心位置，以屏幕为中心向侧面辐射。在远离和接近窗户的位置，分散坐着团队中的七个人，他们正忙于新闻应用程序的工作。

博耶在一张有两个显示屏的直立式桌子前工作，他的大部分员工有两个显示屏，甚至三个。员工以彼此讨论没有正确运行的代码以及谁负责解决的话题来开始他们的一天。他们使用"登录凭据已经开放"以及在上一周标记出的"很多登录凭据都被关了"这样的词句进行交流。这些"登录凭据"（tickets）是在开源项目托管平台 GitHub 上开放的电子任务。这个站点被用作开源代码的存储库，以及作为一种组织和主持软件开发项目方法的存储库。其他的新闻编辑室也使用 GitHub，但是博耶的团队具有掌握软件开发行话（shoptalk）的优势。这是由博耶开发出来的，正如我们所知，他来自软件开发领域而不是新闻领域。

团队成员之一的杰里米·鲍尔斯向我展示了他的屏幕。屏幕上有一个长长的显示着开放、关闭或者进展中的登录凭据列表，对于各种程序问题，其中的很多登录凭据正在寻求漏洞修补方案。鲍尔斯开始谈论他的周末工作。他说到一些与此相关的话题："我一直在尝试运行 Django 1.5 到 PostGIS 的数据迁移，但必须达到 1.45 才能运行这个站点。PostGIS 和 Postgres 有一些相关，但很可能存在会发生作用的一些组合——你必须让这事运转起来。"然后他又补充说："这是一个失败命令（command failing）。它在我的索引标签中。每次我读这个索引都没有发现错误。它对数据迁移非常重要。"

鲍尔斯学的是政治学专业，后来开始探索编程。然而，他十分健谈，以至于看起来有点喋喋不休。他的黑客记者老板插话道："现在我们了解了这些问题，我们就可以解决如何将新的 PostGIS 转移到 Postgres 上的问题。"他经常会插入诸如此类的话。

当博耶准备主持早晨的例会时，团队的其他成员还在谈笑逗乐着。每日例会（scrum）可能只是媒体会议的另一种花哨时髦的说法，但它来自之前提到的被称为"敏捷"的软件开发管理技术。通过一系列的敏捷开发、"冲刺"（sprints）（或用迭代的推力去完成项目）、回顾性会议（retrospective meetings），以及从这种管理技术中提炼出的其他技能，博耶将软件开发流程带进了新闻编辑室。"我不知道是否所有的新闻编辑室都会这么做，但当你可以把一个技术术语带进新闻编辑室的时候，我是绝对喜欢的。"他告诉我说。[16]

美国公共广播电台的每日例会是作为一个编辑会议在运转的，团队成员在会上要讨论之前的工作日完成了什么，以及当天将要完成什么。博耶会问团队成员："你们昨天做了什么？你们今天将要做什么？会有哪些（障碍）？"谈话的氛围很轻松。在安排他们要完成的那个星期五的任务（关闭登录凭据、为一个新项目安装更好的搜索栏、完成更新和编辑文本等）之前，团队的一些成员已经开始谈论他们周末的事情了。他们对"今日"任务的看法略有不同，而且聚焦于项目完成和流动状态的这种植入性（built-in）会给人一种进步感。"我关闭了我所有的登录凭据，我没有任何出彩的地方。"鲍尔斯对团队成员说。根据敏捷软件开发方法的宗旨，聚焦于一系列小任务是为了保持团队成员互相负责，以及专注于每日的进展。

聚焦于新闻更大方面问题的技术解决方案的讨论，在另一天上午的会议上仍在继续。博耶的团队与一群从事调查报道的记者在会上碰头，这些记者正在做一个有关无障碍游乐场的项目：根据联邦政府的指导方针，2013年所有全新的或翻新的游乐场在建造时都必须考虑到有特殊需求的儿童。一位记者已经有了一些初步的数据，他要求新闻应用程序团队制作一个在线组件。[17]这个项目设想的目标是建立一个有地图的可搜索数据库，这样可以让父母们在他们的住所附近找到无障碍游乐场。在理想情况下，这些地图会说明哪些功能是可用的。最好的结果是，这个项目将成为一个全国性的数据库。

正如团队成员丹尼·德贝利斯向我解释的："这个游乐场项目是一个调查性项目的一部分。这个项目将使人们更清楚哪些游乐场符合《美国残疾人法案》（ADA）的要求，哪些更具包容性。如果你有一个有视力障碍或患自闭症的孩子（这将对你很有帮助）。我们不是专家，但是我们要报道这些事。没有全国性数据库……没有一个数据源能网罗所有公园的情况。一些州的数据更加容易获得。"在楼上的一个房间里，互动团队与从事这个项目的记者们进行了会面，一位高级数字战略编辑还谈了网站在技术生产方面的定位。这次会议给记者们提供了一个机会，他们能根据他们的报道以及他们对这个故事的感觉，提出一些回应互动团队的建议。博耶用一个连接投影仪和屏幕的笔记本电脑展示了他团队的工作。

博耶开始更新调查报道团队的进展。他重组了搜索部分，得以从技术角度展示页面在电脑桌面上的样子。然后，他展示了希望每个游乐场都能有的一些类别指标：名字、地图、图片、特征描述，以及对游乐场的官方描述。这时，调查报道团队有人插话，承诺会找到关于每个游乐场可获得特征的更多信息——地面坡道、秋千、便利性特征等等。新闻应用程序团队表示，他们将尝试将这些信息转换成简略的表达，比如使用可搜索的各种标识。

博耶为调查报道团队提供了一份包含已完成和未完成项目清单的备忘录，使用了如下语言：

#我们已经完成的工作：

- 重组搜索框。
- 修复搜索地图。
- 贴一个搜索大头针，突出结果。
- 提高搜索的准确性。
- 为桌面提供风格化的搜索结果页面，包括舍弃一些描述。
- 在桌面上移动地图更新搜索。
- 重新排列主页标题和栏目。
- 制作数据下载 UI（下载链接现在还没有生效）。
- 对一些游乐场进行地理再编码。
- 在 iOS 和 Android 系统的本地应用程序中开启驱动方向。
- 修复位置编辑器。
- 重新安排添加游乐场的功能。
- 没有名字的游乐场现在可以出现了。
- 对添加/编辑的行为设计感谢信息。
- 对它进行命名。

#我们还没做的工作：

- 没有完成主页涂底——需要更多照片，可能需要去编辑副本。
- 提交照片的用户与我们的评论提供者仍然在争斗，这可能无法解决。没有完成桌面尺寸大小的样式化。

#问题：

- 需要解决我们如何把产品投放到各个站点，以及产品是否/如何在网站上被展示的问题。

#接下来要做的工作：

- 桌面样式。

- 站点投放。
- 内部用户体验测试。
- 主页复制。
- 挑选名字，得到一个自定义 URL。

列表上的这些条目都与传统新闻无关。在这份备忘录中，博耶也没有讨论故事讲述的问题。通过创建更好的导引系统、创建一个主页展示平台、考虑推广、解决数据输入的问题，上述所有被列出的任务都集中在了建造应用程序方面。

在分发这个备忘录之后，博耶对调查报道团队的其他问题进行了充分讨论，比如在手机上绘图的困难、人们是否知道他们要去的公园的名字，以及数据中的错误地址。博耶说："它们（数据）并不总是给出很好的地址。也许解决方案是经纬度。对于华盛顿特区的某条街而言，这可能是一个模糊的地址。"

鲍尔斯会问一些我听不懂的话，例如："（X）是反向地理编码吗？"

博耶对我道歉说："对不起，我们正在谈论技术上的事情。"他补充道："我们可以使用谷歌应用程序接口（API）提供的经纬度，但它会产生错误的地址，这样的地址会让你走错方向，所以我们需要精确到街道的层级。"鲍尔斯回应："也许我们可以做反向经纬度。"调查报道团队中的一位女士问："那么地址——有他们已经发送给我们的地址、经度和纬度以及公园的入口吗？……有游乐场的（官方）名字与人们私下叫的名字……有些人根本不知道游乐场的名字。"博耶说，游乐场的外形将是一个重要特征。

新闻应用程序团队承认数据很薄弱。团队的记者马特·斯泰尔斯一直负责收集大量数据。他曾给全国各地的市政当局打电话、搜索网络，还与一位收集这些数据的活跃分子合作，最后整理出一份初步的名单。一些城市提供了很好的数据——纽约城的游乐场在网上可以很容易地被找到，而圣地亚哥（San Diego）刚发送了一份写有 20 个可供访问的游乐场的列表。为了追求速度，斯泰尔斯和团队的其他成员并没有查找公共记录中记录的做出请求的地址。

尽管数据比较单薄，但新闻应用程序团队还是宣称他们已经准备好去做这个项目了。博耶解释了用户为何可以编辑数据：提供游乐场名称、提供特征，甚至添加新游乐场——部分原因是用户更加了解这些游乐场。博耶建议，来自会员电台的听众可以帮助编辑他们自己社区的游乐场，并且美国公共广播电台的听众是做这种数据收集工作的"理想的"人选。

有了更多的交流之后，调查报道团队表示他们将开始考虑新闻提要，而新闻应用程序团队则同意开始考虑 URL 问题——征求如何挑选名称并注册到美国公共广播电台的建议。然后他们开始讨论任务的完成日期。

调查报道团队表示："我们将设定截稿编辑时间，（所有考虑的事项）都将回应脚本。两个故事已经写成。"

博耶说："让我们在本周末上线吧。"

调查报道团队的编辑补充说："我们会在两点时知道它是否受欢迎。"

在紧接下来的一次会议上，博耶向他的团队坦陈："我认为我们将不会在本周末之前准备好'游乐场'项目。"

再接下来的会议是迭代会议。在这次会议上，我听到了过去一周的任务和未来一周的目标，以及成功、抱怨和失败。关注的焦点是用户设计问题、技术问题、编程重点、技术提升重点，以及团队对各种登录凭据状况的争论——是否要开放新的登录凭据、关闭现有的登录凭据，以及其他问题。自称有着"一个真正记者的感受力"的斯泰尔斯解释说，新闻应用程序团队所做的工作是用"JavaScript 或 Python 进行项目操作，以使该项目得以运转"。

在对美国公共广播电台内部的情况进行简短勾画时，新闻应用程序团队为我们提供了有关他们如何工作以及工作目标为何的诸多洞见。与半岛电视台英语频道的项目相比，这个项目显示了新闻应用程序团队的一个不同面向。在这个团队中，我们看到了他们对产品开发的更大关注。记者将他们的主要产出视为一个运转的应用程序。也许是因为博耶的背景经历，他们用技术术语进行交流，并且更像在运作一个软件团队。我们没有听到很

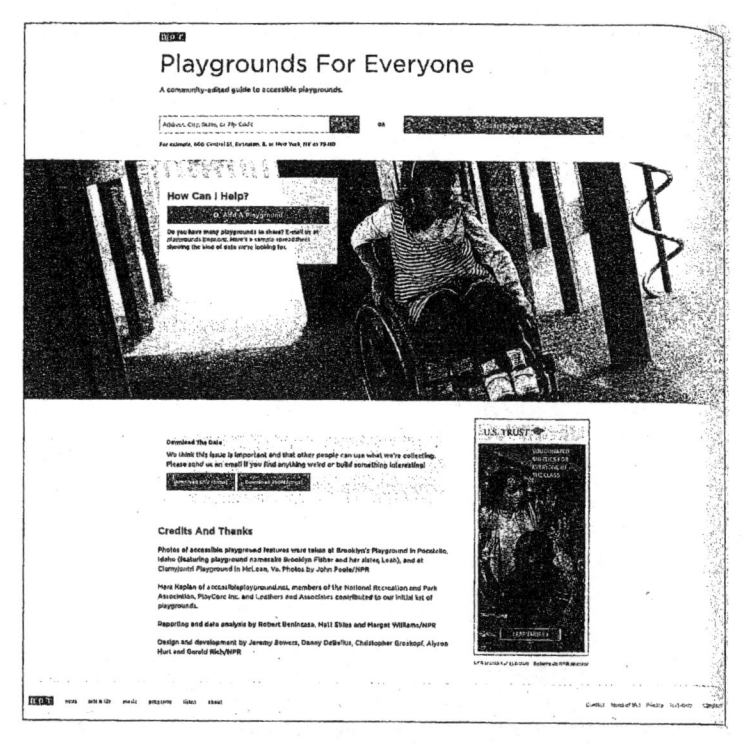

《每个人都可以去的游乐场》,来自美国公共广播电台

多他们聚焦于新闻故事本身的谈话内容,然而新闻应用程序团队正在寻找数据,以帮助制作这个项目的新闻应用程序。新闻应用程序团队的成员已经从各个城市寻找到了有关可使用的游乐场的数据。传统记者则充分考虑了他们以及用户可能需要的数据,并思考如何对这些数据进行安排和分类。除了专注于项目输出,新闻应用程序团队还像记者一样开展数据的清洗、排序和收集工作,以便让"游乐场"得以运转。

在这个案例中,我们也能看到新闻应用程序团队与调查报道团队的紧密结合。通过互动团队的项目状态(state-of-the-project)会议,调查报道团队对项目的状况有了新的了解,并有机会对此做出自己的贡献。新闻应用程序团队则为调查报道团队提供了应用程序状态更新,帮助他们解决了什么时候适合进行广播报道的问题。博耶对制作此类应用程序的目的进行了解释:"我们的工作是在新闻编辑室进行协作并提升工作效率……或提出我们的鬼点子。"调查报道团队融入了这个项目,表明每个团队为新闻应用程序的总体目标进行着怎样繁复的工作。我们看到，新闻应用程序团队说到将考虑 URL 问题，调查报道团队谈到要设计新闻提要，每个团队都在发挥他们的优势。然而，我们也看到了新闻应用程序团队会使用调查报道团队不太理解的技术语言来交流，这意味着这些互动记者为各种新项目带来了特殊的技能和知识，但是也强调了这些互动记者如何不同于传统记者。

一个似乎特别体现了黑客新闻想法的方面，是新闻应用程序团队在项目完成前就准备将其公布于众。虽然新闻应用程序团队认为还没有形成完整的数据，而且这个平台还有一些缺陷，但是他们宁愿以当时项目所形成的状态将其发布，而不是等到做出它的完美版本为止。这种实验的意愿有别于传统的调查报道团队。后者的做法是在播出之前一定要编辑、完善故事。采用测试版的方法反映了这些互动记者共同的编程伦理，而这是传统记者所没有的。

我们也可以了解这些记者在从事互动产品工作时所具有的时间意识。这个项目没有规定具体的截止时间，因而博耶的团队可以专注于此。这一做法的部分原因是博耶所说的在公共电台工作的"奢侈"，在那里他的团队有足够的时间专注于一个项目。它不是传统意义上的调查报道，而是一个面向公众、旨在帮助人们找到便捷游乐场的项目。博耶后来解释说，这是一个典型的公共广播电台驱动（public-radio-inspired）项目，这样的项目可以帮助人们熟悉自己所在的街道社区。这种"用户也能为互动产品贡献内容"的想法同样很新颖，表明了公共广播电台驱动发展的另一种形式，那就是拥有了一个忠实的用户基础可以被视作能够为公共利益贡献高质量的内容。因此，在这个游乐场项目的语境里，从编辑整合到工作焦点再到产品愿景，我们看到了新闻应用程序是如何融入美国公共广播电台的。并且，虽然我们发现新闻应用程序与传统新闻不同，但其仍然按照新闻编辑的要求和敏感性进行运作。美国公共广播电台是一个有说服力的研究案例，因为它不仅显示了一个掌舵的黑客记者如何影响整个新闻应用程序团队的工作流程和文化，而且也显示了具有技术思维的团队如何在新闻编辑室的支持下工作，尽管有时可能会遇到一些语义转换的困难。

《华尔街日报》：数据与模式

乔恩·基根和他的互动记者团队坐在《华尔街日报》新闻编辑室的主层里。新闻编辑室自身有一个开放的楼层平面图，并且它的中心被一个悬挂在天花板上带有两组媒体墙的巨大枢纽占据。但从这个巨大的圆形中枢和主要集群的记者编辑角度来观察，基根的团队却处在边上。正如我们将要看到的，这并不意味着他们不被关注或不被想起。当我访问《华尔街日报》的时候，基根的团队是唯一一个有分析显示屏的团队，这个屏幕显示着互动项目的网络流量指标。在《华尔街日报》的整个主层，并没有其他的流量指标展示板。这种对流量的关注，刚好表明在线互动产品对记者们施加的压力有多大。

2013 年 9 月 4 日这一天，记者们坐在办公桌前，他们大多数人面前有三个显示屏，很多人都在关注着编码项目。[18] 在我访问期间，我了解了《华尔街日报》互动图形团队（Interactive Graphics Team）的内部运作。这个团队后来将名字改成了新闻应用程序团队。这个团队将注意力集中在可视化数据上，既帮助新闻编辑室的其他记者工作，也为团队自己的互动产品开展工作。互动记者被纳入了编辑工作流程，但也能独立开展研发，并且他们把大部分时间花在了不受截稿时间约束的工作上。

这些程序员记者将他们的注意力集中在准备分析的数据上，通常依靠可视化来完成他们的工作。基根做着从使用不便的 PDF 文件中获取"免费"记录的工作，以便通过清洗数据来挖掘数据并寻找故事，从而发现一些模式。但是有些时候数据可能根本没有模式。

正如一位记者解释的："我们寻找和发现数据中的模式，就像头版编辑为思考新闻报道可能做的那样。我们知道的一件事是，数据可能没有模式。通过数据集，我们能使得一些东西可视化，并且可以挑选我们能尝试访问的数据……但是我们可能找不到故事。"这表明数据分析始于实际发现而非一种假设。与过去的数据实践不同的是，《华尔街日报》的互动团队侧重于应用数据可视化来开展调查报道。

基根解释了这种可视化的过程："每个数据集都是非常不同的。这取决于数据的大小和规模。如果我们将数据可视化，它就可以成为故事的主题。"他补充说："除非我们把它可视化，否则我们不知道（是否能讲出故事）。"

通过这种数据可视化的方式，《华尔街日报》的互动图形团队对于找出更大的故事（如果确实有的话）是绝对重要的。通常，这意味着要与那些获得大量数据的记者协作。这些数据可能太大，以至于无法使用容易的方法进行排序。创建可搜索数据库、清洗数据和可视化数据，意味着互动团队在揭示那些人们未知的故事方面——或至少是那些很难被梳理出来的故事方面——扮演着十分重要的角色。

在《华尔街日报》，数据可以来自任何方面：来自另一个更传统记者的文本数据、来自与传统记者共同努力获取的数据、来自团队自己寻找的数据。这些记者强调，没有他们所遵循的固定工作方式或工作流程。但是他们都同意合作是关键。

这个互动图形团队对一个叫《喷气飞机追踪者》（Jet Tracker）的项目特别自豪。汤姆·麦金蒂（Tom McGinty）和马克·梅尔蒙特（Mark Maremount）是两个更为传统的计算机辅助报道记者，他们尝试使用私人飞机的飞行记录来追踪企业的动向。这个项目的主题是，通过数据也许能搞清楚与某次旅行相关的费用、突出可能的渎职行为、精确定位关键的贸易谈话或并购前的会议。上述列举的这些方面，都可以通过查看相关的飞行记录来追踪。[19]经过四年的努力，麦金蒂和梅尔蒙特终于可以获得有关私人飞机起飞和降落的登记请求记录。但他们只得到了飞机的机尾编号数据，而不是所有者的数据。于是他们再一次提出请求，索要飞机所有者的名字。

最后，互动图形团队帮助整理和清洗了数据。他们还为《喷气飞机追踪者》这个项目创建了一个可视化地图。在地图上，读者可以精确定位公司的动向并看到飞行模式。通过使数据变得可搜索和视觉化，记者能在数据中获得大量新发现，而这是在海量数据中一直难以实现的，并且他们也能够让读者有机会自己探究这些数据。从斯蒂夫·乔布斯（Steve Jobs）的癌症治疗之旅，到利宝互助保险公司（Liberty Mutual）在特定并购前举行的各种会议，《喷气飞机追踪者》项目产生了大量的新发现。这一项目持续为新闻报道提供了大量的新想法。

在其他情况下，一些项目直接出自互动图形团队。一个产生巨大成功的比较特别的互动产品是《手机账单计算器》（Cellphone Bill Calculator）。当《喷气飞机追踪者》项目为报纸带来众多延伸故事报道时，互动图形团队正在独立制作《手机账单计算器》这个项目。基根解释说："是的，其中最好的（互动产品）只是一个我们在手机上制作的价格方案计算器。它有一些主要的数据处理功能，并且人们可以用它来进行游戏。这不是传统新闻业中的某些报纸过去所习惯做的事情。"

下面一些重要的观点来自基根的评论，以及来自这个计算器带给我的灵感。首先，并非所有的互动产品都与故事有关。事实上，互动产品可以体现其自身的价值，并且可以在没有故事相伴的情况下具有实用性和面向公众的服务性。互动产品应该被视为信息提供者本身。其次，互动新闻团队不必仅仅是一个等待协助报纸其他部门的服务团队。相反，互动记者，至少在《华尔街日报》工作的互动记者，可以独立运营他们自己的成功项目。

基根认为，互动产品为新闻编辑室开辟了新领域。这些项目可以超越传统的故事讲述模式，因为它们探索了新闻编辑室通常不会涉足的领域——至少《华尔街日报》不会。在他看来，《华尔街日报》的传统记者不太可能提供根据个人利率方案生成的有关生活成本的详细账目。至少在《华尔街日报》，这种消费者财经新闻并不经常出现。但是互动图形团队开发了上述选题，并利用这个《手机账单计算器》项目进行深入的挖掘，这远远超出了《华尔街日报》平常讲述的故事类型范围。互动产品还增加了有关新闻与公共信息的更广泛讨论，这些公共信息在以前的新闻报道中是找不到的。

基根的团队突显了我们在互动新闻方面讨论的一些重要主题。首先，我们能看到他的团队与新闻编辑的其他方面相结合的方式。其次，他们从事汇集数据、清洗数据和将数据可视化的工作。他们依靠编码来帮助完成这个过程。这个案例说明了程序员记者在每天的工作流程中是如何与数据打交道的。这项数据分析的不同之处在于，他们致力于使数据便于可视化和具有互动性，以便能够在所搜集的数据中发现一些模式（也可能或者没有发现）。在《华尔街日报》，我们看到了两种不同的编辑工作流程，从他们制作什么、采用何种方法处理数据、如何使其既面向公众又能帮助记者，到使用代码将数据可视化并使其易于理解。上述这些方面我们都可以了解。

通过提供上述这些分析技巧，互动记者帮助像麦金蒂和梅尔蒙特这样的记者为传统新闻故事找到数据新闻点。但是，《华尔街日报》的互动记者也在进行他们自己的项目，这些项目的制作不在传统的新闻故事生产流程之内，它们作为独立的互动产品在运作。这表明，与新闻编辑室的首要任务相比，互动团队的工作具有一定的独立性，突显了互动记者可能为新闻产品提供重要而独特的贡献。

根据这些记者的说法，这些项目的流程和步调几乎是远离日常新闻的。他们所提供的有代表性的案例以具体编辑目标为导向，这些目标与新闻编辑室的日常需求无关。这给他们留下了充分的时间去探究其他长期的新闻故事数据，可能这就是他们能够建造出像《手机账单计算器》这种互动产品的原因。这个项目没有直接被日常的新闻周期束缚。因此，我们能在对基根及其员工的访问中，看到这些项目的编辑整合及其步调和过程，这有助于我们更好地理解一个团队如何能在没有截稿日期的压力下工作，并直接与编辑工作流程相对接，同时也可以独立地研发项目。

《纽约时报》：融入新闻周期

与我访问过的很多新闻编辑室不同，《纽约时报》的互动新闻团队非常紧张忙乱。在2013年9月13日这一天，互动新闻团队正在忙碌地准备互动产品以应对新闻周期。首先是一个关于叙利亚的互动图形，他们希望通过一张地图来说明叛军和叙利亚政府之间的冲突。本·科斯基（Ben Koski）是一位曾在微软公司工作过的记者，他正忙着为时装周做一个项目，这个项目必须马上要完成。他盯着屏幕上一行行的代码，查看互动产品后台是否出现任何可能的错误。团队的其他成员正忙于为即将到来的纽约市长选举制作一个互动产品。

当然，这并不是说《纽约时报》不从事长期的项目，但快速响应的互动产品也是这个团队基因的一部分。《纽约时报》互动新闻团队认为，它的角色与报纸的新闻需求紧密相关，而不是作为新闻产品的一种独立来源。我还发现，在没有多少提示的情况下，《纽约时报》互动新闻团队的那些人很快就能清晰地表达他们给这份报纸的产品带来了什么。值得注意的是，《纽约时报》提供了一个互动产品不仅仅是数据的很好的范本：它们是可玩的、可点击的和沉浸式的体验，这些体验并不总是与后台的数据库结构相关。从艺术、文化到政治再到体育，《纽约时报》的互动新闻团队服务于新闻编辑室的所有部门，也提供了很多他们自己的复杂互动产品，并且与其他部门进行合作。

2013年9月起，《纽约时报》互动新闻团队逐渐开始在新闻编辑室获得影响力。这个团队负责创建各种各样的项目，那些在很多其他新闻编辑室看到的类似图表和图形的产品都可以在这里看到。比如一个来自时装周的互动幻灯片，它邀请用户发送照片[20]；还有其他特色餐饮指南、奥斯卡奖投票、美国橄榄球联盟（NFL）球队如何成功（或没有）挑选到最好的选秀球员等互动产品[21]；新闻编辑室制作的其他互动产品包括一个（有3D效果的）展示投手马里亚诺·里维拉（Mariano River）如何支配击球手的互动产品[22]，以及像《雪崩》这类讲述故事的产品。《纽约时报》互动新闻团队大约有20人，负责人阿伦·皮尔霍夫即便在报纸的困难时期也坚持增加团队成员。他雇用了黑客记者、程序员记者和数据记者来充实他的团队，以便为团队的产品增加深度。

在我访问之后，《纽约时报》制作了一个简单的互动产品，这个产品展示了团队的实力及其对新闻编辑室总体目标的贡献能力。《你们是如何来谈话的》(How Y'all, Youse and You Guys Talk)[23]是剑桥大学语言学教授伯特·沃克斯(Bert Vaux)制作的一个小测验,它可以精确判断人们来自哪里——根据他们家乡话的水平——并且非常准确。进入 2013 年的最后 11 天,《纽约时报》达到一整年的流量高峰期。正如《大西洋月刊》(The Atlantic)的罗宾逊·迈耶(Robinson Meyer)所指出的:"想想看,一个新闻应用程序,一款由内部开发人员制作的新闻软件,产生的点击量比任何文章都要多。"[24] 流量对生存的影响日益明显,至少对新闻业的很多机构来说,这种互动产品是《纽约时报》互动新闻团队存在合理性的很好证明。

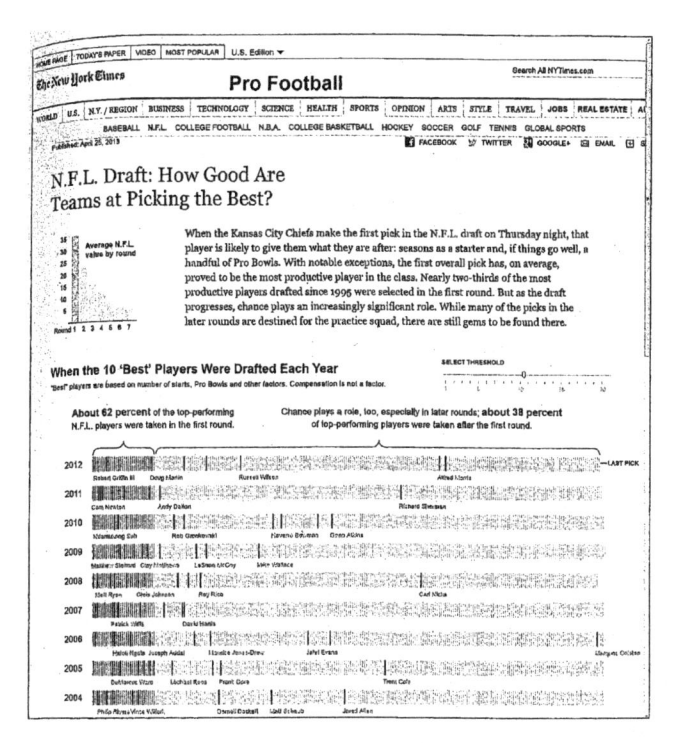

《美国橄榄球联盟选秀:球队们究竟有多擅长挑选尖子球员》,来自《纽约时报》

当我访问的时候,互动新闻团队对《纽约时报》新闻核心使命的重要性是显而易见的。皮尔霍夫谈到了随时准备帮助满足新闻编辑室短期和长期项目需要的重要性:"因为某种原因,报纸只能创造'每日奇迹'。难以做长期的计划是客观规律。"为了应对冲击,互动新闻团队建造了各种各样可以重新组合和更新的工具,但总有一些新调整、新内容,并且这些都必

《你们是如何来谈话的》，来自《纽约时报》

须在快速转换中完成。埃里克·布西（Eric Buth）是互动新闻团队的一名程序员记者，他解释了灵活性的要求："我们可以快速（制作新产品）。我们可以追求速度。我们可以做小型的和长效的东西。"记者马克·拉瓦列（Mark Lavallee）是部门的副主任，他提供了一个最近的案例。叙利亚危机日益恶化，互动新闻团队与新闻编辑室的国际版团队密切合作。这种不断演化的关系促成了快速周转的互动产品。"我们制作了一张有关奥巴马可能准备去的所有四个方向的地图——保证我们可以按期交付产品。"

有意思的是，皮尔霍夫断言他的团队已经无法单枪匹马地取得很多成功了。这表明他们被整合进《纽约时报》新闻编辑室更大目标的重要性。不像基根的团队在《华尔街日报》的项目，皮尔霍夫的几个独立项目都不理想。他举了一个有关美国橄榄球联盟（NFL）战术手册这个独特互动产品的例子。"它是一个非常彻底的研究。它涉及所有的季后赛球队，有专家解析和广泛的报道以及3D动画视频。你可以从不同角度看到比赛的展开：四分卫、外接手等等。"然后他耸了耸肩指出，它只有几千的网页浏览量。"新闻需要告知所要达到的目标。你必须要和新闻编辑室的意向保持一致。"

但是，新闻编辑室里的这种整合也意味着互动产品可能被淹没在网络之中，而非作为主要项目受到特别关注。在我的《〈纽约时报〉是怎么做新闻的》一书中，我解释了一个花费三个月制作的互动产品是如何只在主页上存在了几小时的。由于一天中有更多的新产品出现在主页和各部分网页上，互动产品会受到网站上越来越多内容的挤压，很容易被掩盖。作为新闻周期的组成部分和新闻故事的附属物，互动产品变得很难被发现——即使它们是一些长期的项目。本·科斯基对一个同事和我分享了这些想法："如果某些东西已经消失了两天，你就不能搜索它了。我在早上还看到了有关用餐的互动产品。"然后他又补充说，这个项目基本上已经消失了。然而，皮尔霍夫认为，这是发生在任何新闻故事上的事情，并不仅仅是互动新闻特有的：这只是新闻周期的问题。

对于更有深度的专题故事，互动新闻团队与个别记者和编辑会定期地密切合作。在决定一个互动产品是否值得制作之前，团队经常要查看故事草稿。在某些方面，互动新闻团队一直是自我成功的受害者。皮尔霍夫解释说："不可避免，如果我们成功地做了某事……有人就会要求也要那样……这太难了，因为每个人都会说'我想要那样'。"互动新闻团队实际查看这些草稿的事实，以及其他编辑成员对这些项目有要求的事实，是他们融入新闻周期的有效证明。

与《华尔街日报》一样，《纽约时报》也建造了为新闻故事服务的计算器、工具和数据库，与手工检测数据的手段相比，这些工具提供了更细致和更系统的检测。《纽约时报》也开始创建特定的内部工具，用于在不同的数据集之间搜索数据。通过这种方法，随着时间的推移，《纽约时报》可以挖掘出很多故事来帮助新闻报道。

选举是《纽约时报》关注的一个重点领域。记者蔡斯·戴维斯（Chase Davis）解释说，他的一个新的、长期的项目，就是为了解决搜索竞选财务数据方面的一些困难而做——这个项目不是聚焦于一个特定的故事，而是一个可以服务于政治记者多方面潜在需求的数据库。他的这个项目体现了《纽约时报》互动部门的实力。互动新闻团队目前在利用计算机科学领域尚在探索阶段的一些技术。戴维斯介绍了一个新项目："现在，我正在考虑将机器学习应用到政治事务上。我们会使用竞选资金的数据展示这种技术，但在个人层面上却没有捐赠贡献的概念。你可能以十种不同的方式将乔·史密斯（Joe Smith）列在名单上。我们使用机器学习把捐赠者信息汇总到一个规范的捐助者数据库里，看看其随着时间的推移会如何表现。"

从内部视角来看，这个工具对记者们寻找数据的模式和差异来说是非常有用的。更重要的是，一旦《纽约时报》能够拥有硅谷最雄心勃勃的一些人正在开发的如何使用机器学习的技能，它就能在其他数据集上开始应用这项技术。

《纽约时报》互动新闻团队与编辑工作流程的整合，远远超过了很多其他的新闻编辑室。我们能看到他们以多种方式紧密参与到更长新闻生产周期的证据。首先，互动新闻团队从事着日常突发新闻的报道工作，这表明互动产品被设想为日常新闻故事的重要组成部分。这些互动产品只是当出现重大的突发新闻或需要解释的事件时，《纽约时报》的编辑人员所做出的一种整体思考的结果。互动新闻团队甚至在制作长期项目时会去阅读故事的草稿，这表明互动新闻团队和其他记者一起工作时，怎样去完善和提高以文本为基础故事的互动产品。就更大的编辑认同而言，《纽约时报》互动新闻团队避开一些需要独立制作互动产品的事实，恰恰表明这些项目协作的重要性。独立制作互动产品所出现的困难进一步表明，《纽约时报》互动新闻团队有多么依赖与其他编辑的紧密协作去提高和扩大其影响力。甚至，像其他故事一样，互动新闻团队创作的故事也会很快被淹没的事实表明，无论互动产品是好是坏，其他的编辑人员仅仅将它们看成是《纽约时报》内容的另一个元素。

《纽约时报》的互动新闻团队非常成功地展示了它对《纽约时报》在线版整体成功的重要性。互动新闻团队的项目一直能为网站带来大量的流量，也带来了以前从未访问过《纽约时报》网站的用户。这样的成功也表明，互动产品对于增强新闻网站的关联性有多么重要。衡量上述成功的标准，在于《纽约时报》的互动产品不仅是数据互动产品，还是一些关于测试、时装周的有趣互动产品，以及其他有关体育和娱乐的互动产品。它们带来了很多可以改变我们讲述在线故事方式的思考。人们可以通过一个简单的测验，或者一个具有视频、动画、图形、地图和照片功能的引人入胜的互动故事来获得乐趣，这可能是互动新闻团队擅长做他们所做的事情的部分原因。《纽约时报》的案例很重要，因为它全方位地展示了一个互动新闻团队，有助于我们了解一个互动新闻团队在有或无截稿时间的情况下是如何工作、生产大量的互动产品，以及完全融入编辑工作流程的。

《卫报》：日常、简单数据

来给《卫报》做一个简短的介绍，这有助于说明数据记者的一些实践。《卫报》的首席数据记者西蒙·罗杰斯（Simon Rogers）在日常截稿时间前的间隙和我进行了交谈。他坐在《卫报》两层专门开展新闻业务的楼层的下层，处于新闻编辑室的中央，周围都是记者和编辑。2011 年 11 月 2 日这一天，罗杰斯的桌子上放着一本被翻旧了的《精确新闻报道》，这是一本他和他的团队成员一起分享的书，该书由菲利普·迈耶撰写，被誉为计算机辅助报道的圣经。

政府部门刚刚发布了一些关于英格兰地区不同城市垃圾回收率的记录。[25]罗杰斯正在帮忙制作一个地图以配合这些数据[26]——利用通过谷歌融合程序形成的电子表格，他可以轻松地为这个产品创建地理数据。他在压力之下迅速行动，帮助一名记者进行报道工作。这个记者在一个小时内两次来讨论这些数据——他有什么发现以及罗杰斯又发掘出了什么。罗杰斯提供了一个概览，而该记者说他正在"寻找一些亮点"。罗杰斯解释了这个记者的作用："对于一个故事，他们有时会找一位评论的专家。这对我的数据可视化很有用。"这种与侧重于文本的记者的反复沟通，表明了数据记者紧密地融合进了更长的日常新闻周期里。罗杰斯一般专注于具有截稿时间的工作。他向我解释说："快速有效的方法是迅速地进行数据分析……我们没有《纽约时报》或为了公众网的资源，但我们仍可以快速行动……这可以立竿见影。"

他的同事丽莎·埃文斯（Lisa Evans）举了一个这类工作的例子。这种工作要求快速集中的注意力，但因为实在太庞大，所以在一天中根本无法完成。在 2011 年，骚乱席卷了伦敦和英格兰的其他地区。《卫报》收集了人们对骚乱发生之地的观察，然后将这些信息放到地图上。下一步的任务是仔细梳理法院的登记，看看涉及骚乱的参与者居住在哪里。这些关于被捕人员的法院记录上有 1 300 个骚乱参与者的名字和地址。

这些数据很难被放进容易使用的表格中——它们都是糟糕的 PDF 文件，不容易被照搬到电子表格上。但是埃文斯指出，利用谷歌融合表格，一有数据她就能快速地行动。"我们可以快速地绘制地图，看看贫穷是否是骚乱的一个起因。我们用谷歌融合做了测试，本来需要花一周时间做好的事情，我们可以在几天之内完成。"虽然获取数据需要的跑腿儿工作十分繁重，但埃文斯还是尽可能快地公布了数据。她指出公众有强烈的要求想确切地知道谁参与了骚乱，以及在哪里发生了这种破坏。"关于骚乱，人们真的想知道骚乱参与者居住的地方发生了什么。"

罗杰斯在 2009 年还创建了《卫报》的数据博客（DataBlog）。数据博客产生的内容直接来自他的团队。数据通常是互动性的，但也并非总是如此。数据博客的目标是提供并非每天都有的、定期的数据新闻更新。罗杰斯团队的使命在数据博客"关于我们"（About）的板块有详细说明："我们每天都与来自世界各地的数据集打交道。我们必须检查这些数据，并确保能从最可靠的来源得到最好的数据。我们现在使用的是谷歌文档（Google Docs），而不是将电子表格上传到我们的服务器。这意味着我们可以轻松快速地更新事实，确保用户获得最新的统计数据，就像我们得到这些数据一样迅速。"因此，这个数据新闻团队的工作重点是，尽可能快地将数据传输给更多的人。尽管《卫报》的数据博客是一个独立的项目，但它仍然深深嵌入《卫报》日常的在线新闻产品中。

罗杰斯的工作建立在数据新闻和计算机辅助报道的传统之上，尽管他本人不喜欢计算机辅助报道这个术语。他说，"我们都使用计算机"。他也注意到计算机辅助报道是一个美国术语。记者丽莎·埃文斯将她的工作与计算机辅助报道相区别："我们只做描述性的数据统计。我们不是有数学学位的软件工程师。"因此，对于这些数据记者来说，计算机辅助报道呈现了一个不一样的侧重点。

在第3章，我指出了数据记者不一定是老练的程序员，他们经常使用现成的工具来帮助制作他们的互动产品。我们看到罗杰斯和戴维斯他们对谷歌工具套件的依赖，对这些工具的使用甚至在数据博客自身的介绍中也有所反映。正如罗杰斯所解释的："我不是一个程序员。我过去是一个新闻编辑。"[27]与之相对应，在《卫报》有一个独立的互动产品团队，他们致力于长期的沉浸式互动产品工作，这些工作要求更复杂的编码技能。这些数据记者关注的是数据而不是编程。[28]

在对《卫报》的访问形成的初步印象中，我脑海里浮现了几个重要的主题。一方面，《卫报》忙碌的工作围绕着日常的截稿时间而展开。即使是长期项目也由突发新闻事件所引发，而且记者们都在试图尽可能快地抽身而出。当需要有数据配合新闻编辑室其他正在被书写的故事时，互动团队就融入了编辑室其他部门的日常工作流程之中。另一方面，数据博客是作为《卫报》的独立单位运行的，也是数据新闻团队的独特产品。然而，这个博客还是完全融入了《卫报》的每日新闻网内容之中。

《卫报》数据新闻团队所从事的项目是数据密集型的。这个团队清洗和排列数据，将其呈现为可视化的内容以丰富公众对新闻事件的理解。然而，他们工作的侧重点不在于复杂的互动产品。相反，这个团队专注于解释数据，而不是建造需要编码知识的互动产品。在这方面，我们看到了进一步的证据，那就是数据记者知道如何与应用代码打交道，但他们自己并不一定成为编码人员。总的来说，通过《卫报》，我们可以了解数据新闻团队是如何使自己成为新闻工作流程，以及定义《卫报》在线成果输出的重要组成部分的。这只是对《卫报》简短快照式的一个初步印象。它是这本书最早的研究重点之一，但它仍然是有价值的，因为它展示了为应对日常截稿时间的压力，数据新闻是如何被用来制作互动产品的，它也突显了编码知识对互动新闻来说并不总是必要的。

美联社：纽约和华盛顿特区——双城记

美联社纽约分社坐落在第十大道和经过宾夕法尼亚州车站的三十三街上，这里是素有"地狱厨房"（Hell's Kitchen）之称的曼哈顿西区不太体面的街区之一。在建筑的周围，几乎没有什么让人体会到物质享受的东西——只有一家餐馆，其他的一切看起来都是不知何用的高耸的灰色建筑。美联社处于一个巨大的混凝土建筑里，这个建筑是美联社与纽约公共广播电台十三频道共用的。

2012年9月26日，互动技术编辑乔纳森·斯特雷（Jonathan Stray）在大厅和我碰了面，之后他把我带到了美联社的主楼层。[29]超过1 000名记者在纽约分社工作。在新闻编辑室的前面，我注意到刊登有美联社故事的全国各地的报纸（大部分是小型的、地区性报纸）头版都被钉在厚厚的泡沫板上。整个墙面都被美联社电视台的内容填满。在2011年10月，这里还没有任何展示美联社内容的移动设备，也没有任何美联社社交媒体存在的迹象，斯特雷对此抱怨颇多。当我们走过铺着灰色地毯的新闻编辑室时，一个巨大的窗户出现了，窗户如此之大，当你站在中间就会迷失视线焦点。斯特雷指出，美联社现在除了通过卖给报纸的文本故事赚钱，还从它的电视和播出部分赚取大笔金钱。

有一点纽约时尚达人味道的斯特雷穿着毛皮大衣带着塞思·刘易斯和我出去吃午饭。他向我们介绍了他的美联社互动设计者小型团队。在斯特雷的团队中有各种各样的专家：数据记者、偏向设计导向的记者，以及像他自己那样逐渐沉迷于新闻领域的程序员中坚。斯特雷在新闻博客圈很有名，因为他发表了大量博文，这些博文的主题有涉及财经新闻的，也有涉及算法偏见的。[30]

然而，在他美联社的新闻编辑室里，斯特雷抱怨了他的团队为制作互动产品所面临的持续性截稿时间的压力。整个美联社是一个拥有超过3 400名员工的庞大组织，但大约只有30个分散在世界各地的一小部分员工去满足机构成员对互动新闻的巨大需求。每天，斯特雷和他的六人小团队都贡献大量的互动产品，来满足美联社报纸订户的需求（尽管他们使用了现成的模板）。互动团队确实为一些项目提供了自己的想法，他们的工作主要是做"一天之中热门故事的常规插图……要在早上达成一致"[31]。这些工作囊括了从最新的自然灾害地图到竞选民意测验，再到开发故事的时间线等诸多内容。运转周期快速而急促，几乎没有时间做任何真正有创意的事情。

在这种背景下，斯特雷的团队只得到新闻编辑室很少的支持。正如向我们解释的那样，他不知道他的互动产品是如何被使用的。互动团队对其所制作的互动产品实际上没有控制权，是美联社的成员机构决定了它们如何被使用。这些互动产品不仅是为个体用户生产的，也为满足一些报纸和门户网站的需要而生产。

在这个枝蔓丛生的环境中，美联社的互动团队好像根本不存在。如果斯特雷的美联社互动团队获得了声望，那只能发生在它的产品在成员组织的新闻网站上引起轰动之时。然而幸运的是，斯特雷正在运作一个更有野心的项目：建造一个由奈特基金会资助的数据可视化工具。否则，他就会被困在一种无聊的常规工作之中，去无休止地提供可点击的日常互动产品。

美联社其他部门和互动团队之间的交流，可能是我见过的最没有效果的协作。互动产品团队纯粹是为更广泛的编辑产品提供服务的，因而无法提供任何观点、建议或见解。连续不断地炮制大量内容使互动团队很难做一些持续的长期项目，因而无法追踪项目的最终结果，这使得记者们对他们的工作拥有更少的控制权。此外，新闻常规流程中存在的这种现象至少表明，尽管互动记者在生产中少有发言权，但互动产品现在依然被认为是日常新闻输出的必要组成部分。

然而，在近在咫尺的美联社华盛顿特区分社东走廊上，我发现了一个完全不同的互动新闻工作流程。在2013年7月23日，我访问了记者米歇尔·明科夫、杰克·吉勒姆（Jack Gillum）和凯文·维尼斯（Kevin Vineys）。尽管我很难分辨出，在我访问纽约的两年间，美联社的互动记者是否已经改变了工作思路，但我能够观察到的是，2013年他们融入华盛顿特区分社的工作流程，明显不同于2011年互动产品只是美联社日常工作流程一部分的状况。

在美联社华盛顿特区分社，互动记者的办公桌正好在政治编辑的后面，处在拥挤的新闻编辑室的中间。在第3章提到的受人尊敬的程序员记者明科夫，对于他们融入新闻编辑室提出了一些想法。"我们过去被安置在视频和多媒体团队旁边，习惯于附近有电视，但是……我们想要……在新闻编辑室里有座位，我现在就坐在政治编辑的对面，"然后她笑着补充说，"这没什么好炫耀的。"我看了看她背后，政治编辑的办公室正好在明科夫办公桌的对面。至少从物理空间的角度看，这些记者都是混在一起的。

明科夫、维尼斯和吉勒姆也从每日截稿时间的压力中摆脱出来，而这种压力原本是斯特雷所抱怨的渗透于纽约分社之中的压力。明科夫和维尼斯解释了他们的工作一般都怎样集中在大型调查报道和长期项目上。他们汇聚他们的技能来调查新闻模式的数据，然后制作互动产品。维尼斯、明科夫和吉勒姆都首先将他们自己视为记者，然后才是程序员。通过这种方式，他们发现用数据所做的东西以及互动产品，成了讲故事的一个重要手段，并且他们很少用技术术语来谈论他们的工作。他们的成果并非都是面对大众的。

例如，记者马特·阿普佐（Matt Apuzzo）一直致力于关于大学体育竞赛中使用类固醇的报道。这个成功的调查报道不仅利用了对球员、教练、专家的采访和类固醇销售的法庭记录，还使用了搜索播放器指南和媒体工具包来收集运动员在整个大学球队期间的体重情况。[32]吉勒姆帮忙收集了这些数据，并且更重要的是，他汇总了61 000条关于运动员过去10年的每年体重增长情况的记录。通过这一点，互动团队可以确定使用类固醇仍然是美国全国大学生体育协会（NCAA）面临的一个主要问题。[33]吉勒姆曾经说过，他了解"只要有足够的编程（就可以了）这种想法是危险的"，他专注于创建一个长期的互动产品，这个产品是一个面向内部的数据库。他关注的不是最终的用户而是记者，并且他摆脱了新闻的日常工作流程。

明科夫为公众制作了大量着眼于远期的互动产品，她也谈到了脱离日常截稿时间的问题。"我们做了很多长线工作来支持突发新闻报道，但是突发新闻对我们所做的事情也是至关重要的。日常的和长期的工作任务相结合，所以必须有一个聪明的方法。"因此他们制作像人口普查、选举地图和数据库之类的项目，这些项目在面对突发新闻时可以被使用、重组和更新。当有突发新闻的时候，比如美国国家安全局（NSA）有关个人数据的监视议题，互动团队可能会逐日地增加开发力度，但不会制作一个更长的互动故事。

纽约分社互动团队受到日常截稿时间的压力与华盛顿特区分社互动团队拥有更多的时间之间，存在着明显的差异。在纽约分社，互动产品似乎是为了制作而制作。我们不是很清楚这种工作流程是真的能使报道变得更好，还是仅仅作为建立在成员新闻机构网站基础上的点击策略。采取此做法，互动团队正在与编辑工作流程的实际过程相分离。这一过程是否从根本上为新闻增加了任何东西是值得质疑的。

然而，在2013年的华盛顿特区分社，我们看到了一种对互动产品更加有深度的思考方式。并非所有的工作都必须面向长期项目，一些工具和数据库可能只供记者去使用。在华盛顿特区分社，这种做法就像给普通用户探究数据的机会一样重要——重点并不是简单地为了让数据变得可用而使其可用，而是要批判性地思考它将为谁提供最好的服务。在阿普佐的案例中，互动团队创建了一个内部数据库。就人口普查数据库而言，让这类互动产品面向公众是有意义的，但它们同样也可以作为服务于记者的内部工具。长期的项目定位于提供日常故事。华盛顿特区分社的新闻故事都具有强烈的数据驱动特征。华盛顿特区的程序员记者都很乐意利用数据进行工作，并使用代码来帮助讲述故事。

在两个城市的同一家机构中，我们看到了互动新闻工作可能的多样性。在纽约，我们几乎看不到互动团队融入更广泛的编辑沟通过程；而在华盛顿特区，互动记者在新闻编辑室里与其他侧重于文本的记者密切合作——他们正好具有象征性地坐在政治新闻部门的中心位置。我们看到两种不同的做事模式——在纽约，互动团队受到日常常规工作的挤压；在华盛顿特区，互动团队为突发新闻提供长格式故事。但是有一个事实很清楚：美联社正在致力于使互动产品成为新闻产出的重要组成部分。

评估异同

为什么这些互动团队的工作方式是这样的？这些互动团队有哪些相似之处和不同之处？我们如何开始为互动记者制定某类分析框架，而不仅仅是样本集？纵观这些案例研究，很明显，团队之间主要有三方面区别：人（people）、流程（process），以及融合（integration）。所谓人，我指的是团队的构成——黑客记者、程序员记者、数据记者。所谓流程，我指的是新闻周期对于互动团队而言是缓慢的还是快速的。所谓融合，我的意思是互动团队是服务性的，即互动产品需要更广泛的编辑参与，还是独立性的，即能够生产自己的互动产品而不依赖部门之外其他记者的帮助。

我尝试搞清楚的是，对于一个团队而言，由一个黑客记者、程序员记者或数据记者来领导是否会造成显著的差异。背景经历似乎确实很重要，至少有部分重要作用。例如，在半岛电视台英语频道，哈达德因为编程技能而获得了技术专家的特殊地位，他还有其他特点且很受欢迎，因为他太能思考如何处理新闻问题了。作为半岛电视台英语频道唯一的程序员，他从前的黑客身份为他带来了很大的威信。在美国公共广播电台，互动团队的策略或典型的日常活动，很像在模仿一家技术公司的场景。领导互动团队的黑客记者布赖恩·博耶向我解释，他不介意像管理一个软件团队一样管理他的团队："我认为引入技术意识是好事情……报纸团队不知道如何制作软件没什么好羞愧的，但是我们知道如何制作软件。"[34]因而，他的团队更像一个软件开发团队在运转，当与美国公共广播电台的其他工作人员接洽时，他们像一个专注于产品而非故事的软件团队。但是这种软件路径仍然有一种新闻意识，这部分得益于博耶团队的背景：一个数据记者和一些程序员记者的组合。他们在游乐场项目上协同工作。这个以数据为中心的项目帮助社区更多地了解可访问公园的情况。

表 4.1 　　　　　　　　评估互动团队之间的异同

新闻机构	人	流程	融合
半岛电视台英语频道	黑客记者	慢	服务/合作
美国公共广播电台	黑客记者领导、程序员记者、数据记者	慢	服务
《华尔街日报》	程序员记者	快	独立/服务
《卫报》	数据记者	慢	独立/服务
《纽约时报》	程序员记者领导、数据记者、黑客记者	慢/快	服务
美联社（纽约）	黑客记者领导、黑客记者、程序员记者	快	服务
美联社（华盛顿特区）	程序员记者领导、程序员记者	慢/快	服务

《华尔街日报》有一个主要由程序员记者组成的团队，并且他们现在和一两个计算机科学家在一起工作。我可能需要更多时间和他们接触，以评估这种领导方式是否在他们的工作中制造了差异。然而，最明显的是，这个团队的构成可能会影响到《华尔街日报》对最终产品的关注点。

在《卫报》，数据记者西蒙·罗杰斯过去是一名传统记者，专注于做传统的新闻工作，其中的故事因素——日常故事——是要最先考虑的。在《纽约时报》，最重要的不是谁领导这个团队，而是这个团队中有多少人。

这个团队是那些具有软件背景的记者、具有新闻背景也自学编程的记者，以及中坚数据记者的一种混合体。虽然工作人员只有这么多人，但《纽约时报》似乎有能力完成各式各样的项目。而在美联社，我们可能会看到团队之间的一种分歧，也许这是由团队中的人员构成导致的：纽约分社的斯特雷是一名黑客记者，由于无法融入编辑工作流程，他感觉很受挫；而在华盛顿特区分社，两年之后的考察显示出，程序员记者团队感觉融入了新闻编辑室的工作流程，并投身主要的项目中。

值得注意的是，在每个团队的日常工作流程里，成员们工作背景经历的混合并没有以日常会话的形式得以呈现。每个团队协同工作，利用各自的优势建造互动产品。在半岛电视台英语频道，我们看到了黑客记者如何与不会编程的员工一起工作。在《纽约时报》，具有技术背景的记者和具有新闻背景的记者在日常新闻生产过程中造成了什么差异还不是很清楚。在美国公共广播电台，我们看到黑客记者、数据记者，以及博耶领导的软件团队的其他程序员记者三者之间的一种混合，他们不太关心作为整体的故事，但是互动团队毫无疑问要为故事搜集数据。我们可以在互动新闻这个子专业里看到，不同背景的人如何以一种一致的方式共同工作，协同制作使整个新闻编辑室获益的项目。这进一步证明了互动新闻具有黏合性，因为它给新闻业提供了一种独特的贡献。

仅仅以他们的工作背景经历为基础来声称一个团队是如何工作的，这种做法可能太过于简单化了。此外，要研究机构的构成可能需要几个月的时间而不是几天，这样才能了解这些团队是如何相互关联的。在我看来，要解释为什么这些团队要用如此的方式工作，除了背景之外，还有很多其他的因素需要考虑。

流程是另一个可能影响互动团队工作的因素，这反过来又会影响团队融入新闻编辑室的程度。换言之，新闻编辑室是反应迟缓还是反应快速？团队是面临着一个即刻的截稿时间，还是处于自己能控制的并非紧迫的截稿时间的环境之下？半岛电视台英语频道就在缓慢的时间线上运转，但是哈达德的角色是服务者，所以他需要其他记者来帮他指出要做的工作，然后他再回应他们的要求。另外，哈达德与同事有着独特的合作关系，因为他们也要来参与他的工作。这可能部分是因为哈达德是一个人，而不是团队作战，也许这让他能更容易地把互动新闻带入日常的新闻工作流程。

在美国公共广播电台，互动团队的运转速度也相当缓慢，这使得他们有充分的时间发挥其服务职能的全部潜力。互动团队可以与其他编辑人员召开很多会议，以确保产品具有正确的新闻角度。这样的工作可以将互动团队整合到新闻制作的流程之中。一方面，美联社的斯特雷发现，他自己被纽约分社互动流程的快节奏搞得心烦意乱，因此觉得对实际发生的事情有很少的控制权：他的团队处于最终的服务岗位。另一方面，节奏缓慢的华盛顿特区分社让他们的工作适应突发新闻，有足够的交付时间来从事更多实质性的项目。这个交付时间并不意味着他们是独立工作的，而是有很多时间与其他人一起工作。

还有《卫报》和《华尔街日报》，两个机构的互动团队也是独立的行动者。《卫报》的驱动力来自它的快节奏，互动团队希望每日在其博客上为公众发布数据更新。尽管互动团队仍要从事《卫报》更大型的日常和长期的故事报道，但数据博客是来自数据部门的独一无二的特定产品。加快工作速度，有利于互动团队在新闻编辑室获得独立地位。《华尔街日报》的情况恰恰相反，在那里，长期项目所具有的缓慢新闻周期，增加了互动团队的独立性。记者可以制作他们自己创作的独立项目，也可以与《华尔街日报》的其他记者一起共事，帮助记者开展他们自己的工作。然而，独立的项目还是比较受欢迎的。

最有趣的可能是，一个像《纽约时报》那样实力强大的新闻机构，因为过去的失败，选择将互动团队作为服务部门来运营。独立的项目没办法运转。相反，那些被整合进了新闻编辑室的项目，以及来自其他编辑创意的项目则更加成功。在这里速度似乎并不重要。《纽约时报》如此之大，以至于不管是慢速还是快速都能运转，尽管我访问的当天它主要是在遵循日常截稿时间的基础上快速运转。互动团队与新闻编辑室紧密融合的其他表现，可能是人们对待互动产品就像对待日常新闻故事那样容易将其遗忘的态度。产品在日常的生产过程中从网站的突出位置被抹去。互动团队被深深地卷入日常工作的这种意识，可能有助于沟通工作。但是，速度这个单独的因素虽然非常重要，却不足以解释为什么这些互动团队要以如此的方式工作。其他因素，比如总体性关系、新闻编辑室的切身需要、过去项目的成功和记者从事独立工作的技巧，以及媒体的无形资产等，都会影响流程和结果。

各部门在新闻流程中的融合也与一些物理层面的因素有关，例如互动团队在新闻编辑室里的位置。美联社华盛顿特区分社互动新闻团队直接与分社的其他部门混合在一起，就像明科夫坐在政治编辑办公室的旁边。《卫报》从事遵循日常截稿时间工作的互动团队，也融入到了新闻编辑室其他部门的中间。也许《华尔街日报》和美国公共广播电台的互动团队对于它们的日程安排拥有多一点的自主权，因为记者坐在距离新闻编辑室中心很远的地方。而哈达德直接与半岛电视台英语频道在线团队坐在一起。但是，物理接近性并不能完全解释紧密融合的问题。《纽约时报》的互动部门在新闻编辑室二层的后面有它自己的空间，这个位置远离了很多其他记者。然而，这个团队仍然很大程度地参与到日常工作流程里。对于《纽约时报》这样一个巨型机构来说，物理融合可能并不是很重要。在那里有如此多的人，以至于几乎没有人能真正靠近他们每天一起工作的同事。再强调一下，接近性可能只提供了部分的解释。

这些互动团队之间的一个区别是商业模式。美国公共广播电台、《卫报》和半岛电视台英语频道，这几家新闻编辑室是非营利的，或至少是慈善性的（美国公共广播电台是提供公共服务的新闻机构、《卫报》由非营利性的信托公司管理、半岛电视台英语频道由超级富有的卡塔尔王室强力资助）。本书所考察的其他新闻编辑室都属于上市公司（publicly owned），并且都为了利润而运转。然而，似乎商业模式并没有在互动团队的融合，以及节奏的保持上产生很大的实际差异。

重要的是，还有很多互动团队将他们的工作作为测试版本——展示尚未完成的新闻内容。传统的新闻流程专注于最终完成的产品。有人认为这种实验性的方法所产生的紧张关系，可能会影响到互动团队与新闻编辑室的融合。但是很少证据表明，这些实验项目在未完成的状态下会引发很多的懊恼情绪。这可能是因为，新闻编辑室对这些被视为创新者的团队有接受其实验创新的宽容度。

事实上，有人可能认为互动团队与新闻编辑室在融合流程中会有更多的冲突。但只有在美联社的纽约分社我们才看到强烈的不满情绪，这也许是因为，互动团队没有以任何形式参与互动产品的制作完成。这让我深深觉得，美联社纽约分社的状况是一个组织-文化的议题。在那里，互动团队实际上并没有因为工作获得尊重。但总的来说，由于互动团队对新闻产品的贡献，他们受到了极大尊重，这大概也表明，人们开始意识到了互动产品对在线新闻的体验越来越重要。互动团队仍然团结在通过制作产品以进一步服务于新闻使命这一最终目标上，这一使命与新闻编辑室更大的抱负和项目彼此协调，因此不会与新闻编辑室的主导性规范发生冲突。

在未来的研究中，整体考察从业者背景经历、工作流程以及各部门融合的影响，可能有助于为很多活动部件（moving parts）提供更为完整的描述。这些活动部件不仅包含在互动新闻的常规惯例中，也包含在新闻编辑室内外的职业子群体中。每个语境下的偶然性，凸显了每个语境场景有多么不同。这里所引发的更有意思的问题是，要去思考互动新闻子领域为何在它所生产的东西和做出的贡献方面具有如此的一致性。虽然很多常规惯例在最后具有很高的可预测性，但它仍然让我们停下来思考，这些特质是如何对新闻做出贡献的。这是一个我现在回答不了的大问题，但值得在未来进行思考。

转换交流的问题

我听说过一个传闻，《纽约时报》的一个黑客记者请求被邀请参加编辑的黄包餐（brown bag lunch）① 系列活动，当被拒绝之后，他立即辞掉了这份报纸的工作。在他的心里自己是一名记者，而《纽约时报》没有承认他记者身份的这个事实是一个严重的问题——毕竟，他的团队为该报赢得了普利策奖。在新闻编辑室里工作的互动记者之间并没有既定的想法冲突——在新闻编辑室里他们确实努力去获得尊重和赞赏——然而，还是存在沟通问题以及对刚出现的互动记者职业身份的误解。这些问题与记者未能将互动产品融入他们的日常工作有一定关系。例如我们可以看到，《纽约时报》的记者们在对《雪崩》进行互动化处理时，他们想要达到的互动产品要求远远超出了其实际能力（最终他们采用"摘樱桃"② 的方式完成了它）。因而，问题就变为更传统的侧重于叙事的记者与互动记者之间的语义转换，因为他们并不总是了解彼此的局限以及合作的潜力。

因为互动记者紧密地嵌入在一个技术世界中，所以他们在与那些不熟悉互动产品可以带来什么的人交流看法时存在着潜在的困难。使用软件术语进行交流，就像博耶在美国公共广播电台与调查报道团队开会时所做的那样，是记者们在会议上一起工作时所突显的交流方式的差异。推出可能不太完美的项目的早期雏形，正如为了公众网的记者在制作《给医生的钱》数据库时所做的那样，会在上线之前挑战记者的完美期待。

编程并不总是对新闻编辑室有意义。瑞安·马克是一名之前从事商业编程工作，后在美国西北大学受训而成的黑客记者。他描述了在《芝加哥论坛报》遇到的一些沟通挑战：

> 我认为最大的挑战是人们对我们所做的事情缺乏了解。对很多人来说，似乎我们在某种程度上是魔术师，我们可以让电脑做事情。要说清做一些事情需要花多长时间是很难的……在软件开发中有很多要灵活处理的部分。有太多软件了。它有很多层次，你会遇到一些你从

---

① 即自带食物的工作餐，通常用黄色牛皮纸包装，故称黄包餐。——译者注
② 摘樱桃，原文为 cherry-picking，是一个英语习语，意思是为了证明自己的观点正确而有意识地选择一些证据或事实，对其他一些证据或事实则视而不见。这个习语也有赶时髦或随机择优挑选的意思。此处应指后者。——译者注

未见过的奇怪的问题，并且必须花时间去处理。

当人们对我们做出像"你整天戴着耳机坐在那里，我不知道你在做什么"之类的评论时，我们要试着在日常的基础上去表达我们所做的事情。就像我坐在那里，电脑桌面上有一些开着的窗口，窗口里面有一堆彩色的单词，人们只是不知道我们正在做什么。[35]

米歇尔·明科夫解释说，试图让人们看到"浮华之事"（flashy things）的背后，存在着潜在的困难。她在博客上征询意见："请告诉我向新闻机构的传统编辑表达这些想法的最好方式是什么。我们如何才能说明互动技术不是一个华丽的工具，也不是让人从新闻本身分心而出的消遣，而是一种拓展我们技能的方式？"[36]

互动记者能够制作出增强故事展示效果和增加新闻魅力价值的软件，他们有时好像确实在把一个因素融入故事，以提供最好的网络产品给用户。但这也是新闻，而不仅仅是一个包含着神奇电脑语言的小把戏。有时，互动新闻被放在小把戏的层次上看待，而不是作为一种能提供故事讲述多样选择的方式被看待。

在其他方面，一些黑客记者对基本的新闻编辑室的实践不太熟悉。有些甚至从来没有进入过新闻编辑室，也不了解新闻机构的规范和文化。美联社的乔纳森·斯特雷解释了黑客记者所面临的这个问题："外来的编码员没有很发达的新闻敏感性。他们在新闻编辑室没有任何经验。他们对新闻编辑室有一种近乎刻板的、比较简单的想法。"[37]程序员在一些赚钱的大公司拥有工作经历，在那里他们可以获得高薪水，但几乎没有进行创造性实验的机会。程序员们也逐渐适应和接受了"黑客行为"、做实验和单纯地玩耍胡搞这样的印象，这些印象并不总是能够很好地被转换到新闻机构中去。这些机构追求的是产品发布前就达到完美。

上述这些涉及转换交流的问题意味着，尽管互动新闻和互动记者具有巨大的潜力和受欢迎的成果，但新闻编辑室在引入新力量时仍然面临着一些挑战。解决转换交流的问题将是至关重要的：当与那些了解互动记者潜力和能力的传统记者沟通时，互动记者将能更好地以创造性的方式思考问题。只要互动记者继续与新闻编辑室保持良好的合作，就像本书详细描述的大部分案例那样，并且他们的需求都能成功地得到表达和满足，互动新闻的发展就有一个光明的未来。

经由工作的专业主义

对这七个新闻编辑室［半岛电视台英语频道、美国公共广播电台、《华尔街日报》、《纽约时报》、《卫报》、美联社（纽约分社和华盛顿特区分社）］的描绘，强调了互动记者所从事的工作，以及他们与新闻编辑室其他部门的互动方式。本节有助于进一步阐明，在传统新闻的背景下这个子专业是如何发展的。我们可以看到除了新闻编辑室其他部门之外，互动新闻团队对他们的工作所拥有的管辖权类型。

阿伯特认为，工作管辖权能够通过考察被客观定义的工作任务而加以了解。在本章，我们看到了互动记者如何在工作地点对"特定的工作类型"[38]做出特定的声张——互动产品。在这些例子中，我们看到了互动记者如何利用他们的能力为新闻编辑室提供新类型的内容。当互动记者通过他们的时间线，以及与其他记者一起工作来定义彼此的关系时，"实际的劳动分工通过协商和惯例就建立了起来"[39]。新闻专业的边界发生了改变，以容纳互动新闻这个子团体用他们的新能力去完成这些任务。在一些新闻编辑室，新闻业拓展到几乎可以无缝地兼容互动记者的程度。

各种形式的工作出现在新闻编辑室里。每个新闻编辑室都专门制作特定类型的互动产品，这些互动产品可能体现了记者要展示的专业技能或者每个新闻编辑室的社会化需求。我们可以做更多的研究来梳理为什么这些差异会出现。尽管如此，利用软件制作解释性新闻类型的热情，将这些新闻编辑室全部联结起来。这种新闻类型从传统的叙事结构中分离出来，证明了本书此前提出的有关互动新闻的最初定义：一种通过代码来实现故事叙事的视觉化呈现，以实现多层的、触觉的用户控制。

在半岛电视台英语频道的案例中我们发现，记者们从事着将一个基于地图的互动产品整合起来的工作，它建立在一个简单的编程平台上，还建立在其他更复杂的进一步整合了记者所编辑的声音、视觉材料的互动产品上。在美国公共广播电台，我们发现互动团队正尝试为用户创建一个基于地图的数据库，以便他们在居住的社区找到游乐场。《华尔街日报》的产品包括了一个视觉化的、互动的数据库，以及一个可点击的计算器。在《纽约时报》，全部的互动故事、基于多媒体的互动产品，以及数据梳理的成果，凸显了这个多样化庞大团队的多样性和制作能力。《纽约时报》的工作不仅涉及大量的数据，还涉及图片和声音（如时装周的互动产品或餐饮的互动产品）。在《卫报》，日常数据的成果包括图表、地图，以及向公众发布的简单干净的数据。在美联社纽约分社和华盛顿特区分社，记者们制作了各种各样的互动产品——从快节奏的日常项目到为帮助记者完成工作所构建的内部调查报道项目——来解释数据。总览上述案例，我们看到它们都聚焦于讲故事的新方式，尽管每个互动产品的目标可能略有不同。

当子专业能够对成功的外在和内在衡量标准做出一种声张时，它们就能展现出自己的优势。在每个新闻编辑室里，记者都有一种他们的互动产品要在网络上取得成功的意识。这是由流量来衡量的。记者监控流量最显著的例子是《华尔街日报》。在那里，互动新闻团队是唯一一个在墙上安装了流量屏幕以展示实时分析状况的团队。在《纽约时报》，获得成功的方言测试也吸引了大量甚至来自新闻编辑室外的关注，从而证实了互动产品作为流量驱动器的地位。其他的新闻编辑室密切关注着推文和分享。获取被认为是"好"的流量，有助于合法化对互动产品的持续性需求，以帮助提升这些新闻机构的在线表现。

成功的内在衡量标准可以被认为是新闻编辑室对互动产品的需求。正如我们综观这些新闻编辑室所看到的，它们对互动产品有着相当大的需求，并且在某些情况下，互动产品被认为是常规的日常在线新闻的必备，这是互动新闻子专业成功的一个标志。不过，也有一些失败的案例，比如半岛电视台英语频道的也门地图和《纽约时报》的美国橄榄球联盟战术手册。

这些失败被看作是重要的教训。在《纽约时报》的案例中，美国橄榄球联盟战术手册是一种信号，它表明报纸组织里的独立互动产品不太可能获得流量。但是，取得成功的内外部衡量标准的总体性声张，展示了在新闻专业的语境下互动新闻这个子专业的兴起。

更一般地说，子专业是从母专业在面对内外部压力而做出的改变中涌现出来的。同样，新闻业也必须做出改变，以显示这个专业与公众的关联性。让我们回顾一下，外部压力最明显的表现在于要求新闻机构对日益增长的互动性网络需求做出回应。不仅仅是因为它速度更快，而且还因为它能更好地满足即时用户对真正沉浸式、超越文本环境的一些东西的需求。这意味着新闻业必须提供超越传统产品的内容，并以新的方式服务于读者。越来越庞大的数据集，以及更多种类的数据增长，为记者做出回应提供了必要性。记者的工作必须包含这些新的数据，以便继续为公共利益发出权威声音。内部压力总体上与财务状况（也就是新闻如何能够持续地盈利）相关联，这意味着要让读者保持在线。但是，这里还有新闻自身的内部需求——制作新东西的日常压力，以及寻找可持续内容的需要。在在线环境中，这一需求比以往任何时候都更加重要。互动新闻有助于回应上述需求，它以网络相关（Web-relevant）、动感时尚的方式，为新闻生产周期提供更多的新内容。

我们能看到子专业对新闻专业重要性的证据，因为它能帮助新闻专业应对这些压力。在某种程度上，我们可以通过互动记者工作的日益标准化和一体化看到这一点。在美联社纽约分社，工作人员认为必须为故事制作日常的互动产品，而不必对什么故事才值得他们去做多说什么。《纽约时报》互动新闻团队有足够的员工，这实际上使互动产品成为日常新闻文化的常规部分。对于每个重大的新闻事件或特稿，一个前提假设是互动产品要作为一种补充来配合这个故事，而这种补充则几乎要求展示故事的方方面面。在《卫报》，有人认为，数据博客应该每天为公众提供大量的数据，让他们探索海量的新内容以供分析。因此，互动新闻显露出日常的必要性，从而巩固了它在新闻编辑室的重要性。

这种必要性还以另一种方式表现——被认为需要去做与众不同的事情，以创造一个有特色的线上产品。半岛电视台英语频道的记者认为，互动产品现在对于理解像欧元危机和叙利亚战争这样复杂的新闻故事至关重要。相对于调查性报道，美国公共广播电台的用户被认为对这种特殊的内容更加感兴趣。《华尔街日报》的互动团队意识到，需要努力处理更复杂的数据以便去做重要的报道。他们还认为，有必要为读者提供像《手机账单计算器》这类与众不同的东西，这种工具提供了《华尔街日报》未曾提供过的其他东西。因此，我们可以看到，互动记者是非常重要的，他们通过自己所做的工作满足了生产独特内容的需要。

最后，互动新闻这一子专业从传统新闻业中获得的优势以及独立性的故事，为其成长提供了进一步的证明。每个新闻编辑室的互动团队，都有与工作流程的主导性规范进行互动的不同方式：在一些案例中，有关于工作的日常性交流；在其他案例中，互动记者可能更关注的是长期项目；还有一些新闻编辑室几乎没有交流。在某些情况下，子专业生产有别于传统新闻编辑室成果的内容。总体而言，新闻编辑室实践的主导性规范与互动新闻业对新闻做出的贡献之间，是你来我往、相互迁就的。然而，我们也能看到，互动新闻仍然具有其独特性，因为它所提供的确实不同于任何此前出现的东西——一种新的新闻类型。这种类型提供了一种体验在线内容的新鲜环境。在下一章中，我们将看到，互动记者如何以他们带给其工作的不同的思维方式，为传统记者和公众提供抽象知识的新类型。

注释：

[1] Emily Chow, personal communication with the author, August 23, 2013.

[2] Al-Jamea, Berkowitz, Chow, Karklis, and Lindeman, "Perils at Great Falls."

[3] Youmans, *Media Economics*.

[4] Usher, "Al Jazeera," 337.

[5] Mohammad el-Haddad, personal communication with the author, June 7, 2012.

[6] Mohammad el-Haddad, personal communication with the author, June 7, 2012.

[7] Mohammad el-Haddad, personal communication with the author, June 5, 2012.

[8] Author's field notes, June 11, 2012.

[9] Haddad and Bollier, "Interactive."

[10] Basma Atassi, personal communication with the author June 7, 2012.

[11] "Timeline."

[12] 在这里做一个有趣的附注：阿塔斯不得不对她的图形进行安全测试，以防叙利亚人试图对她的工作产品进行某种网络攻击。但其他的新闻编辑室并不需要这样做。

[13] Dar Jamal, personal communication with the author, June 11, 2012.

[14] Basma Atassi, personal communication with the author, June 6, 2012.

[15] Nanabhay and Farmanfarmaian, "From Spectacle to Spectacular."

[16] Brian Boyer, personal communication with the author, February 28, 2014.

[17] Howard, "NPR."

[18] Field notes, September 4, 2013.

[19] "WSJ Jet Tracker Database."

[20] "Street Fashion."

[21] Bostock, Carter, Quealy, and Ward, "NFL Draft."

[22] Roberts, Carter, and Ward, "In 3-D."

[23] Katz, "How Y'all."

[24] Meyer, "*New York Times*' Most Popular Story."

[25] Field notes, November 2, 2011.

[26] Rogers, "Recycling Rates."

[27] Rogers, "Welcome to the Datablog."

[28] 在本书快要出版之前罗杰斯在谷歌工作，此时他比在2011年时知道的要多很多。

[29] Field notes September 26, 2012.

[30] Stray, "Editorial Search Engine."

[31] Jonathan Stray, personal communication with the author, September 26, 2012.

[32] Oreskes, "AP Reporters."

[33] Oreskes, "AP Reporters."

[34] Brian Boyer, personal communication, August 8, 2013.

[35] Ryan Mark, personal conversation with Seth C. Lewis, September 27, 2012.

[36] Minkoff, "Letter."

[37] Jonathan Stray, personal communication with author, October 17, 2012.

[38] Abbott, *System of Professions*, 64.

[39] Abbott, *System of Professions*, 64.

第 5 章 ｜互动产品与新闻的知识系统

互动新闻将新的思考方式融入新闻业，虽然新闻根本的、关键的特征仍然很重要，但是我们也看到了互动新闻如何拓展了传统新闻业的边界。互动新闻拓展了整个新闻专业，丰富了新闻编辑室里的人、工作和知识的类型。

为了公众网的《给医生的钱》数据库突显了互动新闻的前景：一个深入、沉浸式的数据库可以让用户查找市值超过 40 亿美元的大型制药公司所披露的信息。这些信息显示了公司向哪些医生支付了会谈、研究和咨询等费用。[1]这个互动程序能够让用户进行自主查询，并提供引导性的提示："你的专业保健医生收了药品公司的钱吗？"当我搜索自己的保健医生时，我知道了他被葛兰素史克（GlaxoSmithKline）公司支付了 3.5 万美元的谈话费。这促使我问为什么（答案：为了目前的研究）。这个互动产品并不是一个传统的文本故事。它利用设计在视觉上引导读者通过图表去点击和探索，通过触觉的、用户导向的、多层次的控制，从而达到获得新闻和信息的目的。在更深层次上，这个项目还突显了互动记者带给新闻业的不同技能和思维方式，这大大拓展了新闻专业的范围。

本章的重点是讨论互动新闻如何为新闻业贡献了新类型的知识，以及如何拓展了工作产品和最终的新闻专业领域。可以有很多方法思考专业是如何达成对知识的特定声张，从而建立起它们自己的专门知识的。安德鲁·阿伯特提供了本书可以使用的两种类型的专业知识：实践知识和抽象知识。他认为，使一个职业（occupation）成为一个专业（profession）有多个步骤，其中之一就是专业/实践知识的获得。这种实践知识是直接服务于客户的。换言之，它是解决问题的特定技能，相应地，也提供某种类型的产品。在本书的语境中，它服务于新闻消费者。阿伯特指出："专业知识能够为一个专业的管辖权提供一种防卫。"[2]互动新闻子专业对专业/实践知识有着独特的声张，因为互动记者了解代码。新闻编辑室的其他人不能做互动产品，正是因为他们没有这些技能。

互动产品也展示了互动记者给传统新闻工作带来的新类型的抽象知识

的方式。阿伯特解释了抽象知识如何帮助"提炼"一个专业的"问题和任务"。[3]这种抽象知识与专业系统紧密相关,并为工作如何被理解和产品最终如何被生产提供了独特的贡献。抽象知识来源于一种历史的和社会的语境,并被应用于特定的情况,而非一种"关涉某些所谓的绝对标准的抽象"。[4]正如阿伯特所主张的:"专业化的核心任务之一,在于以职业为基础的一种知识的建构。"[5]正如威尔逊·劳里所指出的,子群体控制了一个工作领域的知识库,以获得合法性和对工作的控制,帮助子群体培育凝聚力。[6]在这种情况下,我们可以把有关新闻的抽象知识看成是新闻规范,从而去理解生产新闻的工作,也就是西尔维奥·韦斯博德认为的记者在大千世界中发现新闻的特殊能力。[7]

同时,互动新闻这个子专业改变了新闻业的任务,并贡献了抽象知识的新类型,因为它完善了新闻专业的工作——通过不同类型的思维方式,尽管可能并不完全是新的规范。这是很重要的,因为如果没有抽象知识,子群体(以及更一般的专业)将无法在概念上重新定义和定位这个专业。正如我们在本书中所发现的,互动记者子群体和传统记者之间几乎没有什么冲突,这恰如有些人所期望的那样。[8]一个原因可能是,互动记者确实被视为新闻编辑室的英雄。尽管他们接受了新闻编辑室如何做新闻的主导性规范,但互动记者仍然能够挑战和拓展记者思考传统新闻工作的看法。[9]尽管如此,新旧思维方式的结合还是能凝结成一个一致的新闻产品。[10]

《给医生的钱》这个互动产品整合了五种不同的互动新闻方式,为从事新闻工作增添了新的抽象知识类型:建造式新闻、近/远式新闻、开放性、自己了解式新闻(see-it-for-yourself journalism),以及对重新定位核心段落(nut-graf)的关注。《给医生的钱》提供了一个面向外部的工具的例子,它可以让用户搜索关于自己保健医生的信息。这是一个在既有 Web 架构分层之上的软件应用程序。这种聚焦于为新闻产品建造工具和应用程序的新闻,我称之为"建造式新闻"。在此,新闻被理解为构造一个产品。这个互动产品给用户提供机会去搜索与个人相关的信息,就像我对我的医生所做的那样,并且从中还可以看到全国的情况,比如佛罗里达的医生收到了超过

3.38亿美元的医药公司付款。这是近/远式思考新闻的方法，在这种新闻里，个人——用户真实具体的个人细节——和公众被整合在一个体验中。

其他人也观察到了《给医生的钱》的上述特征。克里斯·安德森、埃米莉·贝尔和克莱·舍基写道：

> 《给医生的钱》不仅仅是一种新的报告，也是一种新类型的报道。虽然使用的大部分数据是可以公开获得的，但这些数据并没有以一种可使用的形式加以集中化或标准化……此外，这个数据库提供任何本地的新闻报道都能获得的数据：个人用户可以将他们医生的名字输入数据库，并得到一个定制的报告。数据库对公开可获得的数据进行收集和组织，因此成为一个全国的、地方的以及个人的报道平台。[11]

因此，这种近/远式的方法就是一种"新类型的报道"。

此外，《给医生的钱》这个项目体现了"开放性"，或是将新闻工作处理成对公众可见的过程的一种方式。互动记者在"书呆子"（Nerds）博客上写下了关于制作这个项目的"奋斗史"，这使"数据记者和新闻编辑室开发人员的秘密"[12]不再成为秘密。同样，用户可以自己独立查找信息并以自己的节奏探索信息的事实——检验假设和搜索信息——构成了一种以"自己去了解"的方式思考新闻经验的基础。这种关于内容的"自己去了解"的体验，嵌入在了网络的体验中，但这种体验还没有成为传统记者思考制作新闻的一种方式。互动新闻对传统思考方式提出了挑战，但最终接受了思考新闻的主导性方式：需要生成一种连贯的叙事。尽管这个互动产品的叙事是自我引导（self-directed）的，但是它的叙事也很清楚：你的医生以及这个国家的医生，正在从药品公司那里领取数额巨大的金钱。[13]尽管是以一种不同的方式，但这些牢固立足于新闻实践的互动产品与更大新闻项目的叙事故事相联系是至关重要的。这些对新闻的处理方式，并没有在理论概念层面上解决新闻从业者如何处理这种工作类型的伦理、认识论以及规范性的问题。[14]相反，我在本书的研究中发现，这些对新闻的处理方式聚焦于互动记者如何用不同于过去的实践方式来制作新闻，这种制作新闻的方法不仅使其拥有了作为新闻子专业的专业管辖权，而且还为新闻这个专业贡献了新知识——思考新闻工作的新方式。

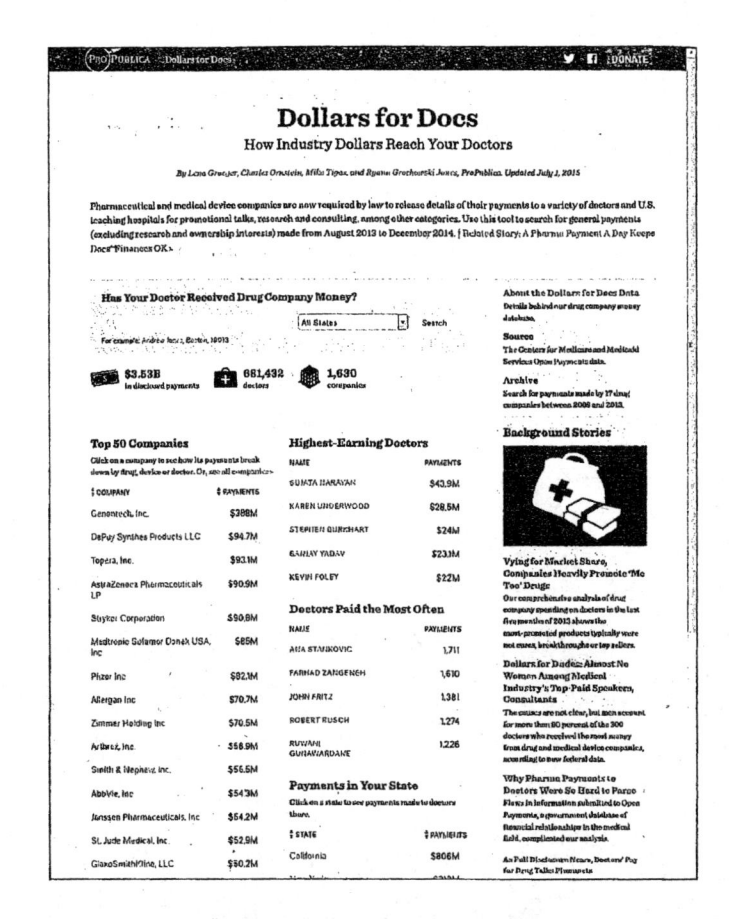

《给医生的钱》，来自为了公众网

　　互动记者凭借新类型的技能，从编程领域里带来了知识并将其与新闻工作相结合，从而改变了制作新闻的方式，并呈现出不同的做新闻的思考方法。这种实践和抽象的知识挑战和扩展了新闻专业，互动记者对自己拥有的给用户提供这种体验类型的能力做出了独特的声张。如果没有编码技能，这个项目就不会产生。本章的内容从对成为一个互动记者所需要的不同类型的技能的分析开始，重点放在互动记者带给传统新闻业的抽象知识的类型，以及接下来要表达的思考和开展工作的方式方面。这些新的理解拓宽了从事新闻工作的意义。

技能

对传统新闻职位的招聘和互动新闻职位的招聘的比较，揭示了当涉及不同职位的不同技能类型时，新闻编辑室用人需求的差异。这些差异展示了互动记者当前带给新闻专业的独特技能。为了强调这种并置比较，请思考以下传统新闻工作的职位描述，就像下面这份《华尔街日报》招聘启事一样：

记者-纽约

职位要求：《华尔街日报》的法律部正在寻求一名积极而独立的记者，来报道美国各地的法律问题。期望此人能胜任突发新闻以及重要案件，特别是那些发生在纽约地区并在全国其他司法辖区引起关注的案件的前导性报道。此人还需要在诸如恐怖主义、网络犯罪，以及全国范围的法律实施趋势等重大议题上提出有想法的工作计划。

从起诉奥萨马·本·拉登（Osama bin Laden）的女婿和诸如 Anonymous 这样的黑客组织，到调查比特币这样的虚拟货币和类似"丝路"（Silk Road）这样的在线黑市，这类重磅报道已经成为《华尔街日报》所有报道的中心，是头版和其他栏目封面的常规新闻来源。理想的职位候选人需要拥有开发深层次消息源、快速掌握一组主题的多方面意涵，以及与机构中其他记者和部门密切合作等可靠能力。他将是一个有着好奇心和质疑精神的积极主动的人，并且至少有三年的日常新闻报道经验。[15]

这个招聘职位所需的关键技能与他作为记者所能做的事情几乎完全相关。比如"理想的候选人需要拥有开发深层次消息源的可靠能力"，以及"提出有想法的工作计划"和"胜任突发新闻报道"的能力；再如，这类重磅报道还经常作为头版新闻。这个招聘启事甚至没有讨论网络。

其他的编辑岗位也表明，对同样新闻类型的关注至少在过去的 50 年中一直如此。即使那些要求数字排版的新闻编辑室，仍然会提出我们能想到的传统新闻技能的要求。看一下来自西雅图的《陌生人》(*The Stranger*)报上每周古怪而语带得意的招聘广告：

> 我们正在寻找一个好奇心强、精力充沛的新闻狂人，致力于为《陌生人》报道全美国发展最快的大城市。在时间管理方面，他必须达到黑带（black belt）① 水准，并时刻准备投入任何媒体上的采写工作，特别是最受欢迎的博客版和印刷版。
>
> 如果你相信扎实的报道在这个堕落的世界仍然占有一席之地，如果你对文件挖掘比对教条更感兴趣，如果你有想让人聆听的声音，我们希望听到你的声音！（还有，如果你懂得"来之能战"是什么意思，请尽快联系我们。）请发送一封简短的求职信、你最好最诚实的简历，以及一些最引人注目的工作经历给 newsjob@thestranger.com。没有电话。非诚勿扰。（我们会保存您的简历。）

这个"新闻狂人"要准备好在任何媒体上写作，但要聚焦于"扎实的报道"和"声音"上。这名记者也将成为一名扎实的文件挖掘者。这表明了《陌生人》需要一个调查报道记者。注意，文件挖掘者是与传统新闻相关联，而不是与数据新闻相关联的。这个广告是一个优秀的、老式的新闻岗位招聘启事，因为它明确地说出"如果你相信扎实的报道在这个堕落的世界仍然占有一席之地"。

当然，如果你去观察招聘摄影师和摄像师的广告，你会发现他们需要展现一套不同的技能，而不仅仅是报道和编辑的证书。这些参数指标表明这些团体是如何参与组成新闻专业的子专业的。但是，互动记者的招聘广告不同于历史上出现在新闻里的各类广告。摄影师、摄像师、设计师以及其他专家长期以来都是新闻专业的一部分。因此，可以看看一些寻求程序员记者、黑客记者和数据记者的招聘广告，它们经常列举一套与编程相关的不同技能，以及处理新闻工作的其他方法。看一下《芝加哥论坛报》新

---

① 黑带本指柔道等级，一般一到五段为黑带。此处指能系统、熟练地运用时间管理工具和方法的高手。——译者注

闻应用程序团队的招聘广告[16]：

我们在招聘：为公共利益使用代码，让你的母亲为你骄傲。

要求：

- 对新闻充满热情。
- 严谨的编程技巧。
- 理解网络的内部运作。
- 注重细节和爱制作东西。
- 真诚友善的性格。

我们需要一个了不起的黑客。他应该热衷于学习编程语言，能够使用最好的工具工作，并且能完成任务。

我们是多面手，希望你也是。随时可以用 HTML5 + CSS3 实现自适应网页设计，和你身边的记者一起探索数据库，或者帮助服务器加速运转。

如果你有以下技能，将会加分……

- 数据科学。
- 信息设计。
- 用户体验/可用性。
- 维护高性能的网站。
- 平面设计。

给我一点时间来说服你。

新闻编辑室是一个熔炉。我们根据严格的截稿时间，紧凑地按日程安排和开展工作。虽然这看起来很有压力，但也有很大的好处。每隔几周，我们就能从错误中吸取教训，完善我们的技术。这是一个快速变化的、不稳定的开发环境，它将使你成为一个更好的程序员。

并且，这是一个非常好的时机。

广告提出了制作互动产品所需的用人要求：一个了解网络内部运作的用户体验专家。这个广告不是典型的传统记者的招聘广告。相反，这是一个要求了解用户网络行为方式的黑客招聘广告。这个人要能编程、能建造、能设计,还要了解像 HTML5、CSS3 这样的语言,这对于自适应网页设计来说是至关重要的。值得注意的是,在这个招聘广告中,实际上没有要求求职者以前必须是记者。

《纽约每日新闻》(*The New York Daily News*)在美国计算机辅助报道研究所的电子邮件组里发布了类似的招聘广告[17]:

职位描述:数据记者。

《纽约每日新闻》正在寻找一位具有新闻领域背景的数据和编程高手加入我们日益壮大的互动团队。这一职位的工作内容主要涉及数据分析、网页抓取、建造内部新闻应用程序和移动-响应式互动数据可视化、处理信息自由的请求和报告。你将与记者团队、设计者团队、开发者团队和多媒体制作团队一起工作,创建热门的动态打印和网络包。你从事的将是把地方和全国的项目混合在一起的工作。你要有独立的想法并与其他记者合作,制作长期的调查性报道、突发新闻规划和可搜索的数据库……

所需技能:

● 能够与多个编辑部门协作。

● 能够使用诸如 MySQL、Caspio、NaviCat、PostgreSQL、Google Refine 以及 Tableau 等程序,执行高级数据分析。

● 具有使用 JavaScript 和 PHP、Python 或 Ruby 的编程技能。

● 能够使用诸如 D3、Highcharts、QGis、ArcGIS、MapBox、Leaflet、CartoDB 和谷歌融合等工具,来进行数据的可视化。

● 拥有能够打赢"信息自由"官司的良好记录,具有在数字的海洋中找到大故事的强大新闻判断力,以及将其报道出来的能力。

● 参与开放源码社区,以及维护一个 GitHub 存储库。

● 愿意参加对记者进行的有关数据技能的培训,在整个新闻编辑室培养获取和分析数据的文化。

● 遵守通过参加培训和会议形成的要掌握新技能的持续性承诺。

这个招聘广告几乎涵盖了所有要点,这让一些从业者甚至可能觉得可笑，但它表明了新闻编辑室对技能的要求。它们所需要的是有着严谨的数据新闻技能的黑客/程序员记者。《纽约每日新闻》希望找到能使用像谷歌融合、CartoDB 和 Tableau 这样预制工具的人，而使用这些工具对编程没有要求。但是这个招聘广告也列举了一个冗长的编程要求的清单：D3、PostgreSQL、PHP、Python、Ruby 和 JavaScript。更不用说还要维护可存放开源代码的 GitHub 存储库。《纽约每日新闻》也在尝试雇用一个能制作互动产品以及进行新闻报道的人，甚至对其提出了应对《信息自由法案》的能力要求。这个广告正在寻求"一个数据和编程的高手"。

这些招聘广告强调了互动新闻所要求的实践类型的知识。值得注意的是，它们与传统的新闻报道工作的招聘广告十分不同，后者的关注点在于，具有根据标准的新闻流程进行编写和收集信息的能力。比较而言，互动新闻的招聘广告则强调了对拥有专门知识的从业者的需求，特别是在代码方面。在这些招聘广告中，有传统新闻方面的内容，比如使用数据去帮助制作新闻故事，也有注重编程技巧方面的内容。正如阿伯特所洞见的，建立特定工作领域的重要标志之一是技能的习得，很清楚，在这方面互动记者与传统记者是十分不同的。但是，这里还有他们带给新闻业的一种抽象层次的知识，这种知识进一步拓展了新闻专业。这种抽象知识提供了一种不同的思考新闻的方式，这不仅确立了其所在子领域的独特性，而且也有助于从整体上拓展新闻这个专业。

建造式新闻

很多新闻编辑室都把它们的互动团队叫作新闻应用程序团队，为了公众网、美国公共广播电台，还有《芝加哥论坛报》《得克萨斯论坛报》《西雅图时报》等等，都是如此。《华尔街日报》将其团队名称从"互动图形"改为"新闻应用程序"。这是为什么？当为了公众网创造出来这一术语时，斯科特·克莱因和布赖恩·博耶认为，这种新闻类型应该被称为"新闻应用程序"，以表达对应用性新闻（applied news）的敬意，就像应用数学或计算机科学那样。上述这些领域与制造业有着密切的联系，其思维聚焦于制造供人们使用的产品。

"新闻应用程序"这一名称是一个很好的隐喻，用来描述互动记者思考新闻的一种不同方式。他们建造新闻，而这种新类型新闻被我称为"建造式新闻"，这是一种专注于使用代码制作工具，来改进新闻产品和新闻流程的方法。建造式新闻还意味着在为网络、移动设备或平板电脑等基本的内容管理系统创建的新技术层之上建造软件应用程序。新闻被处理成一种可以被建造的工作尝试。为新闻流程而建造，意味着要思考如何制作工具以便更容易进行新闻工作。为新闻产品而建造，意味着要建造应用程序以利用软件帮助讲故事。

建造式新闻来自对技术进行思考的一个更大的传统——经常被指涉为"制作"（making）或"制作者文化"（maker culture）。那些讨论制作者文化的人解释了为何制作会成为人类文化的核心。正如戴尔·多尔蒂（Dale Dougherty）所解释的："我们都是制作者。我们生来就是制作者。我们有这种制作东西、用我们的双手抓住东西的能力。"[18]

这种制作的想法和黑客行为之间有着很强的关联。在互联网的早期，当技术不那么成熟的时候，程序员和业余爱好者不仅努力建造更好的程序，而且努力建造更好的硬件，以便在整个新平台上进行交流。[19]斯图尔特·布兰德（Stuart Brand）的《全球概览》一书，用蓬勃发展的网络世界鼓励了实验活动。[20]之后，软件发行专家、思想家蒂姆·奥莱利（Tim O'Reilly），推出了一份致力于建造技术实验的叫作《制作》（MAKE）的杂志。[21]

软件和创新领域的其他主要思想家也进一步强调了黑客思想和制作思想之间的联系。保罗·格雷厄姆（Paul Graham）是Y组合（Y-Combinator）创业孵化公司的创始人，他自己也是一名传奇黑客。他把黑客行为描述为一种类似于绘画的技艺，因为两者都专注于制作："黑客行为和绘画有很多共同之处。事实上，在我所认识的所有不同类型的人里，黑客和画家是最相似的。黑客和画家的共通之处在于他们都是制作者。与作曲家、建筑师和作家一道，黑客和画家们正在努力去做的是制作出好的东西。"[22]黑客作为制作者，正在从事建造和完善他们所看到的东西的工作。在新闻领域，这种制作意味着为新闻建造工具和软件。用我创造的术语来说，这是一种建造式新闻理念。

谈论建造

互动记者不谈论写作、拍摄照片或录音，他们经常谈论的是"建造"。很多互动记者会详细说明他们如何从事制作自己项目的工作，而且我们也可以了解，有多少建造的思想进入到了他们对所做事情的描述之中。这种建造回顾了制作的思想，通过做（doing）黑客工作而达到一致。在这些记者的博客中，很多人不断地描述他们是如何开展项目的，并反复使用"建造"这个术语。《芝加哥论坛报》新闻应用程序博客就是一个例子：

> 2014 年 3 月 7 日[23]
>
> 所以，你开始用 D3 建造图表，并且很快意识到你要使所有的图表都是确定的。
>
> 2014 年 2 月 17 日[24]
>
> 几个月前，我们建造了一个可重复使用的 JavaScript 应用程序，来为某种情况提供接口（API）。需求方要求独立的可搜索的事件列表、可嵌入日历和活动预告的窗体小部件，以及谷歌日历、脸书和桌面日历软件的集成等。
>
> 我们的想法是，用顶部的搜索框和事件列表旁边的日历，建造一个简单的事件列表。

专注于解释博客中的代码，有助于说明为了达到新目的而加入改进现有代码的过程的程度。这种建造工作是以项目为基础的，旨在帮助构建一个面向外部的图表，以便帮助讲述新闻故事。

《纽约时报》的开放博客（Open Blog）使用了类似的语言：

> 在《纽约时报》，我们使用了一个用 Python 建造的功能自动化框架。在这个框架之上，我们利用 nose 单元测试框架（unit-testing frame-

work)① 来检测和运行。我们的框架使用 Python 的记录模块建造了大量的自动记录（服务请求和响应、网页上的表单操作、数据库查询等）。[25]

我们可以了解到建立在框架基础之上的特定语言。这就是在既有的接口新代码基础上进行概念分层，以创建一个以前不存在的应用程序。这是一个过程项目的例子，一个旨在使收集数据变得更容易的软件应用程序——改进完成新闻的方式。

工具建造

聚焦于建造工具可以改善新闻输出的过程和产品，这或许是互动记者正在考虑用新方式从事新闻工作的最明显的表现之一。他们的工具使新闻工作成为可能，并且是构建和制作新闻的基础。互动记者不仅要思考故事，还要思考如何让做新闻变得更容易。与以往任何时候相比，现在使用代码帮助创建如此大规模的编辑产品已经成为新闻不可或缺的一部分。

一个工具可以反复使用。事实上，当没有任何编程知识的人可以很容易地使用这些工具时，它们就发挥了全部的潜力。在大多数情况下，这些被建造的工具可帮助使用数据，让数据记者和其他记者更容易理解他们正在查看的内容。制作这些工具的能力，来源于目前编程和计算机领域可能的进步。虽然一些工具以前就以原始形式存在，但是如今可用的工具提供了可视化、收集和分析数据的新方法。

工具可以是面向内部的，也可以是面向外部的。我的意思是，有些工具是为了辅助记者，而其他的工具是为了服务民众。但是记者们倾向于在会议上和彼此间谈论的大多数工具，是帮助记者做新闻的工具。这些工具通常是开源的，其作用是在其他新闻采集工作中被使用和再利用。考察一下其中的一些工具，我们就能洞察到当互动记者使用编程手段解决较大的

---

① 单元测试是指对软件中的最小可测试单元进行检查和验证。nose 单元测试框架是软件开发中常用的测试框架。——译者注

新闻问题时他们所持有的哲学方法，并且揭示出一种使整个新闻编辑室的数据分析变得更容易的期待。

一个聚焦过程（process-focused）的工具是 Overview 软件。与美联社和奈特基金会合作的乔纳森·斯特雷在 2010 年的秋天开始寻求通过计算机编程将大量的数据进行可视化。他在 2014 年柏林举行的开创性新闻会议（Groundbreaking Journalism Conference）之前的讲话，解释了这个工具的源起和对它的期望。[26]他的这项工作始于维基解密（WilkiLeaks）的数据——他在会议上指出，25 万份外交电文的转储，可能需要三年时间才能全部读完。大部分记者在用电脑搜索他们想象的、可能创造有趣故事的特定术语，或者使用程序来可视化数据。但是他们忽略了一个重要方面：查看文档中的每个单词。

斯特雷的创新之处在于考察包含在文件中的文本，以便找出通过文本搜索无法被发现的故事。这些故事建立在记者们已经有了一些直觉想法的基础上。通过文档的实际文本搜索，斯特雷的程序可以将文档彼此之间的关系可视化，一起显示出相似的数据模式。

在初步报告中，他看到了一些显著的趋向，例如来自伊拉克内战的暴力。但正如他所承认的，这是记者已经知道的事情。记者们没有意识到的是油罐车爆炸周围损伤的严重程度，而这种情况通过可视化是可以被揭示的。可视化每个文件的全部文本，能够让记者找到他们此前不知道要寻找的东西。

这个工具一开始并不可用，但是通过不断地改进，它已经成为全美一些记者真正会使用并正在开始使用的一个工具。正如斯特雷所说，它是一种"可重复的技术"———一个工具。Overview 的主页介绍了这款软件的一些成果。[27]已经完成的诸多项目中包括一个叫《每日新闻》（Newsday）的产品，它通过文件展示了警方的不当行为，其中包括7 000页的副本和1 700个州的法律提案。这个产品入围了 2013 年普利策奖的决选。圣路易斯公共广播电台（St. Louis Public Radio）的一名记者使用 Overview 来分析密苏里州的死刑文件，查看该州是否正在使用一种有争议的致命注射药物。他发现确实存在这种现象,尽管也存在相反的说法。[28]

这个聚焦过程的工具,有助于记者更容易地从事他们的工作,简化了处理大规模数据的任务。它解决了太多具有故事性的文档可能被遗漏的这一特殊问题。现在,这个项目一直在不断改进,斯特雷也在寻找资金继续他的工作。这个工具是一个重要的进步,有助于思考当只有很少的人和很少的钱时,如何最好地利用资源进行调查性报道。

其他工具也适用于整理数据。PANDA,一款新闻编辑室数据应用(a newsroom data appliance),是 2011 年由博耶、格姆斯卡以及其他人开创的一个项目。PANDA 也是由奈特基金会资助的,目标是帮助新闻编辑室的员工查看他们已经收集到的数据。这个项目提供了一个可搜索的数据库,汇总了从水安全记录、警务记录到竞选捐赠记录的所有可用的数据。本质上,它是一个"新闻编辑室数据图书馆"。[29]在理想的情况下,新闻编辑室的任何一个记者都可以使用这个工具对新闻编辑室的任何数据库进行谷歌式的跨库搜索。例如,使用 PANDA 项目的一个场景:某人正陷于车祸之中——用 PANDA 进行简单搜索就会查找到包含这个人名字的每个数据库。这有助于丰富具有截稿时间的新闻报道背景,而这些背景通过另外的方式是很难找到的。

更重要的是,建立新闻编辑室数据图书馆的想法,将解决记者们在他们的硬盘上存储数据的问题。PANDA 项目始于《芝加哥论坛报》,在那里这些互动记者意识到,他们已经最大限度地利用了原来老旧的数据系统。以前的系统是很受欢迎的,但不允许新闻编辑室里的人贡献数据。老系统也很难维护,而且无法涵盖《芝加哥论坛报》所需要的所有有广度和深度的信息,因为传统记者根本无法上传或更新由新闻编辑室进行保管的中央存储库的信息。新系统将成为一个数据存储库,它可以保存数百万行数据。[30]

PANDA 可以让记者通过初级的一步式方法,很容易地上传他找到的数据。然后,这些数据将被清洗,在 PANDA 的界面中变得更容易搜索。所以,每当记者通过 PANDA 网络浏览器找到一个新数据库时,PANDA 就会完成上述行为。正如博耶所解释的："存留于你硬盘上的电子表格是土气过时的电子表格。"PANDA 项目现在被认为是调查新闻报道的重要创新。它目前由"调查记者与编辑"（Investigative Reporters and Editors）这个机构维持运转。PANDA 从问世之初开始，就抓住了传统新闻业艰难时期的一个重点，因而表明了它能做什么的主张——帮助机构"记忆"。当记者离开新闻编辑室时，他们的数据可能会与之一同离开，除非它们可以被新闻编辑室共享。PANDA 项目提供了解决方案。它还增加了一个电子邮件提醒功能，让人们知道一个特定偏好的搜索什么时候有新结果。

PANDA 项目再一次证明了在新闻服务中使用工具的潜在可行性。这是一个聚焦流程的工具，目的是辅助新闻工作流程，并解决与新闻采集有关的问题。安装 PANDA 需要一些技巧，但对任何只知道如何搜索的记者来说，使用它（一旦它成为新闻编辑室的一部分）都是很容易的，它会使新闻工作变得更为方便。这个应用程序是建造式新闻的一个例子。它是通过编码创建的，作为现有新闻报道的附加层次用以提高新闻工作效率。它还为建造式新闻增加了另一个维度，使其具备在新闻编辑室内部跨项目的潜力，而其他新闻编辑室也可申请使用该应用程序。

除了为记者服务的内部工具，也有很多工具是面向公众的。其中，一个产品导向的工具是"文档云"（Document Cloud）。它是由《纽约时报》和为了公众网的三名记者发起的一个项目，旨在解决有关文档的一个常见问题——它们很难搜索、注释和共享。联合创始人斯科特·克莱因在第一次会议留下的笔记里提出了这样的想法："这个项目将与网络上源文档的'暗网'本质进行斗争。在这样的网络里，当一个新闻机构讲述一个特定故事时，文档很难被找到而且经常会消失。"[31]

文档云可以用于被微软办公软件读取的任何类型的文档——可检索或不可检索。在最常见的应用程序中，文档云通过文字识别过程处理普通的 PDF 文档，以便人们可以轻松通过关键词搜索到它们。这个工具使记者能够围绕关键日期建立时间线。文件可以很容易地嵌入新闻网站来方便公众阅读。或许最重要的是，该工具赋予了记者和公众给在网络上发布的文件做注释的能力。

可注释性是一种重要特性。首先，记者可以把注意力集中在他们可能在故事中强调的基本事实上，或者是集中在那些没有进入叙述，但也可能是需要提醒读者注意的重要事实上。可做注释的功能也有助于收集信息——读者也可以给这些文件做注释，为记者提供另一组视角。大量的文档现在都可"众包"给广大受众。能够方便地在线发布文档为用户提供了了解身边故事并对报道工作做出潜在贡献的一种新方法。这个功能不仅允许用户进行探索，帮助读者得出自己关于故事的结论，而且还可以帮助其建立伙伴关系。每个注释都有它自己的 URL，这意味着每个评论都可以被追踪，并且可以被记者通过搜寻和检查追踪到。联合创始人阿隆·菲尔霍夫认为，这是一个可以横跨很多新闻编辑室的标准工具，并且截至 2012 年，它已经托管了超过 400 万页的文件。[32]这是一种以容易阅读的格式提供的显示新闻输出产品的工具——从报告中收集的文档。

一个广泛的合作伙伴网络支持着这种面向内部/外部的工具。《纽约时报》《拉斯维加斯太阳报》《纽约客》《洛杉矶时报》《芝加哥论坛报》，以及很多其他的新闻编辑室都是该项目的赞助者。始于最初的奈特基金会，这个项目现在由 IRE 通过黑客记者团队和程序员记者团队在维持运转。这个工具做出了重要贡献，因为它是可预制的、可用的，并且容易在多种背景下的各种故事中被使用。

在芝加哥，新闻应用程序团队已经建造了大量实用的工具，包括用户可以看到的前端应用程序（front-end applications），以及其他开发人员可以使用的后端工具（back-end tools）。在 2013 年，他们创建了一个名为"芝加哥枪击受害者"（Chicago Shooting Victims）的前向（forward-facing）新闻应用程序。[33]这款应用程序追踪了"芝加哥枪击事件发生的时间和地点"。互动记者安迪·博伊尔（Andy Boyle）在新闻应用的博客上详细解释了这一过程：由于芝加哥警方将每个枪击事件都作为单个事件加以记录，而不管受害者的人数如何，因而实际受害者的人数可能会更多，这就是《芝加哥论坛报》的报道要增加的潜台词。《芝加哥论坛报》的记者使用一个电子表格来追踪细节，并且新闻应用程序团队建造了一个地图和一个输入到这个单一目的地的更新列表。这张地图包括了展示每个事件的可点击按钮，阴影程度反映了这些枪击事件发生的频率。但是，这个地图需要根据代码段进行建造。

《芝加哥枪击受害者》，来自《芝加哥论坛报》

这个互动产品可以帮助用户查看芝加哥所有的枪击事件。对于那些希望深入了解自己的社区正在发生什么的人来说，这是一个很好的工具。这个面向外部的应用程序，是在《芝加哥论坛报》既有的平台之上建造的应用程序，提供了一种关于故事的软件体验。

建造式新闻总况

建造式新闻是黑客文化中类似于"制作"行为的一种延伸。记者们通过玩转技术来制作项目，以解决问题。他们凭着自己的创造力，白手起家地使用代码建造或制作新类型的应用程序和工具。这些记者通过谈论"建造"表明了一种思考新闻的新方式：通过创建工具和应用程序，一种尝试可以被提升、完善，从而通过软件促进新闻业务的发展。将工具包括在新闻输出中是一种新的现象。这些工具对新闻的流程（使做新闻变得更容易）和新闻的产品（公众可以看到的面向外部的应用程序）都能做出贡献。因此，新闻可以以一种工具的形式存在。

有关建造式新闻的谈话中所固有的行话，与传统记者对他们自己工作的谈论完全不同。前者几乎没有讨论实际的新闻目标，而是聚焦于对产品制作的讨论。然而，建造式新闻是思考新闻的一个基本方面，它与产品的制作和提升新闻质量的流程直接相关。建造式新闻的总体目标是制作一些能为新闻做出贡献的东西，并且产品就是新闻本身。谈论制作新闻软件的程序输入方式，最终仍是落脚在为新闻服务方面。

建造式新闻对新闻的未来十分重要。学术研究表明，工具建造（tool-building）对于今天新闻业的困境而言是一个可行的解决方案。萨拉·科恩（Sarah Cohen）、詹姆斯·汉密尔顿（James Hamilton）以及弗雷德·特纳（Fred Turner）发现了数据新闻领域的大量困难实际上可通过计算工作加以解决。匹配两个数据集非常困难，特别是很多数据集都包含着错误。[34]根据手写笔记、大量消息源，以及音频、视觉数据等不同材料编译数据，是存在的另一个挑战。鉴于这种多样的数据呈现以及数据集的规模，信息提取尤其困难。文档分组（grouping documents）是另一个有用的工具。[35]我们可以看到——就像"文档云"这个项目那样——新闻编辑室开始合作解决问题，并使新闻工作更有效率。总的来说，建造式新闻直接唤起了与黑客文化紧密相连的一些基本思想——应用到新闻上。内嵌在这种工作中的是制作某种东西的渴望。这些"工具"是建造式新闻的一种表达，是互动记者对扩展了新闻专业的新型抽象知识做出贡献的一种方式。

近/远

互动新闻可以使人们对新闻进行思考，因为它既适用于读者个人，也适用于更广泛的公共关切。这是一种看待新闻的"近"与"远"的视角，通常包含在很多类型的互动产品中。"近"的视角，可以让用户放大并清楚地看到一个主题是如何影响他们的：他们可以选择数据点，或者指定独有的、特定的兴趣领域，然后可以看到结果。但也有一个"远"的视角——互动产品包含一个十分宏大的故事，牵涉到特定的问题会如何影响被数据涵盖的每个人。两种不同的叙事切入点，以一种既提供经验又提供社会背景的有组织的方式来讲述故事。从近和远的视角讲故事的实践，使故事具有了在更广泛的社会背景中产生共鸣，以及进入用户"自家后院"的能力。[36]

有两个例子能为这种近/远视角做注解。纽约公共之声是纽约市首屈一指的公共广播电台，它位于索霍区（SoHo）一个明亮高耸的大楼内，这个电台引起了全市范围内对生活质量问题——城市自行车（Citi Bike）这个新的共享单车项目中存在的大量运行中断的问题——的关注。这个项目对纽约人日常出行决策产生了实际的影响。而在距离华尔街仅有几站地铁路程的为了公众网的公司，互动记者创建了一个数据库，用来展示如何将像教育不平等这样的社会问题在全国和个人层面上传达给广泛的听众。总之，这些互动团队找到了使用不同类型的互动产品来创造同样效果的方法：以一个故事的近和远两个视角，提供给人们探索数据的机会。

纽约公共之声的约翰·基夫是数据新闻与新闻技术部门的高级编辑，他解释说，他所做的大部分工作就是把"宏观"和"微观"结合起来。纽约城市自行车的互动项目，就表明了这种工作中的相互作用。在2013年5月，由花旗银行（Citibank）赞助（但由纽约市管理）的共享自行车成为纽约城市交通环境的一部分。共享单车项目从很多方面来看都是非常成功的，但有一个问题:很多车站都存在运行故障。这造成的实际后果是,如果接驳站出现故障,依赖自行车去上班的用户就可能会迟到,或者可能需要找出另一种路线,有时那些想要归还自行车的人会发现自己运气不好,最坏的后果可能是因为没有归还而被罚款,甚至被指控偷盗了自行车。

那么,纽约公共之声可以做什么呢?当时,这个电台有一个非常新的互动新闻团队,它的推特签名自我描述为"实践数据驱动的新闻,使其视觉化并展示我们的工作"。基夫和他的团队开始考虑如何使用数据来讲述发生在纽约共享单车身上的故事。基夫很快就发现,可以从纽约市政方面得到有关自行车的软件应用程序接口(API)。"你可以去一个车站,找找那里有多少辆自行车……每两分钟就获得一次数据。"[37]

这并不是一个对纽约人的安全和福祉构成严重挑战的问题。但实际上,这是一个值得关注的生活质量问题。正如基夫所指出的:"数据集很有趣。我们听到了坊间的抱怨。我们说那让我们看看数据吧。"值得注意的是,这些数据可以告诉我们最有用的事情之一:有多少辆自行车可供使用。这对任何需要掌握基础生活信息的纽约人来说都是一个非常大的帮助。比如,有没有自行车可以使用,有没有可以停靠自行车的地方。这款应用程序正在帮人们消除共享自行车体验中的困惑。如果你需要找到一辆自行车来使用,而一个共享车站停用了,那么你可以去下一个。或者,如果一个共享车站没有自行车,而你却急需一辆,那么附近的车站可以给你提供一辆。对于使用公开可获得的数据,这里有一个窍门:城市自行车项目的数据并不能说明车站本身是否停运,但能体现车辆数据保持不变超过3个小时。基夫认为,数据3个小时不变,"我们可以合理推测出没人在使用它,或者它们已经损坏"。基夫和他的团队当时正在制作那个项目,并把它放在一个可公开获得的、容易读懂的地图上。这就是近的视角。这是一个人需要知道的伴随他日常生活的数据:共享自行车的停靠站在工作吗?有足够的自行车吗?下一辆自行车有地方可以停靠吗?[38]

这也是一个有关城市及公众责任感的项目,因此,也是远的视角。互动团队可以确定,大约10%的自行车接驳站在3小时以上的时间内处于休眠状态，尽管城市管理部门不会承认这些站点已经损坏。正如基夫在后续的电子邮件中告诉我的："我们决定在日间追踪那些看起来没有采取行动的车站——基本上维持静态的自行车数量或车位数量，并且标记那些休眠时间过长的车站。"起初，城市管理者根本不发声，但是坊间消息源和实地报道（shoe-leather reporting）填补了议题空白。远的视角开始出现。纽约的城市共享自行车的状况，可以很容易地通过一个清晰、可点击的地图看到。

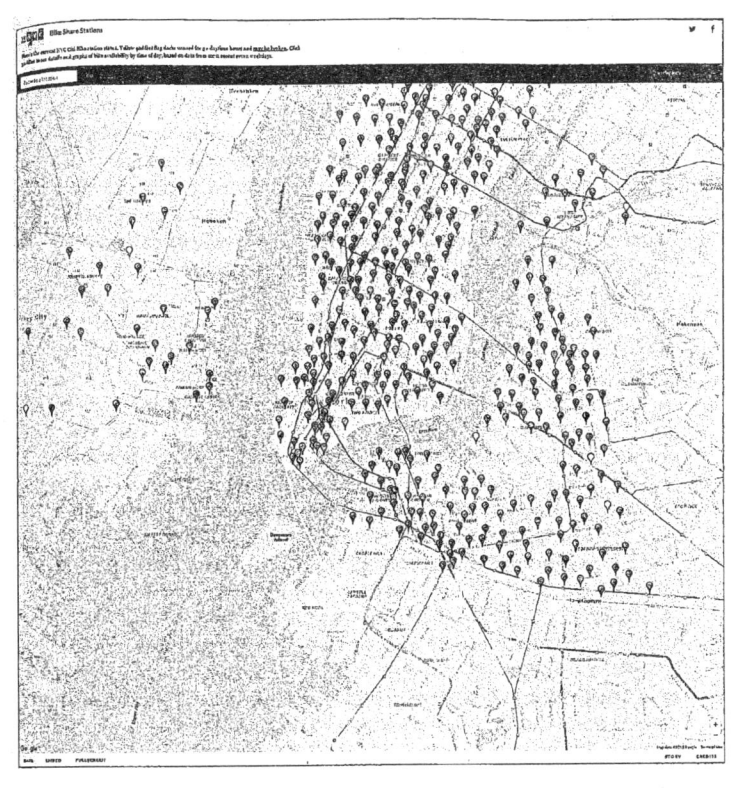

《共享自行车车站》，来自纽约公共之声

基夫解释说，纽约公共之声报道了关于共享单车接驳站的故事，因为它们"一直在保持监测"。他说："在新闻报道后的几周里，自行车运行中断现象就减少了。"他在给我的电子邮件里补充说："在报道之后，休眠站点的数量开始下降，并且我们的报道发现，一些车站中的城市共享单车通过排除某些技术故障继续在工作。"[39]纽约公共之声的互动团队在一定程度上解决了普通纽约人所面临的问题，也让纽约城市管理部门负起了责任。

通过这种近和远的视角，基夫说他正在展示"从宏观到微观"。[40]

从上述讨论中可以看出，一种由数据驱动讲述故事的能力有多重要。过去，记者们可以使用一个能引起共鸣的人物的逸事作为导语，来写作叙事性的新闻。他们还可能会写一个有关所有纽约人都面临的复杂问题的全面报道。然而这种不断更新的数据可能有助于给上述两种做法带来新的可能——故事中没法表达出来的东西，可以靠数据驱动来做到。故事是从数据中浮现出来的，并且数据通过互动新闻得以个人化，从而帮助加强了故事的重要性。通过互动新闻，人们可以看到自己的"近"处——他们的身边发生了什么。他们也可以开始对有关城市共享单车的状况有更多了解，而不仅仅是在推特上@CitibikeNYC的账户，以及在脸书城市自行车运营方的主页上异口同声地抱怨。传统新闻可能会问"为什么这些问题会发生"，而数据能够提供关于规模、范围的确凿证据，从而提供了远的视角。多亏创建了这样一个软件应用程序，这些数据既对个人层面负责，也对公众层面负责。

在坐落于华尔街的为了公众网的办公室，斯科特·克莱因的新闻应用程序团队也在致力于那些应用近/远视角展示互动新闻的项目。在为了公众网推出的很多故事中我们都可以找到这种方法。这些故事是数据密集型的，并且通过互动式体验，个人通常可以与他们自身相关的数据发生关联。与此同时，为了公众网也建立了一个更广泛的网络，写作故事并通过远的视角为正在进行的调查现象提供背景——身边的这个问题对我们所有人来说意味着什么。

一个叫《机会鸿沟》（The Opportunity Gap）的项目有助于阐明这个近和远的视角。[41]这个互动产品通过利用大量的可获得的公开数据，对美国50个州以及哥伦比亚特区的公立学校表现提出了很多真知灼见。这个数据集涵盖了全美大约3/4的公立学校的学生数据。具有公共精神的读者被邀请来比较他所在州的差异情况。用户可以很容易地通过各种指标来比较每个州的情况：通过一个可输入地址的搜索栏，用户可以获得该州内学生参与大学预修课程、高级科学课程以及体育运动课程的相关数据；通过输入学校的名称，从获得免费午餐的学生人数到编程领域有天赋的学生人数再到以及学生的种族人数，这些即时的统计数据人们都能获得。

他们所拥有的有关这些学校的信息还"相当少"。克莱因解释说："我们只知道富人和穷人的学校是不同的。但通过数据，我们可以为人们提供个性化的服务，你可以找到新的细节。在此之前，除非你去了这些学校，否则你就不会有其他学校的例子。"[42]这些学校可以被互相比较，人们可以很容易地将位于马里兰州贝塞斯达的沃尔特·怀特曼高中（Walt Whitman High School）与巴尔的摩的维维安·托马斯医学艺术学院（Vivian T. Thomas Medical Arts Academy）进行比较。我可以看到，怀特曼高中只有2%的学生在学校吃午餐，而托马斯医学艺术学院则有81%的比例；在怀特曼高中，57%的学生接受了一门进阶先修课程，而托马斯医学艺术学院则大约只有6%。事实上，这提供了一扇窗户，通过它我们可以集中看到机会鸿沟这一现象的存在。

克莱因补充说，有了"这个大数据集，你可以找到你的学校并加深你的理解；你可以了解是否有免费午餐，以及是否有进阶先修课程测试；你可以找到你的高中或你孩子的高中，并通过有意义的信息和你自己的经历，了解、观察和比较贫穷和富有的学校"。上述状况足以让住在城镇的上了良好公立学校的人震惊，人们也可以据此与邻近地区的公立学校进行比较。比如那些有竞争意识的家长（不包括华盛顿特区的家长）应该可以发现，位于马里兰州蒙哥马利南部比较富裕地区的中学，确实如学校自己宣传的一样优质。当然，这可能是一种意料之外的后果。不管这些数据被用来做什么，它都说明了近和远的视角的作用。你可以了解你所在的州正在如何做，也可以了解你自己正在如何做。那些想要深入了解社会问题的公众、教育倡导团体，以及诸如此类的个人或组织，可以利用这些有用的、可操作的数据来获得一种远的视角。

"它是广泛而深刻的，能够影响到每个个体，"克莱因说，"它是一个从概览到具体的过程。人们最先看到的是国家地图全景和一个搜索栏，里面所有的信息都有相关的背景。你可以进行挖掘并发现自己熟悉的事物……

然后找到与全国性的问题相关的一些东西。"这种"广泛而深刻"——克莱因谈论的"个人的到全国的"——正是互动记者贡献给新闻业的近/远的视角。

互动新闻与传统新闻一个最大的不同之处，是获得个性化印象和大型图景的能力。对于传统新闻来说，通过特稿故事、逸事或引语，其目标是创造一种有联系的声音。但是寻找具体到个体的个人化体验的能力，却是这种新出现的近视角数据应用的独特结果，它通过互动新闻能够实现。传统新闻在提供远的视角方面做得不错，它用文字和图像提供了身边故事的一个更大视角，但是传统新闻在把远视角联系到近视角方面做得不够好。互动新闻通过这种将信息编排成以用户为导向的可排序、可搜索的信息的能力，把近和远的视角结合了起来。

开放性

互动记者在新闻工作中信奉开放性原则。这是来自黑客文化的一种思考新闻的不同方式。这些记者从开源社区中获得了如何像程序员那样行动的启发。他们的新闻工作方式包括向其他的新闻编辑室和公众展示和分享工作内容，揭示制作新闻的过程。互动记者通过博客分享他们的奋斗和成就，以及通过在线开源存储库 GitHub 分享他们对代码的贡献。在过去，新闻编辑室从来没有向公众开放制作新闻产品的过程，而直到最近才开始将新闻采集过程与公众分享。这种为制作新闻产品而设计一个协作环境的激进方法，表明了这些互动记者贡献给传统新闻业的一套截然不同的规范。

很多亲社会的黑客文化都蕴藏着一种共享的伦理，特别是在共享代码方面。正如科尔曼所言："黑客经常致力于信息的一种伦理解释。"[43]黑客"开源"他们的代码，使任何人可以使用、改变或扩展它。埃里克·雷蒙德（Eric Raymond）的《大教堂与集市》（*The Cathedral and The Bazaar*）是一本关于开源文化的基础性著作，书中强调了这样一个重要论点：开放源码为社群制作产品提供了机会。[44]开放源码可能的"特征是非市场化、在行动者之间进行非契约的知识转移、与一组非确定的其他参与者共享相关信息而不需要任何即时的报偿。行动者们带着为共同开发做贡献的明确目标来分享他们的想法"[45]。

其他的研究者则阐明了这种与共享代码有关的文化含义。正如蒂姆·乔丹（Tim Jordan）在一篇关于黑客行为与权力的学术论文中所认为的，开源的关键特征是"可以完全访问源代码，既可以查看它也可以改变它……拥有从根本上理解程序如何工作以及介入程序的能力，改变它的运行方式"[46]。这种开放性的结果代表着一种"展示你的工作"[47]的承诺，或让人们了解你是如何建造自己的软件项目的。

这种文化不同于传统新闻业。代码和流程以某种方式进行彻底的共享，这种方式是创作一个故事的核心段落永远不会采用的。学者阿克塞尔·布伦斯（Axel Bruns）以如下方式解释了开放源码与新闻之间的差异："开放源码具有开放参与和公共评价的精神。"[48]如他所言，这是传统新闻所不具备的两个方面。正如塞思·刘易斯和我在我们的研究中发现的那样，开放源码是一种文化取向，当黑客行为与新闻相交叉时我们就可以发现这种取向。[49]围绕着解决共同问题的愿望，这种取向变成了一种集体智慧和社区参与的精神。互动新闻成为所有新闻编辑室一种新的表达共享的渠道，它试图通过软件来解决创造从事新闻工作的新方法的问题。

约翰·基夫曾是纽约公共之声新闻编辑室的传统新闻总监，他将传统新闻和互动新闻进行了对比。"共享东西不是新闻工作要做的，我们共享源（代码），但我们不共享角度。在新闻业里，这就是潜规则。当然我们之间的竞争仍然非常激烈，但这就是开放源码的文化，并且我们正在工作中进行共享和建造。"[50]其他具有传统背景的记者，阐述了开放性思想的另一个方面。在为新闻而编程的背景下，除了对竞争对手要保守项目的秘密之外，互动记者还要进一步揭示一个故事主体是如何通过代码来完成的。这在某种程度上像记者的笔记本一样是永远不会被公开的。

《纽约时报》互动新闻团队负责人、前国会报道记者阿隆·菲尔霍夫解释了为什么开放源码的实践对传统记者来说是不切实际的："在新闻编辑室的背景下,并不总是甚至(实际上)不可能以这种开放的方式来做事情。有一些天真的想法被提出来,比如完全公开调查以及公布记者的笔记。这是一个竞争性的行业,你想要透露消息源或竞争情况的想法是疯狂的。"[51] 在这种情况下,记者们共享的是代码,而不是故事线、叙事或报道的角度;在大多情况下,通过代码讲故事而非通过文字讲特定的故事是更容易地在可适应性代码上进行合作的基础。尽管如此,我们可能仍会认为,记者们应该相互竞争去制作最好的互动产品,以便超越彼此,让分散的用户聚集到他们的网站上。然而这种态度似乎并没有体现在我们所观察到的合作风格中。

通过新闻工作表达开放性

互动记者以两种重要方式体现和表达他们对开放性的承诺:第一,通过他们对 GitHub 存储库的贡献,以及他们对开源代码的使用;第二,通过他们使用的博客来记录他们的项目。上述的每一种行为,都表明他们与当前黑客文化中的共享代码和"展示工作"的基本承诺紧密结合在一起。

根据 GitHub 的网站资料,它标榜自己是"世界上最大的开源社区",在这里程序员可以"与世界"分享他们的项目。在 GitHub 上,程序员可以发布他们的代码,这样任何人都可以看到并对其做出贡献,或者查看其他人的代码,这可能有助于将其增添到自己已经建造的项目里。GitHub 作为一个"存储库"来提供服务,程序员可以在那里保存和托管他们的代码,这有助于促进项目管理。当程序员开发他们的产品时,其他人可以看到他们的进展情况——这不是以最终的形式呈现,而是展示整个过程。

虽然不是所有的新闻编辑室都能开放它们全部的源代码,但我访问过的每个新闻编辑室都有一个 GitHub 页面。半岛电视台英语频道对开源开发深表怀疑,部分原因是出于安全考虑,但即便如此它也有一个 GitHub 页面。英国广播公司新闻专题团队负责人安德鲁·莱姆多弗(Andrew Leimdorfer)表示,极为重视品牌保护的英国广播公司,也从抵制开源转向在 GitHub 上开发一些项目。[52]现在,即使是像《迈阿密先驱报》(*Miami Herald*)这样的小型报纸也有一个 GitHub 的页面，尽管在 2013 年它们的新闻编辑室只有一名黑客记者。

记者在他们的编码工作中使用和学习开放源码。《卫报》的阿拉斯泰尔·丹特解释："我们的整套工具都是开放的。我们使用了 GitHub 上大量的开放工具。"[53]《纽约时报》的蔡斯·戴维斯也同意这样的观点："得益于开放源码，我学会了阅读其他代码……它使我们变得更好，使我们更有效率。"[54] 作为一个开放的共享平台，GitHub 允许互动记者（和公众）看到这些记者成果背后的主干框架。新闻产品虽然是用代码写就的，但是并没有被掩饰起来。

很多互动新闻团队保持着博客更新，用来展示他们的工作，以及详细说明他们用代码制作各种互动产品和解决一般问题的方法。这些博客代表着对开放和协作的深度承诺。其中做得最彻底的两个博客，来自《芝加哥论坛报》和《纽约时报》的团队。从 2014 年 3 月 7 日开始，《芝加哥论坛报》新闻应用程序博客的条目开始提供常见问题的解决方案——使用编程 D3 语言创建图表，希望所有图表的可重复使用的代码能共享相同的功能。该博客提供了以下介绍，并附带执行此操作的说明：

> 下面是使用它的方法。
>
> **简单的条形图**
>
> 只是一个简单的条形图的例子。如果你不熟悉下面的代码，你可以查看迈克尔·博斯托克（Michael Bostock）的"让我们做一个条形图"。

然后，该博客在接下来的条目中为读者发布了一系列的代码，这样他们就可以利用可重复使用的代码来增强他们的图表显示效果了。

《芝加哥论坛报》的互动新闻团队历来都是由那些具有传统编程背景的人领导的，这造成了黑客新闻的强大影响力以及与开源社区的直接关联。由程序员记者领导的新闻编辑室也拥有博客并接受开放源码：从为了公众网的书呆子博客或《华盛顿邮报》在 Tumblr 上对互动产品的纪事，到纽约公共之声的数据新闻博客、美国公共广播电台的新闻应用程序博客，以及

《纽约时报》的一些成果。

以程序员记者菲尔霍夫为首,《纽约时报》用"刊登所有适合刊登的新闻(f)"(一个编码笑话)的宣传语,专门将其所维护的博客称为"开放"(open)。这个"开放"博客与《芝加哥论坛报》的博客有一些类似。在2014年3月25日,这个博客发表了一篇名为《登录PHP的成功和挑战(实际上大部分语言可能也是如此)》的文章。这篇博文想帮助程序员查看他们网站可能存在的一些潜在问题,并将更多的代码提供给了公众。正如博文所解释的:

> 为了建造我们的工具,我们从我们所期望的日志行格式开始:% date time% %serverName% %uniqueId% %debugLevelName% | [%codeInfo%] %message% 。

虽然《纽约时报》网站的全部内容并没有被完全展示出来,但是解决这个问题的核心方法可以提供给任何有类似问题的人。这篇博文还解释说,互动团队决定优先考虑建立一个开放源码图书馆——这是新闻编辑室对在新闻编程中努力接受开源逻辑和实践运动的另一个证明。这些互动团队都由程序员记者和黑客记者领导,象征着互动记者在文化开放性上的总体承诺。这些互动团队正在提供与全世界分享他们的发现、挑战和项目的一种方式。建立在任何常规基础上的传统新闻实践,根本无法发现这种方式。这些博客以一种方便和公开的方式,向具有开源精神的广泛社群提供了重要见解。

挑战

在一个新闻编辑室里,开放源码本身并不总是可能的。尽管这些记者依赖于开源图书馆,但他们在一个受版权保护的故事背景框架内工作,以及在一个实际上可能为专属的调查或内容提供想法的框架里工作。一些新闻编辑室也很抵触让互动团队去开放源码。从另外一个角度看,开放源码对于那些小型的互动团队来说是很困难的。他们不仅要做开发软件的工作，还要做一些项目来满足新闻生产目标的计划要求。正如布赖恩·博耶向我解释的，美国公共广播电台软件的一些部分——我们的照片、我们的标识、我们的文字——就不能简单地被开源。尽管如此，美国公共广播电台还是尽可能地开放源码："我们能做的是将一些东西的版权归到公共广播电台，这样就没有人能将其毁坏了，但是美国公共广播电台（和）开放源码的许可，对公共教育还是有好处的。"《华尔街日报》互动新闻团队的负责人乔恩·基根想要把他的大量产品源代码都开放，但《华尔街日报》反对这种想法。基根的评价是："我们经常使用它（开源），我们想要做出回报。"但在这一点上，公司的政策是禁止的。

文化层面的抵制是一个障碍，但是要真正地回馈开放源码，提供如何使用代码方面的指导就变得很重要。例如，这可能涉及解释如何实现脚本的每个步骤。正如博耶所指出的，"这确实要做很多工作：你必须将（这些工作）文档化"。这意味着要提供关于如何执行代码的说明，这一任务将增加现有新闻编辑室的职责。然而，正如我们从那些谈及具有回馈开源社群义务的人身上所看到的，尽可能地开放源码仍然是一个目标。

初一看，共享代码似乎与共享故事不同，也和真正的协作不同——协作是一种内容共享。但是代码并没有脱离新闻内容。如果没有代码，将很难创建新闻产品——代码是用于新闻生产的。代码不能从新闻中分离出来，因为没有代码就没有新闻应用程序。所以，共享代码确实是在新闻产品上进行协作的一种方式。代码可能是新闻产品的架构，而不是新闻产品的具体内容，但是它不能与新闻的创建方式分离。共享代码展示了思考新闻的一种不同方式，那就是在开放中完成协作性的工作。

整体而言，开放性和开放源码是贯穿互动新闻实践的主要思考方式，这与我们在传统新闻业中所看到的完全不同。互动记者正在把一种新类型的抽象知识——开放地思考新闻——带到新闻工作的想法里。新闻工作的流程被展示给世人。事实上，这些互动团队甚至为项目管理提供了循序渐进的指导，以便其他人可以从他们的成功和失败中吸取经验。在这个充满不确定性的时期，新闻编辑室希望用更好的产品打败对手和吸引受众，并对新闻工作保持秘密状态，但是这种情况并没有发生。相反，新闻编辑室受到了编程和开发领域开源文化的启发，以及得益于新闻编辑室之间的相互分享。这让我们看到了新闻业中流程和实践的开放性。

自己了解式新闻

互联网理论家尤查·本科勒（Yochai Benkler）描述了网络与以往任何一种信息技术相区别的一个基本特性：你可以"自己去了解"（see it for yourself）。网络能够让用户去发现信息，因为他们能够独立地搜索和查找信息。他在《互联网财富》（The Wealth of Networks）一书的第 7 章解释道[55]：

> 在网络上，链接到原始资料和参考资料被认为是交流的核心特征。这种文化是面向"自己去了解"的。对一种观察的信任，来自随着时间推移所产生的发言者声誉的组合，阅读你认为你自己有能力去评价的潜在消息源，并了解任何给定的参考性主张或消息源。有这样一群人，他们与评论者或发言者无关，他们可以访问源代码。

因此，网络上的内容可以被用户独立地加以验证。与过去不同，现在没有静态的信息显示，因为用户可以通过易于访问的、即时的信息，来证实或反驳他所阅读的内容。本科勒认为，这种新能力可以通过链接加以实现。通过在多层信息中引导用户进行探索，甚至提升包含在互动产品中的乐趣，互动新闻体现了一种自己了解式的新闻形式。用户实际上能够独立地调查自己的特定问题，并提供多重的解释。

然而，从"自己了解"的角度来看，互动新闻提供了一种放大了的潜能，而不仅仅是链接到新闻网站内部或外部的文章上。用户可以独立地探索数据和互动式的故事。硬数据或其他类型的互动产品，比如多媒体参与等，给用户提供了一个核查这些新闻机构专业声张的机会。除此之外，用户还可以探索一些他们感兴趣的问题，这些问题可能没有被故事的特定叙事涵盖，或者甚至在从整体上设计互动产品时并未被设想过。

工作中的"自己了解式新闻"

用数据讲述的两个对比性故事可以很好地说明"自己了解式新闻"的前提。英国政府在2011年的人口普查报告中收集了关于骑自行车上班的人的数据。在2013年，《金融时报》和《卫报》以截然不同的报道风格对这些数据进行了分析，尽管两家使用的都是凭借互动功能可以下载和参与的同一个数据集。《金融时报》基于它们对数字的解释[56]，在第一段写了骑自行车的人明显增加的事实："在首都，成群骑自行车的人构成一种生活景观。在这里生活的人都会对这一新闻点头承认。在伦敦，骑自行车去工作的人数在过去的十年里翻了一番。"[57] 基于数据，这似乎得出了一个可靠的结论，对骑行活动家来说也是一个很好的结论："骑车去上班运动"（cycle-to-work movement）能为使用自行车的人提供更完善的安全措施和其他的服务。

然而，《卫报》提出了一个负面的观点，对这一说法泼了冷水。虽然没有明确反驳伦敦方面的说法，但《卫报》在其数据博客中使用了这样的标题：

骑车上班族的比例没有增加：数据故障。

人口普查分析发现，2011年骑车上班的人数比例与2001年的相同。[58]

《卫报》继续解释说，在348个地区中的202个地区，我们从地方政府的数据中实际上看到了下降。尽管博客公布了伦敦的增长情况，但我们可以看到增幅只有令人难以置信的1.6%。

如果这些博客的读者想了解伦敦骑自行车上班族的实际情况，那么他们应该做些什么呢？虽然一个普通读者不太可能下载并使用数据，但他可以这么做，因为数据实际上可以通过人口普查表的链接获得。一个社区骑行小组可以做这些事情，并得出他们自己的结论。即使没有这样操作，互动图表和图形的呈现也可以给用户检查数据和形成意见提供可能性，尽管《卫报》在这个问题上其实是正确的。用户可以根据实际的数据，用他自己的判断来决定要相信谁。用户以一种易于访问的方式操作数据、搜索证据，对图表和图形进行比较。通过网页浏览，用户可以搜索到信息，现在这些信息可以直接提供给用户。

"有趣的"自己了解式新闻

一个更有趣的"自己了解式新闻"的例子，是英国广播公司的《你在全球肥胖指标中处于什么样的位置》[59]计算器。这个计算器要求用户输入自己的性别、年龄、体重和身高，然后将用户数据与联合国为其成员国编制的身体质量指数（BMI）进行比较。这个互动产品指出：

> 利用联合国建立在177个国家人口规模基础上的数据，加上世界卫生组织（WHO）的全球体重估算值，以及全国范围健康检查的调查提供的平均身高，互动团队能计算出每个国家的身体质量指数。
>
> 使用你输入到计算器上的数值，它能计算出你的身体质量指数，以及显示你所在国家和世界上与你的性别和年龄有关的其他人群的情况。

一个标签实际上写着"行动中看效果"（see it in action）。利用底层代码，用户输入数据并找出关于他自己的东西。用户可以独立地寻找信息，这使得只有通过互动产品才能实现的近/远视角的结果成为可能。例如，我和我的朋友查克（Chuck）一起尝试了这个计算器应用程序，在我告诉他有关这个计算器的情况之后他很想玩一下。他是一个来自美国的46岁男人，身高5英尺10英寸，体重200磅。考虑到自己几乎每天都锻炼，查克很好奇他在全球范围内所处的体重指标位置。结果我们得知，他最像来自巴哈马（Bahamas）的人，身体质量指数低于58%的美国男性。对此他感到很高兴，这都得益于他在运动上的努力。这种自我发现已经超过了仅仅设置链接的形式，它通过更复杂的编码来促成，而这些编码是在为一个互动产品服务的过程中汇集的。

英国广播公司的贝拉·赫里尔（Bella Hurrel）解释说，她认为身体质量指数计算器只是简单的娱乐，通过让用户在线发掘个性化的信息来体验一些乐趣："所以我们以一种新的方式讲述了这个故事。这不是数据处理。身体质量指数计算器是一个简单的计算器。其（目的）是教育和告知。一个工具可能微不足道，但它与公众具有关联性。"[60] 通过这种方式，英国广播公司为用户提供了一条从他们自己的角度了解世界的途径。

互动产品并不一定是聚焦于数据的，这也是对"自己了解式新闻"的一种明证。《纽约时报》就提供了很多采用类似做法的各种不同的互动产品。想一想《2013年值得去的46个地方》这个互动产品。[61] 这是一个简单的互动产品——没有华丽的视频或者照片。但是，让这个产品变得有趣和可操作的是一个滚动条，它让读者在全世界的范围内进行搜索和滑动：欧洲、非洲、亚洲、大洋洲，或者加拿大和美国。点击链接将产生一个目的地列表，例如澳大利亚的金伯利（The Kimberly）。一个诱人的标语上写着：就金伯利来说，是"在内陆外缘的一个温和冒险（之旅）"。

在链接中，我们可以看到带有照片、地图和简短描述的更多内容。这些选项仅限于《纽约时报》所决定的排名前46位的那些地方，但是用户可以自己去了解想去的地方和看到什么——这是以用户为导向的，并且用户可以独立地探索故事的叙事。这种以增加了互动性的灵活性为特征的自我引导和内部搜索方式，直到最近也没在新闻领域流行——在一些新闻网站上，这些方式仍然不可用，这些网站尚未将以用户为中心和强调互动产品作为其升级重点。

《你在全球肥胖指标中处于什么样的位置》，来自 BBC 新闻

  我在这里所描述的"自己了解式新闻"甚至没有触及提供沉浸式故事讲述类型的互动产品。正如我们所见，《大瀑布的危险》《雪崩》，以及马特·里奇泰尔的《分心驾驶》系列故事产品（以手机视频游戏为特色），都是属于"自己了解式新闻"类型的。这些产品的整个前提假设——也许是它们作为故事叙述方法的新实验而存在的原因——是人们会以不同的方式参与这些内容，新闻消费者将按照自己的方式探索并与内容进行互动，互动产品为用户提供了一种故事讲述的整体体验，这种方式不仅仅是简单的阅读文本、观看视频，或者浏览照片幻灯片。它带给用户探索多种内容类型的直接体验，并让他们通过故事讲述类型的体验进行自我引导。

"自己了解式新闻"综述

"自己了解式新闻"并不是互动新闻所独有的。当今的在线新闻就采纳了它的一些核心价值,让用户可以超越传统故事的边界进行搜索。但是,"自己了解式新闻"是内置于每一个互动产品的结构之中的——每个单个的互动产品都带着这样的想法被创造,那就是可以让用户按照自己的步调进行探索,去发现新想法和独立解读某个特定的叙事。互动性的思想建立在发现的过程基础之上。虽然发现通常是有界限的,但是用户的确可以了解有关他自己的问题的答案。互动记者带来了关于如何发掘网络发现潜力的抽象知识,并以一种更为复杂的方式将这些知识引入新闻业。他们是在这方面做得最好的专家,带着可能会对新闻业的未来造成重大影响的成果在这个领域不断尝试。这些"自己了解式新闻"远远超出了链接和简单的在线参与,改变了用户消费新闻的方式。

叙事内核

尽管故事可能从代码开始,也常可能从数据开始,但是会有一个从互动产品展示中显露出来的叙事框架。这种对叙事的关注,反映了互动记者如何接受了新闻的主导性规范,最终通过他们的产品讲述一个故事。叙事有助于将这些项目作为新闻加以定义。叙事提供了一种非线性的体验,但是根据负责创建这些互动产品的记者的说法,叙事依然存在内核。如果传统新闻的叙事内核是一个故事的核心论题,那么互动产品的叙事内核就是一个清晰的要点,即互动记者希望通过代码展示故事的要点。

互动记者在一个有边界的环境中安排和组织他们的产品。对于用户而言,尽管有可探索的巨大潜力,但他们可获得的依然是一系列有限的选择。文本引导着叙事。此外,互动记者可以设计一些选择来引导用户通过一条特定的路径,而这条路径是为了帮助叙事的出现而专门设计的。标题和描

《为什么小个头可以扣篮》,来自《华盛顿邮报》

述性的文本也可以为即将出现的主题提供一种引导。可以看一下《华盛顿邮报》的一个有趣的互动产品《为什么小个头可以扣篮》[62]:

> 我们咨询了一位运动学教授,以及一名与职业的大学篮球运动员一起工作的教练,让他们解释为什么一些矮个子可以跳高到足以扣篮。答案是什么呢?基因和大量的练习。它们能训练大脑在一种有效的运动链条中按照一种从肩膀到脚趾的精确顺序去激活肌肉。

上述这段话准确地解释了读者应该找到什么,以及制作这个图形的意图。互动产品为用户提供了一种进行操作的非线性体验，互动记者可以通过他们的互动故事讲述来呈现一种潜在的信息。

设计选择项也有助于指引用户体验一个互动产品，对那些多层面的数据项目尤其有帮助，比如《纽约时报》关于不同地域代际收入不平等的项目。[63]这个互动产品的目标是说明收入的流动性，或者一个孩子在他一生中能够从后1/5的收入档次上升至前1/5的收入档次的机会。根据美国的几大人口聚集中心，这个互动地图被按照区域划分成几部分。设计选择项有助于使读者明确应该如何浏览这个互动产品。最醒目的蓝色代表了拥有最好上升机会的地区，上升机会最差的地区用红色来表示。红色在这里所起的作用，是让我们把它和失败联系起来（正处于赤字、红色危机、贷款歧视等等）。从这点出发，用户可以清楚地看到，美国南方是收入最不平等的地方。大量的红色帮助突显了在美国提升收入档次实际上有多么困难。这个简单的设计选项对帮助用户发现叙事内核产生了影响。

记者如何谈论寻找叙事内核

互动记者，尤其是程序员记者，一直确信他们的产品实际上为读者提供了清晰可辨的叙事。美联社的杰克·吉勒姆认为："你可以解决什么是叙事内核这一问题——什么是重点？如果我们不能解决这个问题，就不能得出一般性的结论。"他解释说，认为互动产品只是某种"仅仅发表在网上的记事本"的想法是错误的。相反，"你可以有目的地搜索数据，并且现在就可以查找一些东西"。[64]《华尔街日报》的记者萨拉·斯隆（Sara Sloane）解释说，虽然她在工作中处理的数据往往是非线性的，但她创造的最终产品却是一个"前端的……线性故事（叙事）"[65]。

在为了公众网，互动记者实际上也参与了报道故事的工作。记者魏思思开发了一个调查990种非营利机构的项目。她最后给大量的专家打了电话，帮她找出可能或事实上可以构成潜在故事的一些重要信息。魏思思解释说，作为一名非传统的记者，她总是很惊讶有人会给她回电话或者和她交谈。但是她的根本观点是，这些都是故事，即使它们通过代码以新的方式被呈现出来。它们有中心观点、关键想法和感想收获，以及传递给人们的明确信息。[66] 她的编辑斯科特·克莱因解释了这些故事实际上如何通过代码加以显现。"他们通过学术简报搜索、了解以前做过的事情，深入地挖掘数据。他们可能开发源代码库，有时候这非常类似于记者在新闻故事中引用一个消息源，但是从他们的头脑里输出的总是一个互动数据库或一个可视化产品。"[67] 叙事内核以及以故事为重点，仍然是为了公众网思考其新闻的中心。

叙事总结

尽管人们很容易想到互动新闻的不同之处，但是记住下面一点也很重要：新闻的一个重要方面是叙事，叙事将互动新闻与以前发生过的事情联结在一起。互动新闻产品实际上是在讲故事，虽然呈现方式不同、制作产品的工具不同、带给读者的体验也不同，但是互动新闻的目标是传播信息，这可能让读者对故事有更充分的理解——或者关于小个子如何扣篮，或者关于收入不平等的问题。代码传达了一个故事，提供了一个讲述这个故事的途径。对记者技能的要求可能是不同的，但是我们能通过代码看到故事被呈现出来。每一个编码机会（coding opportunity）都将其他未组装的信息汇集到一起，就像一个传统的故事可以按顺序整理大部分的定性信息，之后呈现给受众去阅读。

互动记者正在有意识地选择如何展示信息。他们强调他们的产品确实有一个叙事内核。他们不是简单地展示不提供导引的信息。他们所做的关于互动产品设计的决定，是让用户通过一条特定的路径去理解信息。用户被引导至一个沉浸式的体验之中，而当他们有更多的选择项去探索时，会有一个中心点通过主题、文本和图形结构来表达信息。叙事的故事讲述方式是互动新闻与传统新闻之间的一个根本关联，强调了它与更大的新闻项目之间的联系。

抽象的和专业的知识

本章展示了互动记者如何以拓展新闻专业的方式为新闻业带来新类型的知识。在这种语境下，知识是一种影响最终流程和工作产品的思考（以及最终做事的）方式。在最基本的层次上，互动记者所获取的实践知识与大多数记者所拥有的实践知识截然不同，甚至像摄影师或摄像师这样的专业记者也不例外。招聘启事强调了对互动记者和传统记者的不同要求。在某些情况下，先前具有新闻工作经验是没有必要的：有编码的经验才是最重要的。互动记者了解代码，或者至少知道如何使用代码，并且利用这些知识他们可以创建互动产品，帮助支持新闻业对数字时代做出回应。作为编辑实践的代码已经获得了新闻编辑室的认可。

互动记者也把更多的抽象知识带到了新闻编辑室。抽象知识表明了做新闻工作的新的思考方式。例如，记者在关于如何报道一个故事、何为新闻敏感、如何运用编辑判断，以及如何能将客观性融入他们的产品等方面，拥有抽象知识。但是互动记者也提供了另一种观察新闻的方式——他们所建造的东西是在互联网时代背景下产生的，嵌入了黑客文化的弦外之音和对我们如何体验网络的更广泛的理解。

我们看到了新闻业出现的新方向。新闻实际上可以被建造和制作，做新闻工作的隐喻实际上是一个物理的隐喻。在此，工具被建造来改进流程和产品。互动记者从黑客文化中吸取了这些有关制造的想法，这些想法涉及实验的背景、问题解决导向，以及观察事物如何通过运转来改进功能。传统上，新闻业并没有把重点放在改进使其更容易做新闻的流程上，也没有把新闻的重点放在制作旨在帮助人们寻找个体信息的产品方面。

互动记者给他们的工作带来了近/远的视角，证明了数据不同凡响的潜力，它可以为任何特定的问题（尽管范围可能有所变化），比如从用户高中所在地的收入不平等到用户居住地附近游乐场的便捷性选项等问题提供真正个性化的结果。同时，这些互动产品中也包含了有关上述问题如何影响我们所有人的更大的故事主题。在根本上被凝聚和扩展的故事讲述能力，是互动记者知晓如何以互动方式呈现数据的直接结果。

开放性和自己了解式想法的展示，是网络文化不可分割的一部分。开放性建立在互动记者必须与更大的黑客文化背景相联结的基础之上，而后者致力于开放源码。但是开放源码不仅仅涉及编码问题：它还表明了记者看待他们工作的一种态度。这些记者提出了一种思考新闻的新方式，那就是把新闻作为协作的以及可以与世界共享的一种过程。

同样，正如本科勒所言，网络的本质就是鼓励发现。探索是可能的，因为现在信息都能完全被访问和链接在一起。互动产品提供了一种自己了解式的体验，将重点放在了用户对新闻的自我发现上，因为用户可以独立地浏览新闻，根据他们自己的需求和意愿去体验、探索、学习。这是一个有边界的领域，但是也提供了用户能从所展现的互动产品中学习的众多方式，以及互动新闻确认的以这种方式体验内容的潜力。

然而，正如我们所看到的，关于专业中的子群体的研究文献表明，子群体将最终被迫接纳主导性群体的规范。在某些方面，通过互动新闻对叙事的坚持，我们可以看到这种情况正在发生：尽管不是传统意义上的线性叙事，但是每个互动产品必须有某种类型的故事嵌入其中。互动新闻并没有试图颠覆传统新闻向公众传播信息的思考方式，故事依然是基础，只是看起来不同而已。另外，这些互动产品传达了读者应该如何去体验新闻产品的一套不同假设，并且显示了处理新闻产品的不同方式。到目前为止，互动记者提出的这些新"规范"，仍充分体现在他们所制作的产品，以及他们所讲述的有关他们自己的故事中。

互动新闻通过将新的思考方式融入新闻业，从而拓展了新闻专业。互动产品说明了有关新闻业的新"任务"，突显了新闻业制作和呈现内容的新方式。这些新的"任务"，强调了现在的新闻业如何将像编码这样的技能和其他不同的方法融入到新闻产品中。虽然新闻根本的、关键的特征（比如叙事）仍然很重要，但是我们也看到了互动新闻如何拓展了传统新闻业的边界。进而言之，互动新闻拓宽了整个新闻专业，丰富了新闻编辑室里的人、工作和知识的类型。

注释：

［1］Groeger, Ornstein, Tigas, and Jones, "Dollars for Docs."

［2］Abbott, "Order of Professionalization," 355.

［3］Abbott, *System of Professions*.

［4］Abbott, *System of Professions*, 9.

［5］Abbott, "Order of Professionalization," 355.

［6］Lowrey, "Word People," 413.

［7］Waisbord, *Professionalism*, chapter 9.

［8］Lowrey, "Word People."

［9］Lowrey, "Word People," 419.

［10］例如，可以看一看西尔万·帕拉奇有关旧金山调查性报道中心的分析（《数据-驱动的启示》）。在那里，他发现调查记者、数据记者和程序员带着不同的规范聚集在一起，采用一个共同的方法进行新闻报道。

［11］Anderson, Bell, and Shirky, "Post-Industrial Journalism," 79.

［12］Merrill, "Heart of Nerd Darkness."

［13］值得指出的是，在这里我不是在质问使用数据进行工作的根本前提。

［14］Lewis and Westlund, "Bid Data and Journalism."

［15］"Dow Jones, REPORTER-NY."

［16］"We're Hiring."

［17］Sarah Ryley, email communication to NICAR-L, September 3, 2014.

［18］Dougherty, "We are Makers."

［19］Rheingold, *Virtual Community*.

［20］Turner, *From Counterculture to Cyberculture*.

［21］Tanenbaum, Williams, Desjardins, and Tanenbaum, "Democratizing Technology."

［22］Graham, "Hackers and Painters."

［23］Nagle, "Responsive Charts."

［24］Eads, "Nuts and Bolts."

［25］Ray, "Improving." Emphasis added.

[26] Stray, "Video."

[27] "Overview."

[28] McDaniel, "Missouri."

[29] "PANDA Project."

[30] Brian Boyer, email message to author, September 30, 2014.

[31] Pilhofer, "In Two Years."

[32] Pilhofer, "In Two Years."

[33] "Chicago Shooting Victims."

[34] Cohen, Hamilton, and Turner "Computational Journalism."

[35] Cohen, Hamilton, and Turner "Computational Journalism."

[36] 这种近/远视角的想法的概念化，得益于为了公众网的帮助。

[37] John Keefe, personal communication with the author, July 9, 2013.

[38] "WNYC Bike Share Stations."

[39] John Keefe, correspondence with the author, February 14, 2014.

[40] Hinds and Bernstein, "Ten Percent."

[41] LaFleur, Shaw, Coutts, and Larso, "Opportunity Gap."

[42] Scott Klein, personal communication with the author, July 8, 2013.

[43] Coleman, *Coding Freedom*, 3.

[44] Raymond, *Cathedral and the Bazaar*.

[45] Balka, Raasch, and Herstatt, "Open Source"; Benkler, *Wealth of Networks*, 60.

[46] Jordan, *Hacking*, 100.

[47] Levy, *Hackers*; Sinker, "Hacker Journalism 2011."

[48] Bruns, *Blogs*, 59.

[49] Lewis and Usher, "Open Source."

[50] John Keefe, personal communication with the author, July 9, 2013.

[51] Aron Pilhofer, personal communication with the author, June 13, 2012.

[52] Andrew Liemdorfer, personal communication with the author, October 21, 2013.

[53] Alastair Dant, personal communication with the author, November 2, 2011.

[54] Chase Davis, personal communication with the author, September 3, 2013.

[55] Benkler, *Wealth of Networks*, 218.

[56] Cadman, "Cycling."

[57] "2011 Census Analysis."

[58] Sedghi, "No Increase."

[59] "Where Are You?"

[60] Bella Hurrell, personal communication with the author, October 21, 2013.

[61] "46 Places."

[62] "Why Short Guys Can Dunk."

[63] Leonhardt, "Climbing Income Ladder."

[64] Jack Gillum, personal communication with the author, July 23, 2013.

[65] Sara Sloane, personal communication with the author, September 4, 2013.

[66] Sisi Wei, personal communication with the author, July 8, 2013.

[67] Scott Klein, personal communication with the author, July 8, 2013.

结论 | 互动产品与新闻的未来

互动记者将不会成为"拯救新闻业"的答案,但他们确实激励了这个专业向前发展。互动新闻会促使我们更广泛地思考专业在更一般的意义上可能如何成长变化,特别是当这些专业面临着后现代的信息社会的挑战的时候。

2014 年，《得梅因纪事报》（The Des Moines Register）的一个被称为"收获之变"（Harvest of Change）的互动项目给用户提供了 360 度的虚拟现实体验。用户使用鼠标或 Xbox 控制器就可以下载软件并体验故事，比如农场应对气候变化的影响、移民问题、转基因农作物、农村人口减少，以及普遍的经济不确定性。[1] 这个项目可以让用户阅读、观察和浏览通过照片讲述的跨越四代人的农场变迁故事。虽然这个项目的体验过程很长，而且软件很难下载和操作，但是其呈现形式更像一款信息丰富、互动性强的视频游戏。它不仅带有图形，而且还具有与"使命召唤"（Call of Duty）和"侠盗猎车手"（Grand Theft Auto）①两款游戏质量相媲美的参与潜力，只是缺少了游戏的火爆场面。

"全球之声"网站如此描述这个项目："报纸和虚拟现实，两者好像很难联系在一起。"[2]《快速公司》杂志（Fast Company）写道，"这就像是一部非线性叙事的纪录片，它鼓励人们去探索"[3]。《商业周刊》（Business Week）认为，这个项目"很可能是接下来几年进行虚拟现实新闻实验浪潮的开始"[4]。

这个项目未必一定预示着互动新闻的未来，但它清晰地表明，即使像《得梅因纪事报》这样资金匮乏的报纸，也会把互动产品作为一种吸引读者的新的新闻类型去投注。互动新闻提供了一种此前没有的讲故事的方式，即依靠代码启用（code-enabled）的多媒体制作成的软件，去帮助读者更好

---

① "使命召唤"是由 Activision（现为 Activision Blizzard）公司于 2003 年开始制作发行的射击系列游戏，发行以来一直受到世界各地的游戏玩家的喜爱，是同时期关于二战题材游戏的佼佼者和经典之一。"侠盗猎车手"是一系列单机游戏，也译作"侠盗猎车"等，内容主要涉及暴力、黑帮争斗、抢夺地盘和枪战，互动性、自由度和丰富的交通工具是该游戏的特点。——译者注

地理解公共信息。这种自我发现的能力、更丰富地参与内容的潜力，以及不断提升数据展示的能力，有助于读者更好地理解身边的社会现象。同时，通过针对新闻工作的新技能和新方法，互动新闻提出了一种通过新闻分享和创造公共知识来声张权威的新方式。

互动新闻是一种通过代码来实现故事叙事的视觉化呈现，一种多层的、触觉的用户控制的产品。这种产品并不是以文本为基础的故事，而是一种以非传统的方式展开的叙事——通常要靠用户填满空白。在现有框架基础上创建这些额外的内容层需要专门的编码知识。互动产品具有可塑性，营造了一种参与感，并且用户可以在一定边界范围内对浏览内容的路径进行选择和做出决定。所有这些都是在一个独立的用户体验背景下完成的。

新闻业正在演化，以应对施加于这个专业的众多压力：外部的、内部的、社会的和技术的压力。在此，重新检视有关新闻专业的扩张、互动新闻介入下新闻专业如何变化等一系列观点是非常有益的。这些案例研究涉及致力于互动新闻的人、要完成的工作，以及互动记者所拥有的知识，它们提供了关于这个新的子专业发展动力的洞见。

专业主义

根据阿伯特的观点，专业主义最终是从一个竞争性声张的系统中产生的，因为这些职业要协商去做一定类型的工作。专业是通过对工作的管辖权，以及对概念知识（"抽象知识"）的特定声张来加以界定的。在本书中，关于如何将新闻作为一个专业来谈论，我做了一些选择。我的目标不是去讨论显而易见的专业主义，或是评估作为整体的新闻业在这个专业系统中如何演变。考虑到新闻业是通过传播公共信息的专业知识从而对权威提出主张的，所以我回避了新闻是否是一个专业，以及是否接受新闻是一个专业的问题。我认为在新闻业里，对于在传统意义上这个职业意味着什么，人们有着一致的想法。与此同时，正如阿伯特所认为的，无论新闻是否是一个专业，这个问题最终都不是特别有趣。重要的是，它产生于各专业间的竞争、新闻业控制工作和知识类型的能力，以及新闻业对这些压力做出的回应。所以，即使你不同意新闻是一个专业，但根本的观点仍然是有效的，因为专业主义的动力存在于工作之中。

我曾提出正当理由，去说明一个专业是如何通过新成员进行扩张的，这些新成员在专业内提供了一种被需要的不同类型的专门技能。在过去，人们更关注作为一个专业的新闻，而很少关注新闻专业中的子专业。纵观全书，我展示了互动新闻作为新闻专业的一个子专业如何产生并拓展了这个专业的技能。我列出了互动新闻的出现所需的诸多条件，它们是：

（1）子专业可以非对抗地产生，而不是来源于外部职业的对抗性竞争。

（2）社会文化的外部压力，如技术、经济、文化，会影响子专业的兴起。

（3）子专业的出现需要重申与公众的关联性。

（4）子专业会使用关于成功的衡量标准来界定和安排它们的角色。

（5）在一个专业的更大的管辖权抱负中，子专业提供了一种独特的知识声张。

我的观点主要是关于互动新闻的，但是这些观点也有助于突显学者们在关于新闻专业内外诸多子专业的问题上是如何思考的。

首先，我们可以看到，子专业事实上可以成为非对抗式力量的产物，而不是一般的以专业性变化为基础的专业性力量竞争系统的产物。互动记者适应他们大部分的实践所需要的专业技术是编程（在一定范围内它可以被称为一个专业），但是在从事公众服务的工作中，编程实际上似乎并没有对抗新闻专业的管辖权。然而，通过关注其他类型的信息提供者，我们确实看到了不同专业参与了生产互动产品和构建数据可视化的工作：历史学家们通过地理信息服务（GIS）① 来追溯战争，科学家们通过人体和人类基因组来观察血液流动，而艺术史学家则用互动数据库重组收藏品。

很多公司也利用互动产品去共享信息。例如，美国通用电气公司（GE）

---

① 此处原文为 GIS，根据上下文语境，译者认为应指 geographic information service，译为地理信息服务，是一种基于计算机进行空间信息成图分析和处理的工具。——译者注

就维护着一个数据可视化博客。尽管这些成果确实增加了来自不同领域的公共信息，但它们并不是在日常基础上（或每小时，或一周 7 天 24 小时）去竞相对新闻事件做出回应，以便为调查社会现象提供大量机会。简而言之，随着子专业的扩展，新闻业几乎没有外部的职业性竞争。正如我们所见，随着互动记者在新闻编辑室变得更广为人知，几乎没有证据表明在工作的规范性假设和互动记者背景之间存在冲突。这种预想的冲突（不管被陈述与否）在专业扩张中并没有出现。

我们已经了解到外部压力是如何影响互动新闻兴起的。人们使用网络的方式与以往截然不同，并且网络速度和技术的迅猛发展是我们始料未及的。用户可以获得更好的网络基础设施服务，并且单纯期待更好的（和更具有互动性的）用户体验。数据增长超过以往任何时期，公众需求和利用这些数据的能力给新闻业带来了压力，促使其成为海量信息和公众之间的中介。而且随着编码变得越来越复杂，新闻业必须紧跟由程序员推动的边界变化的最新发展。最后，人们使用不断发展的技术而获得的体验给新闻业增加了更大压力：重视对速度的需求感受、更好的用户体验和设计、信息丰盈的体验、更好的编码成果，以及越来越多的数据获取点。其他压力来自行业内部，包括需要应对财务状况的挑战，或者更为重要的是，在记者所处的受到挑战的专业知识领域，需要对权威和专门知识提出一种管辖权声张。

记者权威的不确定性，与他们想要保持的与公众的关联性紧密地联结在一起。在一个拥有参与性媒体、博客、数据、海量信息、数字化，以及对科层制的专业组织不断质疑的世界里，记者再声称他们有能力告诉人们什么是真实的信息，就会面临着很大的挑战。为了继续保持作为特定专门知识的权威信息提供者及其与公众的关联性，记者需要找到一种应对这些压力的方法。在这种环境下，记者将互动新闻视为一种重要的实践。在可视化不断增强和数据越来越复杂的背景下，互动新闻以一种为处理新型信息而给出权威解释的方式提供消息。互动新闻也可以重新让新闻充满乐趣，从而为读者回归新闻提供另一种动因。通过互动新闻，记者为他们与公众的关联性做出了论证。

正如我们所看到的那样，互动新闻这一子专业通过内部和外部的衡量标准来界定自身是否成功。从《纽约时报》到半岛电视台英语频道，从《华尔街日报》到BBC，通过点击和分享，上述新闻编辑室都在密切关注着这些互动新闻是如何满足用户需求的。这些互动产品可能是某特定网站上最成功的故事，比如《纽约时报》的方言测试。平时被新闻编辑室严密保护着的那些数据被公开时产生的影响是显而易见的：互动新闻带来的网络流量十分惊人。互动新闻团队之所以在新闻编辑室占据了重要地位，一定程度上是因为其在流量上取得了成功，尽管做出这样的因果判断有太过简化之嫌。

正如阿伯特所主张的，子专业往往会发展自己的内部群体来帮助界定它们的专门知识。美国计算机辅助报道研究所是服务于这些记者的主要团体，它提供了一种开展广泛学习和致力于专业知识的途径。阿伯特认为，这有助于形成一个独特的职业群体。美国计算机辅助报道研究所所具有的影响力，是互动新闻兴起的一种标志。它作为一个专业性协会，可以让记者去提升和扩展自身的专业知识，并且一起去巩固抽象知识。

最后，这些记者所具备的专门化知识也是子专业兴起的一个重要原因。由于具有不同的背景和思考方式，这些记者对于如何做新闻拥有了此前从未有过的视角。他们把源于编程工作的价值观融入到新闻工作中，并扩展到他们所创建的互动产品上。而且，互动记者拥有的更加实用的编码技能，有助于进一步确立他们在新闻专业内的专家地位，因为他们所拥有的这些技能其他的记者并不具备。

本书的核心是关注人、工作和知识，以便从多维度追踪互动新闻作为一个子专业的发展历程。为此我借助了有关专业主义的理论，特别是阿伯特的理论，来从内部追踪这些专业是如何发展和演变的。通过观察人，我们可以了解实际上是谁在做互动新闻——他们的背景是什么，他们如何思考和处理他们的工作，从而使我们知晓这个子专业是如何把新类型的记者引入新闻编辑室的。我们已经了解了互动记者实际上如何生产内容——他们做了什么，并且能够通过他们输出的产品准确地理解他们所拥有的管辖权主张是什么。第5章强调了互动记者是如何带来新技能和新的思考方式的——传统上不存在的关于新闻工作的专业和抽象知识。

互动记者可以被认为是黑客记者、程序员记者或者数据记者。黑客记者来源于已拥有编程背景的群体；程序员记者最初是新闻记者，之后又自学了编程；数据记者可能不具备熟练的编码技能，但是他们完全致力于互动产品的数据定量分析。拥有这些背景的人有助于扩展新闻专业：黑客记者从编程领域带来了他们以前的取向和实践；程序员记者强调了如何编码，以服务于新闻工作；数据记者是计算机辅助记者的下一个发展阶段。正如记者们所说，这些类别实际上相互重叠，但是这些记者的自我描述却从经验上揭示了他们和以前新闻编辑室里的记者有着怎样的不同——从黑客记者如何思考问题的解决，到程序员记者如何将故事和代码作为一体思考。

这些记者所做的工作，大体上揭示了互动记者如何通过软件创造出解释性的新闻产品。他们创造的互动产品紧密地嵌入新闻编辑室的工作文化中，但也是独特的。通过考察流程和产品，我们可以看到工作流程是如何被常规化的，以及所创造的产品与传统新闻有什么不同。在新闻编辑室里，从美联社到《纽约时报》，再到《华尔街日报》，我们看到互动记者如何一直不断地融入新闻编辑室更大的项目中。不同新闻编辑室的差异取决于领导者的背景、新闻编辑室的内部流程，以及给予每个互动团队的独立程度。

一些新闻编辑室，比如美联社、《纽约时报》和半岛电视台英语频道，几乎都认为记者的确已经将互动产品作为他们工作的一部分了。这在一定程度上突显出新闻专业已经扩展到使互动新闻彻底成为新闻工作的一部分。然而，这些产品不同于以往曾经出现的新闻产品。从计算器到小测验，从嵌入视频的故事、地图、数据库到吸引人的图表，这些新闻应用程序远远超越了传统的文本、照片或图形故事。这种变化对在线新闻工作而言代表了一种新的产品的出现。

互动记者给新闻专业带来的抽象的和专业的知识，增强了记者的思考能力，拓展了其做新闻的思路。当互动记者在传统的新闻专业规范中工作时，他们通过不同的方式提出潜在的价值规范，这有助于推动和扩展新闻专业。传统的新闻还没发展出诸如具有开放性、自己了解式新闻、建造式新闻，以及近/远视角的新闻等的思考方式。尽管叙事方式有很多相似之处，但是互动新闻确实为新闻提供了一些独特的东西。在下一部分，我将讨论这些处理新闻工作的模式在扩展新闻专业方面能做什么——不仅因为它们是不同的，而且它们也挑战了对新闻能做什么的专业性规范的理解。

扩展思考新闻的方式

建造式新闻、近/远视角的新闻、开放性、自己了解式新闻，以及互动产品叙事核心的视角，能够给传统新闻带来什么呢？本书第5章概述了这些不同于传统新闻的思考方式，但是并没有讨论互动新闻是如何从内部影响了传统新闻的。互动新闻受到了太多技术文化的影响，并且这些弦外之音（overtones）反过来也不同于从客观性到即时性的传统新闻规范。[5]通过在一套占主导地位的专业规范里工作，互动新闻确实扩展了新闻专业（如果不是这样，互动记者和传统记者之间将会产生更多的竞争），但是这种新的新闻类型仍然挑战了传统新闻，超越了关于如何制作新闻的既存观念。

建造式新闻将制作者文化引入新闻编辑室，因为互动记者是将新闻工作视为一个构建过程来思考的。但是，怎样利用工具来制作建造式新闻，如何从总体上影响新闻编辑室呢？首先，建造式新闻关注的是作为软件的新闻最基本的方面——所有事情始于代码。建造式新闻可以帮助记者去思考作为一种代码的新闻。[6]例如，新闻可以被视为能用离散方法处理的特定组块（specific chunks）。这些小的组块事实上可以自我检测。如果新闻是代码，这种代码就可以向公众开放，并且公众能够受邀去贡献构成故事的一些元素。因此，故事就成了一个参与性平台，这个平台由很多小元素构造成一个更大的、协作构成的故事。这个故事就是被"制作"（made）或被构建的（constructed）。

建造式新闻也表明了新闻本身应该成为一个工具。将新闻视为工具的一种方式，就要思考新闻机构作为信息的知识管理者是如何行动的[7]，它不仅仅是信息的分发者，同时也是信息的一个集合点。一个新闻机构可以收集与故事有关的所有信息——那些无法进入记者故事的所有发现、与故事相关的任何文档，并且从根本上去重构记者的全部工作，以便与公众在一个地方进行共享。这是一个工具，可以让读者体验超出故事本身的新闻，并且可以作为一个查找相关问题或事件信息的中心聚集地。

新闻机构可以以另一种方式成为知识管理的工具——作为与故事相关的新闻生态的信息来源。在故事和其他新闻机构里，这个信息来源要通过托管与故事相关的其他行动者的数据、链接评论和社区资源，以及提供对信息来源的访问等方式加以实现。通过上述方式，新闻机构实际上为公共信息建造了一个存储库，并成为信息收集和编译的工具，而非单一的信息分发源。

与此同时，互动新闻也引发了一种有关近/远视角新闻的思考方式。就近视角而言，它不仅是用户脑海中想象的本地信息，还是与个体相关的实际数据——一种个体化的特定数据。远视角的新闻声称要回到故事的全局远景——可能是国际的、国内的和地方的。近/远视角的新闻与当下的新闻最大的不同在于，它既包括了对纯粹个人的关注，也关注了更大的背景。在目前大部分新闻故事的讲述结构里，要做到上述一点是非常困难的。

电影《媒体先锋》(*The Paper*) 中有一个关于报纸新闻会议的场景。这是一部 1994 年由迈克尔·基顿（Michael Keaton）主演的有关纽约小报的影片。在影片中的新闻会议上，所有被提及的国内或国际事件，或者以"没有来自纽约的人"结束，或者以"有来自纽约的人"结束——言外之意是，如果事件可以被本地化，那么它就可以被写在都市报纸上。上述情景在地方新闻机构中是千真万确的。针对埃博拉病毒引起的恐慌，《沃斯港明星电讯报》(*The Fort Worth Star-Telegram*) 做了一个本地化的故事，并对一对夫妇进行了完整的报道，这对夫妇像处理埃博拉病毒样本的达拉斯卫生人员一样，一直做着巡查工作。[8]这就是目前被实践（也是其最为突出的形式）的近/远视角的新闻。

但是，对读者而言至关重要的是，要能让他们感受到与新闻机构的连接，这种连接不仅是将其作为世界、全国和本地范围的新闻消息源，而且是将他们自身作为新闻消息源。这种个体化的新闻，为身处社交媒体和公民新闻世界的报纸与公众的关联性构建了一个理由。那么，报纸如何才能将这种高度个体化的近视角的新闻，添加到传统的新闻类型里呢？

最容易的方法是依靠互动新闻来提供数据。这当然不是只用个人数据去呈现互动产品，而是像英国广播公司的全球肥胖指数计算器或为了公众网的《机会鸿沟》那样：记者需要找到将个体化直接嵌入故事里的方式。例如，把计算器放在文本故事里便于将内容个体化，而且实际上语言可以通过算法进行修改，从而提供一些可以直接对个人体验做出回应的东西。我们距拥有实际操作一个文本故事里词语的能力可能并不是很遥远，而这个文本故事建立在直接输入的基础上，像"叙事科学"（Narrative Science）这样的公司已经为发展"机器人新闻"铺平了道路。算法的个人化将成为直接创造与读者接触，并保持新闻与他们的生活具有清晰关联性的一种极好方式。从苹果新闻（Apple News）到脸书，我们已经从新闻聚合器和社交媒体上看到了算法的故事选择能力。

"远"的视角是记者一直在追求的。新闻试图给人们面对世界提供一扇窗户，给人们提供一种其自身无法看到的世界的认知，因为人不可能同时出现在任何地方。[9]当然，正如凯瑞（Carey）所说，人们可以卷入到新闻事件的故事情节中，在家里舒适地待着就可以体验日常新闻的仪式。[10]远距离的新闻提醒我们，记者可以向人们讲述其他人不能讲述的故事，但是距离太远就会阻断与个人的连接。近/远视角的新闻表明了在各种新闻体验中一种彻底的个人化的可能性。尽管仍然处于这个更大的社会结构中，但在一个通过算法不断被个人化的世界里，实际阅读（而不仅仅是选择）新闻内容的体验难道不应该也被个人化吗？

开放性能给新闻带来什么呢？来源于互动新闻的开放性为展示工作以及与其他人的协作提供了一种模式。这种模式提供了和读者共享新闻工作的流程，而这一流程过去常常表现出神奇和秘密的状态。开放性能给新闻带来一种透明性文化，这样新闻的消费者就能够看到新闻机构里实际正在发生的事情。通常，记者们谈论的透明性是新闻机构之外的公开性机构的透明性，比如政府。[11]很少有新闻编辑室会反观自身，去展示它们自己的实践。事实上，只有在严重失误的情况下，比如剽窃或捏造新闻，我们才会看到新闻机构的披露故事是如何被写作的。[12]曝光新闻流程可能会使消息源陷入危险，并且与受众的经常性接触可能也会挑战对编辑判断的新闻权威的认知。

开放性表明了一种彻底的共享文化。开源文化丰富了互动记者带入他们工作的"开放性"的内涵，表明了身处其中的个体为了某种更大的利益而进行协作的合作过程。更多传统新闻类型的开放性将吸引受众进入新闻的制作之中，这远胜过那些通过社交媒体与受众互动的老套路数。如此，受众会成为制作新闻实际过程的一部分，并且新闻工作中信息被制作的方式也会被披露。

《卫报》在尝试向普通人开放新闻流程方面具有示范意义。新闻编辑室已经开始发布该报将在当天出版的非拳头（noncompetitive）报道的新闻列表。[13]类似地，《卫报》前主编艾伦·拉斯布里杰（Alan Rusbridger）也推动该报以一种不再将记者视为"世界上唯一的专家"的方式去接受"开放新闻"。[14]除了在伦敦市中心开了一家咖啡店，《卫报》还将开辟一个巨大的公共空间——有3万平方英尺——作为"事件、活动和课程的中枢"。[15]其他的新闻机构也尝试做了类似的努力。康涅狄格州（Connecticut）的《公民纪事报》（The Register Citizen）开了一家新闻编辑室咖啡馆，在那里居民可以喝咖啡并为本地新闻贡献力量。有的新闻编辑室开始敞开新闻会议的大门。《纽约时报》有一个叫作"时报投影"（TimesCast）的简单实验，其中一个特定（并且满足了摄像需要）的新闻会议，是正午时分在线进行视频发布的。

"开放文档"（OpenFile）也使受众成为了故事创作过程的一部分。加拿大的新闻机构利用读者的建议来帮助告知要报道什么。这个过程是这样的："新闻报道和随后的社区反应在网站上公开，以便让所有人都能看到。有时会产生多层'文档'——照片幻灯片和伴有文本文章的视频,以及众多社区用户在故事论坛上对一些故事的积极介入。"[16]通过这种方式,受众实际上对生产故事的根本流程做出了贡献。

互动新闻的开放性也非常重视合作。过去新闻编辑室彼此之间很少合作,但互动新闻表明,合作可以成为新闻编辑室创造更好产品的一种手段,且不用以牺牲其他新闻机构的利益为代价。

《卫报》《纽约时报》《明镜周刊》(Der Spiegel)联合进行了有关维基解密披露(WikiLeaks revelations)的工作。尽管每家报纸都做了自己的分析,但这仍然是一个前所未有的合作努力,并且结果也非常了不起。此外,像为了公众网和《得克萨斯论坛报》(The Texas Tribune)这种调查性的非营利组织,也和像《纽约时报》这种更大的新闻机构合作,共同发布它们的报道。在资源有限的情况下,我们需要看到新闻机构之间更多的合作——不仅仅与非营利性组织——从而为调查性项目、分享联络站、合作报道等汇集资源。

但是这还远远不够。开放性不仅仅是关于合作的,它也是关于过程的。正如我们从开源文化中所了解的,这个过程是没有掩饰的。从T恤衫到黑客集会的横幅再到代码学院的网站,诸如"展示你的代码""展示你的工作""公开代码"等口号一直在重复出现。但是记者不喜欢展示他们的工作。写作新闻民族志的过程很艰难,其中一个障碍就是记者根本不喜欢这个过程——他们担心,如果有人调查新闻是怎么制作的,那么一些事情可能就会暴露。但是,除了新闻民族志、新闻记者的传记,以及一些好莱坞电影,我们很少了解新闻记者实际上在如何做他们的工作。

新闻领域的开放性,意味着可以让读者观察新闻生产的过程。也许,正如在第5章中《纽约时报》的阿伦·皮尔霍夫所指出的那样,记者分享笔记资料的现象会越来越多。但是毫无疑问,对于某些故事来说,在一些步骤中把读者纳入记者正在进行的报道,或者让他们成为关于记者如何提出故事想法的解释者,这些都是可以尝试的做法。在向公众解释他们的伦理体系方面,记者可以做得更多,在讲清楚那些看似不成文的规则方面也是如此，比如如何进行采访工作以及获取信息的系统方法。作为解释者，数据新闻已经开始提供交代数据来源的一些步骤。但是，这些交代解释往往被简化成一个简短的段落。一些记者可能认为，这种方式并不适用于调查性报道，或者这样做可能浪费太多的时间，但是当新闻权威已经受到损害的时候，重建信任并强调专业技能的特殊属性就有正当的理由。

互动记者通过实例引领了开放性。他们与不同新闻编辑室的其他记者进行合作，一起解决常见问题。他们让自己的工作处于开放状态，以便所有人都能看得到。他们暴露自己如何去做以及做了什么的工作过程。互动记者正在引领形成一种认知，那就是开放性对受众、对其他新闻编辑室都是重要的，这对新闻的未来是一种鼓舞。

正如本科勒所指出的，网络文化的另一个基本方面是具有自己了解式的探索性质。在理想状况下，凭借信息传播技术的网络化能力，用户可以毫不费力地从一个站点转到另一个站点。所有事物都可以通过网络的链接结构而联结，而阻碍人们进一步探索的唯一因素是个人自身的好奇心。

当然，正如马修·欣德曼（Matthew Hindman）所断言的，这是思考网络的一种理想化方式。[17]但是，传统新闻业在通过网络与受众相联系方面一直表现得很糟糕，在自己平台的网站上也表现很差。一个最初的担心是，链接到其他网站可能会导致人们跳转开一个新闻故事，因而会使其脱离最初的新闻网站。[18]传统新闻业并不清楚该如何看待网络链接，因而链接什么以及不链接什么是一个现在仍然存在的问题。在文本和多媒体里进行的探索过程是十分受限的。

斯蒂恩·斯蒂森（Steen Steensen）认为，在新闻学研究领域，超文本研究者的一个普遍假设是，超文本可直接提供对信息源的访问，提供个性化服务，具有导向性，没有截止期限且可提供海量储存。[19]他查阅过的一些研究表明，报纸并不擅长提供那种能增强上述超文本实践的外部链接。2000年的一项研究调查了包括62家美国报纸在内的100个在线新闻版，揭示了只有33%的媒体在新闻故事内提供链接。[20]其他人则认为，超链接是在线新闻不发达的特征，尽管2008年的一项更乐观的研究显示，在10个国家样本的1 600篇文章中有24.7%的文章提供外部链接。[21]

互动新闻并没有这么做，但是它确实为这种意识提供了非常重要的基础——探索的能力。互动新闻里包含了供用户去探索多层文本和图片的各种路径。个人可以按照他自己的方向去探索，体验可以操控的自由（controlled freedom），因为用户能够以他们自己的方式随时随地去进行自我探索。这种可选择去浏览更多信息的能力，超越了仅仅从一个故事到另一个故事的表面层次。相反，它提供了一种深入特定主题的能力，或者只是粗略地浏览。

在减轻一些对用户离开网站的担忧的同时，新闻如何才能注入更多的自己了解式的体验呢？记者在链接到与主题相关的其他内部文章方面，可以做得更加出色。在众多传统新闻机构中，《纽约时报》起着引领作用，因为代码被嵌入到了该报的内容管理系统里。这实际上设置了链接功能，将用户指引到相关文章中的各种关键词（例如，糖尿病或原油）上，由此给用户提供机会去了解所有与特定主题有关的《纽约时报》文章。同样，《纽约时报》也创建了一个初期工具，帮助将网络上类似的文章链接在一起。比如关于一个颁奖典礼可能会有5篇文章，其中一篇可能是新闻角度的，另一篇是商业角度的，其他几篇可能是娱乐角度的。这个工具将显示出，基于此事件的这些文章现在是存在的并且需要被关联起来，从而在网站内产生更多的点击量。这是《纽约时报》实力的体现，其他的新闻机构也需要思考如何能完善文章的推荐系统，而这要求开发人员去从事这个工作。

但是，除了提供链接之外还有更多的自己了解式新闻。这个探索的过程是以自己的方式去真正地见证事物。这种"见证"是参与式网络所特有的。[22]用户可以自己去了解致力于构成故事的底层文档。他们可以看到原始数据和来源，甚至能看到记者的姓名和电子邮件地址。一些做法目前正处于实践之中，特别是利用上面提及的一些工具，但是用户应该有机会去体验故事，不仅因为故事是被讲述的，而且也因为它们可以被探索。通过链接到共享故事的本质内核，自己了解式新闻在互动新闻的实践中产生，并渗透到了新闻编辑室其他部门的实践里。

互动新闻与传统新闻之间，确实有一个明显的相似之处，这表明了它与传统新闻实践的契合程度——聚焦于叙事核心。从根本上讲，有一些类型的故事可以用互动方式去讲述（或最终在分析之后被讲述）。这最终使得互动产品不仅是可以被点击的某种东西，实际上也是新闻，提供了带有故事和信息的内容。不同之处在于，互动产品的用户可以按需求进行探索——叙事没有预先设定的顺序，尽管叙事最终也要被讲述。叙事结构并不是强加给读者的，相反，这是一种探索发现的过程，让读者自由地拥有这种自己了解式的体验。

新闻如何才能提供一个更具开放性的叙事呢？无疑，对于新闻机构而言，继续讲述清晰而又权威的故事是非常重要的。在传统新闻的语境里，"线性"意味着指向特定的位置和目标。但是，给当前新闻的线性体验注入一些独特的叙事体验的弹性，将会是非常吸引人的。或许，新闻故事可以更充分地利用多媒体来放置源视频，在主体故事之外提供它们的视角。又或许，可以使用一种方法来建立故事框架，以便让读者通过输入搜索词或名字，就可以更容易地实现从开头或中间开始浏览。将线性故事转变成非线性故事的应用（不仅仅是新闻应用程序）正在成为现实，或许这也意味着，互动产品在提供讲故事的其他方式上发挥了独特的作用。

我提出了一些比较激进的观点，认为这些新的思考模式可以与更传统的新闻相结合。互动记者嵌入到一种文化之中，这种文化受到与技术实践密切联系的启发。这些记者是进入新闻编辑室的新成员，他们提供了新动力以及用非传统方式影响新闻编辑室的机会。他们率先尝试，展示了如何与公众和其他记者分享他们的工作，以及如何进行跨新闻编辑室的合作，使得进一步的变革拥有了可能性。当那些用户仍然停留在新闻网站上时，互动记者以一种自我发现的路径展示了用户如何可以被信任——他们在操作一个互动产品时进行自我学习。互动记者展示了如何将远距离的故事变成彻底个人化的故事，并且他们还展示了以非传统、非线性的方式讲故事的潜力。当新闻编辑室的其他记者看到互动产品的成功时，他们可能更有动力去进一步思考如何将这些工具整合到新闻编辑室更广泛的实践之中。

互动新闻的局限

但是，如果我们过于美化互动新闻，许多存在的问题就会凸显出来。其中最重要的一个问题，是互动记者没有做好彻底调查他们之前的大型数据集的工作。数据表现得没有活力，毕竟之前的数据集有附属于它的确切数据，并且它们来自搜集这些信息的官方消息源，或是来自那些独立收集数据的新闻记者。记者现在可以公开所有的数据，而不仅仅是奇闻逸事，让个人用户有机会独立地去体验这些数据。而且，当数据更为完备以及工具也没有那么复杂时，记者可以通过他们此前没有的完整数据集去讲述故事。

然而，正如石英网（Quartz）所指出的那样，数据新闻可能会出现很多问题。艾莉森·施拉格（Allision Schrager）也写道："我担心数据会给评论带来一种错误的权威感，因为数据分析本质上具有偏见……即使是由数据支撑的新闻，也是意见新闻（opinion journalism）。"[23] 她的重点是，数据可以被用来证明一个特定的假设。记者可能先设定一个故事，而不是从数据中归纳总结，他们寻找数据只是为了支撑先前设定的故事。

其他的议题还包括对数据本身采取质疑态度的重要性。这涉及对隐含在创建数据集的隐性假设的理解。例如，美国疾病控制中心（the Centers for Disease Control）在世界范围内对健康问题进行了最大规模的电话数据调查。它的行为风险因素检测系统（Behavioral Risk Factor Surveillance System）从全美各地收集有关人们的健康行为信息。但是美国疾病控制中心是根据对风险构成因素进行评估来做决定的。因此，这些假设构成了创建数据的基础，除非记者意识到了这些假设、质疑这些假设，以及在他们的分析中界定这些假设，否则这些数据本质上呈现的只是表面的价值，而非一个被收集信息的架构集（constructed set）。甚至人口统计学数据也需要得到充分的检验。犯罪数据提供了一个很好的例证，可以说明政府机构如何利用数据构筑了它们自己的偏见。警方可能有用来记录国内骚乱的确定的方法，并且，为了保持较低的犯罪统计率，他们对一些骚乱可能闭口不提，除非警方官员确信事件已经升级到一定程度。《芝加哥论坛报》需要核查从警方那里得到的关于枪击案的数据，因为发生在同一地点的多起枪击事件很可能只作为一个事件被警方记录。

记者要获取的很多数据都依赖于各种机构，而且他们不可能总去核查所有建立在数据上的潜在假设。同样，记者们经常禁不住（并且容易）去展示这些数据的表面价值。最近，我们已经看到了日常数据新闻博客的兴起，其目标是每天提供有关数据新闻的多种产品。《卫报》的数据博客或许可以被看作是一个先驱。《纽约时报》的 Upshot 和纳特·西尔弗的 FiveThirtyEight 做的是日常数据新闻，但它们对这些数据并无质疑。《纽约时报》经常会使用民调数据，而不问这些数据是如何被收集的。其他的数据故事体现了收集数据的难度，以及对数据做出假设有多容易。汽车共享服务优步（Uber）的出现导致有执照的出租车服务价格"直线下降"的故事就是一个典型的例子。当时还是研究生的本杰明·托夫（Benjamin Toff）针对该新闻写了一篇回应文章，他说："这篇文章所提供的其他一些数据点集主要是以坊间传闻，以及最近几个月出租车所有者和出租车委员会所面临的销售和拍卖困境的孤立个案加以呈现的。"[24] 换句话说，记者在关于如何收集数据，以及之后从数据中得出结论方面应该小心谨慎。

不过，还有一个更大的问题，那就是我们必须从更宏观的社会视角来质疑这种新闻的量化。量化可能为一些机构生产特定的权力类型，这种创造、定义和分类社会现象的能力是非常强大的。正如温迪·埃斯佩兰德（Wendy Espeland）和米切尔·史蒂文斯（Mitchell Stevens）所认为的，我们一开始都是通过被量化的、分类的棱镜来认识社会现实的。[25] 从告诉我们如何思考社会不平等到分析移民和政治问题，新闻机构现在具有了对社会数据进行量化的能力，而对这种能力的批评是十分必要的。

总体来说，新闻记者不是社会科学家或统计学家，尽管有一些记者具有统计学的知识背景，比如作为数据记者的青年才俊纳特·西尔弗。虽然一些记者确实有丰富的统计学知识，但我们也需要注意到他们使用这些方法去寻找故事的局限性。施拉格引用了经济学家/记者米歇尔·明科夫的观点，认为记者可能还没准备好做足够的数据分析，他指出："要使原始数据有意义，这需要更多的分析力量和进行独立研究的意愿，而非延续记者传统上感觉舒适的做事方式。"[26] 记者可能还没有足够的分析力量（analytic firepower）做到这一点。记者的大多数统计学知识可能是他们独立自学的，而非来自新闻院校传统上所教的那些东西。

美国计算机辅助报道研究所的邮件组列表上反复出现记者要求提供统计学帮助，以及他们就如何解决问题相互进行指导的信息。正如一名记者在电子邮件里写的：

> 各位，
> 我正苦于寻找将几个测量关联起来的方法。其中之一可用棒球比赛举例。有很多棒球比赛，所以我们可以设定其他变量。
> 我的问题是这样的：我尝试把我设定的其他变量和棒球比赛的分数相互关联。一些比赛输了，那就是负的；一些比赛赢了（正的）。
> 正负数不是真正的棒球比赛得分，但它们确实是数学意义上正的和负的数字。我需要去确定，分数和另一边的变量之间是否存在显著关系。
> 我的初步想法是对分数进行平方，为了测试相关性使负数变成正数。我的这种统计方法是否科学？在处理正负混合值时，是否还有其他更合理的方法？[27]

另一个记者回复：

> 如果你用交叉表对条目 1 > 0 和条目 2 ≤ 0 进行分析，那会发生什么？这是否也表明一种相关？我的意思是，如果它是一种关于比赛的赢/输 vs. 小吃店的获利/损失，那这可能会告诉你一些事情。一条拟合直线的散点图可能将比赛和小吃店的高回报或低损失联系起来。我说的这些可能都是错的，却有助于你理清思路。

换句话说，记者们正在尝试在不熟悉的路径上引导彼此，那就是使用统计方法和软件来分析数据。过于信任记者具有可靠的数据分析能力是危险的，因为他们可能并不知道如何去做数据分析。[28]这并不是否认一些记者确实拥有良好的统计技能，而且确实非常了解如何进行统计分析。很多新闻编辑室雇用了具有统计学专门知识的记者。在《精确新闻报道》这本书留下的遗产中，统计技能比以往要更先进，并且随着数据集变得越来越强大，记者拥有专门技能是必需的也是受到认可的。

然而，仍然存在一种意识，那就是互动新闻能用数据解决的问题传统新闻根本无法解决。尽管质化的新闻被认为十分重要，但新闻的量化形式被视作给出了"硬回答"，从而消除了不确定性。我从访谈过的一些数据记者和程序员记者那里听到了这种观点。例如，《纽约时报》的蔡斯·戴维斯总结出了下面的观点："数据新闻不同于常规的传统新闻。这是概率和不确定性之间的区别。就传统新闻而言，可能存在某种疑问，但就数据新闻而言，你可以说有92项竞选筹款。用数据新闻你可以做到绝对正确，也可以做到十分精确。"这种绝对正确的想法，可能意味着记者不愿意去充分质疑数据。这并不是说与数据打交道的互动记者不去质疑数据，毕竟，他们是记者。但是对于那些寻求对世界做出真理声张的记者来说，断言数据能够证明某些事情可能就有点太过诱人了。

对很多质化记者来说，最让人恼火的也许是一些人坚持认为数据新闻优先于其他类型的新闻。FiveThirtyEight 博客的创始人西尔弗曾在《纽约时报》主持团队，现在在 ESPN 任职。他在大量分析民意调查数据的基础上[29]，近乎完美地预测了 2008 年的总统大选（50 个州中的 49 个州被测对了结果），从而为自己赢得了声誉。他认为，这两种新闻实际上是互补的，但是他也指出，数据新闻可以告诉我们质化新闻永远也不能提供的一些事情。几乎所有的事情都可以被数据化（data-fied），并且被做得更好。

西尔弗点明了使数据新闻成为焦点的重要意义，认为它提供了中立和精确的潜能，而不是像在传统的质化新闻领域那样为情感和质化的逸闻所导引。正如他正确地指出的："从我们的体育赛事到我们的爱情生活，现在几乎一切事情都留下了数据痕迹。"

新闻的职责是在政府、科学及学术组织、私人机构等部门产生理解难题时，以利用数据绘制图表的形式使其获取相关信息。正如西尔弗的《信息与噪声》一书的书名所关注的——从噪声中发出信号，并且从这种数据形式中，我们看到的是记者将严谨的量化评估与新闻结合起来的渴望。西尔弗说，甚至情感也可以被测量。他认为，曲棍球运动员的毅力可以被分解为一些关键的表现指标并给出量化的分数。[30]

然而，质化新闻是重要的，如果没有它，新闻将是不完整的。西尔弗论证说，问题在于这些记者采用了逸事式的统计学应用，这导致了不正确的断言。他指出："问题不是失败地引用了量化的证据，而是当这样做时，他们是以一种逸事化和为了某种目的而非严格与实证的方式进行的，并且没有提出有关数据的正确问题。"假如对数据有很好的分析，这种通往数据新闻的必胜主义方法就有了答案。这也提醒我们，人们极易陷入对数据新闻的盲目崇拜之中。

除了对数据的过度兴奋，互动新闻还迫使记者过分关注代码的威力。从那些对代码有些了解的记者的角度看，那些能编写代码的是拥有特定技能的神秘人物，而这种技能是以前的记者从未拥有过的。回想一下《纽约杂志》的文章，文中提及阿伦·皮尔霍夫和他在《纽约时报》的互动新闻团队被确信是"可能拯救"新闻的一群人。当其他的职位都在裁员的时候，互动记者却正在被招聘。例如，《纽约时报》就有关于互动记者的招聘广告，然而当时该报的新闻编辑室正在经历一个百人重组的计划。在很多苦苦挣扎的都市新闻编辑室，从《底特律自由报》（*The Detroit Free Press*）到《明尼阿波利斯星论坛报》（*The Minneapolis Star Tribune*），互动新闻的岗位一直都处于招聘状态，尽管人们对新闻机构的前景预测一直十分悲观。

然而，或许记者敬畏编码的最好体现，是关于他们是否应该学习如何编程的争论。正如一位记者在接受《美国新闻评论》（*The American Journalism Review*）采访时所说："编码是一种新的语法。至少，如果学生不知道网页是什么，也不知道它们是如何被制作的，那么在这个游戏中他们不可能坚持很久。"[31]约书亚·本顿（Joshua Benton）是未来新闻博客尼曼新闻实验室（Nieman Journalism Lab）的负责人，他在一条推文中回答了这个问题："你看，不是每个记者都应该学习 Python！但是，如果你想要保证未来顺利就业，Python 可能就是一个可以做到的不错的投资。"[32]他指出，任何一个没有将编码视为必备技能的人都将成为一个历史笑话，就像认为记者不一定要了解文字处理软件、电子表格、社交媒体和视频剪辑的那些人所表明的一样。

梅迪尔新闻学院的教授米兰达·马利根（Miranda Mulligan）在《新闻学院想要培养好就业的毕业生吗？教他们写代码》一文中指出："如何制作软件去讲述故事，以及如何利用代码展示新闻，是目前记者们可以学习的最热门、最紧迫的技能组合。"她针对改进在线新闻的解决方案是："记者们应该更多地学习编写代码。"[33]

教新闻记者编写代码的运动，不仅在高等教育中展开，也在专业层面上进行。正如我已经指出的，现在有大量的新闻学院开设了编程课程或授予编程专业学位。尽管大多数新闻专业的学生确实学习了一些基本的 HTML 技能，并足以应付网页问题，学院也正在开设一些更为复杂的编程语言的课程，但是这些努力是远远不够的。就像 MediaShift 的资助者罗纳德·勒格朗（Ronald Legrand）所写的那样："编程意味着不仅仅要学习一些 HTML 的知识。我的意思是要学习真正的计算机编程。"[34]新闻学院明显已经接受了这样的前提，那就是教授编码确实是培养未来记者的一个重要组成部分。

此外，很多专业机构还有一个工作重点，那就是帮助训练记者提高他们的技能。在线新闻协会（The Online News Association）的会议开设了一组论坛来帮助记者熟练掌握编程技能。其中一场的主题是"开发人员的工具和路线"。分组论坛还包括为初级程序员启动一个训练营，承诺"我们将用一小时的冲刺课程，帮你梳理基本的编程语言，包括它们通常被用于什么类型的任务以及它们的局限"。[35]另一场会议则明确地致力于教记者去学习 Ruby 程序语言。[36]事实上，像上述教编程的会议一样，美国计算机辅助报道研究所目前就提供了调查性报道技能方面的很多编程课程。

也有一些人不赞同这种记者必须会编程的说法。作为对"新闻学院是否应该要求记者学习代码"的问题的回应，亚特兰大作家奥尔佳·卡赞（Olga Khazan）回答"不用"。此番言论在推特上引发了巨大的分歧。她认为，编码并不适合所有的记者，并且事实上，对于不擅长编码也懒得学习如何去做的记者来说，这可能会对其未来发展造成一种损害。她写道：

> 除了那些占比很小、真正想成为新闻编辑室开发人员的新闻专业学生，以我的经验来看，大多数新闻学院的学生只是想成为记者、作家和编辑（或者是他们的广播电视同行）。与此同时，报道和写作的岗位竞争越来越激烈，并且随着媒体机构在网络方面变得更懂行，它们正在建立专门致力于网页编程和设计工作的团队。
>
> 我从自己的经验里能总结的是，如果你想成为一名记者，学习代码将没什么帮助。这只会浪费你本应该写专栏文章或进行实习的时间——这才是导致这些岗位越来越稀缺的真正因素。[37]

换句话说，学习代码分散了记者在他们真正想做的事情方面取得进展的很多精力。

也许，关于记者应该学习代码的一个更加温和的观点最为可取。正如一些人所建议的，新闻记者不需要知道如何编写代码，但是他们应该达到可以讨论代码的程度。这也许是思考记者和那些在新闻编辑室编写代码的人之间沟通机会的一种很好的方式。如果记者们可以了解代码的潜力，他们就能更明智地讨论他们所设想的项目，于是在互动新闻团队和编辑部门的其他团队之间就可能会有更大程度的融合。但危险在于，记者们对代码知识的掌握不足。这是一个普遍的担忧，可能实际上造成比想象中更严重的沟通问题。

总的来说，互动记者作为未来新闻编辑室的英雄，扮演太多的角色有很多弊端。我们需要对他们带给新闻业的影响保持一些警惕，同时在没有充分评估伴随其工作出现的问题的情况下，不要对他们做出一种支持的承诺。对数据和代码的盲目崇拜，最终将无益于新闻编辑室的发展。与此同时，如果新闻编辑室没有了互动新闻，且不热心于新闻专业的拓展，那么这个行业就会失去更多的东西。

移动设备、传感器、无人机，甚至更多

任何声称预测了新闻未来的人可能都是错误的。或者说，为了自己的利益，他们有点狂妄自大。然而，确实会出现表明互动新闻发展方向的一些迹象。除了互动新闻，其他领域也有着光明的前景。尽管互动新闻目前仍是一个新事物，但移动新闻的持续发展，以及传感器新闻和无人机新闻的不断应用，都将进一步促进新闻领域的发展。

很多互动产品仍然在台式电脑上表现出色，如果它们能在 iPad 上被操作就更好了。本书的大部分内容主要集中在为了大一点的屏幕而开发的互动产品上，尽管这种情况正在改变。然而，比如像《雪崩》这类长格式的故事讲述产品，如果你想在 iPhone 上阅读是不行的，至少目前不行。我有朋友测试了大量的数据互动产品，看看在自己的手机上使用互动产品的感受如何，结果至少有 3/4 的人因互动产品没有能力对移动技术做出响应而感到沮丧。或者像我的朋友亚当（Adam）指出的："我的手指太大了，简直没法使用这个东西。"

此外，不可否认的是移动革命正在到来，或者它已经到来了。就像阿伦·皮尔霍夫所解释的那样，在 21 世纪头十年的后期，移动领域的早期成果既笨拙又使用困难。他说，"起初，我们把移动设备作为一种'有则更好'的工具来开发。它是那种要在大项目的结尾被抛出来，以用户没想到的方式给其带去惊喜的一类东西。"[38] 移动设备上产品的开发可能两倍或三倍地复杂于互动产品，特别是考虑到新闻机构要得到授权去开发固定的本地应用程序，因为本地应用程序中的浏览器工作原理不同于手机或计算机桌面的互联网浏览器工作原理。在本书要完成的最后阶段，已经从《纽约时报》跳槽到了《卫报》的皮尔霍夫指出，《卫报》的一些项目已经优先为了移动设备而开发，包括一个关于英国保障性住房缺乏的数据驱动的互动产品[39]，以及一个为曼彻斯特音乐节制作的互动产品[40]。但是他指出："老实说，我们有时候还会因为移动设备而挣扎，因为它有太多限制了。但

是这些限制在某种程度上也是一种解放，因为它确实能保证让你必须高度聚焦在用户身上。而当我们为计算机桌面设计产品时可能不会这么考虑。这迫使你要把关注点带回到故事讲述的基本元素上，并且最后一般会做得很好。"值得指出的是，即使是世界上最杰出的新闻编辑室，在利用移动设备上也困难重重。在本书的研究过程中，移动设备很少被访谈的参与者们提及，但我希望能在三五年内继续这方面的工作，因为移动问题可能是个很大的关注点。

传感器新闻的异军突起也产生了一定的影响。有一个来自哥伦比亚大学新闻学院托尔数字新闻中心的重要报告，其标题（相当扣题）是《传感器与新闻》，可以说这是迄今为止在此方面做得最好的研究。这个报告详细介绍了采集新闻的一些新方法，并且实际上为收集数据创建了传感装置。[41] 这份报告宣称，传感器新闻的发展，已经远远超过了我们今天在计算新闻领域所能看到的情形。"当提到'传感器新闻'的标签时，它甚至不像数据新闻那样能被人理解。"[42] 传感器新闻不仅仅利用了可获取更多的数据这一事实，而且还利用了很多收集信息的硬件组件：带摄像头的手机、加速器、GPS、麦克风和无线电。制作者运动（maker movement）的发展也同样反映在互动新闻的子专业领域，有助于推动使用便宜和便利的技术制作的传感器硬件的发展。而且，正如该报告所认为的，这与计算机领域的进展有根本的联系："通过计算机辅助报道的流程，传感器可以产生所需要的数据。"[43]

很多新闻编辑室已经开始尝试利用传感器进行新闻制作。《休斯敦纪事报》（The Houston Chronicle）启动了一个调查性项目，考察休斯敦石油工业对贫困社区造成的环境成本问题。在休斯敦，有很多地方的居民抱怨空气污染、黑烟，甚至是化学雨的问题。但是，所有这些都是没有依据的。报道这个故事的记者认为，美国国家环境保护局（EPA）每六天测量一次的数据是不充分的，所以她打算自己收集数据。她让居民使用一种工业标准的化学检测装置，这种每台价值100美元到200美元的仪器被称为有机蒸汽检测器。利用与社区合作得来的来自传感器的数据，《休斯敦纪事报》发现了环境中苯含量的水平超过了癌症风险的临界值,其中一个社区的苯含量超出了临界值水平的 27 倍。

实践传感器新闻的其他例子,还包括《南佛罗里达太阳哨兵报》追踪警察鲁莽行为的一个调查,包括对限速规定的无视。通过利用有关公共记录的法规,以及用于公路收费的"阳光通行"(sun pass)系统,记者们可以通过时间标记来追踪严重的超速违规行为。《今日美国》也做了一个名为"幽灵工厂"(Ghost Factory)的传感器项目。这个项目收集了遍布全美的 430 个废弃工厂地点的土壤样本,以检测其中残留的重金属污染物。

但是,传感器新闻领域最具雄心的代表作还是纽约公共广播电台的纽约公共之声的一个项目,这个项目让人们自己制作传感器来收集新闻。这个名为"蝉追踪者"(Cicada Tracker)的项目,追踪了人们最近记忆中纽约城区发生的最大规模的蝉入侵事件到底意味着什么的话题。

纽约公共之声数据团队的负责人约翰·基夫了解到,土壤温度是预测蝉何时将会出现的一个很好的预报器。他的团队使用了无线电广播室(Radio Shack)的部分设备建立了一个普通公众可以复制的传感器样机。按照这个样机,人们只要花 80 美元就可以建造属于他们自己的传感器。改进型的样机降低了传感器的成本,一个黑客团体甚至可以用 20 美元的价格出售一整套设备。纽约公共之声开始在一些公共活动中赠送这些设备。这个项目从 800 个不同地点收集了超过 1 750 个温度读数。另外的 4 300 份报告则形成于当听众看到蝉出现并开始记录之时。

正如哥伦比亚大学新闻学院托尔数字新闻中心的报告里清晰表明的那样,传感器新闻的成果可以通过丰富的多媒体和(特别是)互动产品来展示。传感器新闻是一种收集数据和参与社区的新方式。而且,随着传感器新闻的扩展,记者对使用那些与社区相关且有用的方式来分析和展示信息的需求也在不断增长。

无人机新闻是另一种与互动新闻相互补充的新兴新闻类型,这种新闻依赖于对小型无人机系统(sUAS)的远程操控。无人机可以全方位观察那些因为太危险而无法进行实地访问的地点,也可以捕捉到因没有空中视角而难以发现的一些事件。

在美国，到目前为止，新闻业对无人机的使用一直受到美国联邦航空管理局（FAA）管制的限制，但也出现了一些引人注目的案例。正如《传感器与新闻》这个报告所披露的，美国公共广播电台实施了一个叫"货币星球"（Planet Money）的项目，它们雇用受过专门训练的专业人士以获得空中视角，从而帮助记录美国的大范围棉花贸易。该报告如此描述这个报道："小型易操作的飞行器，能给观众展示出一个大规模棉花田的景象。"[44]这个无人机视频获得了60万人次的访问量。从外部衡量标准来看，它可以被看作是新闻子专业的成功。

其他的无人机应用形式则更为基本。记者们将使用更便宜的无人机看成是避免为了突发新闻事件（比如大规模的抗议活动或火灾）而租用直升机的替代方案。新闻编辑室已经开始采用普通民众使用无人机拍摄的天气、爆炸和火灾之类的视图。无人机新闻在世界范围内变得更成功，一些地方有更少的管控措施。德国媒体平台国际视频新闻通讯社（Ruptly）将无人机派到基辅的独立广场进行报道。萨尔瓦多的《新闻报》（*La Prensa*）使用无人机报道了最近一次总统选举的投票规模。[45]巴西的环球电视台（Globo）则使用无人机报道抗议活动，凸显了无人机新闻有能力帮助记者对抗议人群规模进行更好的估量。[46]无人机可以到达记者无法到达的地方——实际上，一名记者通过操控无人机，使其飞跃了还有污染的切尔诺贝利核电站的旧址。[47]这种硬件和技术的扩展超越了仅仅采用编程的形式，进一步与新闻的潜力相结合，因为这种潜力越来越依赖于未来的科技应用能力。无人机新闻和传感器新闻，展示了收集数据和观看新闻的新方式。那些通过抓取的方法来采集数据的新闻记者，不必依赖建立在机构数据采集基础上的解释性假设，这有助于记者真正了解数据背后的东西。

互动新闻、权威与融合

从虚拟现实新闻到无人机新闻，如果没有兴奋点，网络和整个数字平台有关新闻未来前景的讨论将变得毫无意义。但是，如果仅仅考察产品而不考察人和流程，那么我们就不足以了解新闻行业内发生的那些根本变化。本书尝试从内部考察互动新闻的流程和产品——人、工作以及他们所拥有的在新闻编辑室所做事情的知识。通过对人的背景、工作流程，以及互动产品自身的深入分析，我们知道了互动产品和互动记者正在如何像我们了解的那样重塑新闻业。

今天，传统新闻业面临着诸多的压力。有一点是清楚的，那就是新闻正处于一个转折点上——传统新闻业不能像以往那样总是保持不变了。商业模式必须改变，但是并不像仅仅改变产品的价格那么简单。同样清楚的是，在一个个人化、参与性媒体以及公民内容大行其道的时代，传统新闻业必须声张其与公众的关联性，由此它才能表明专业记者确实扮演着一个至关重要的公民角色。但是，记者所依赖的老旧、常规的调查性故事，可能已经不足以引起人们的关注了。

新闻专业引进了一些新的从业者，催生出一个新的子领域。这些互动记者正在通过他们所做的工作，以一种重要的方式改变着新闻的流程和产品。在某种程度上，这些互动记者产生于新闻编辑室的深厚历史之中。摄影师、图形艺术家与设计师、计算专家们现在特别活跃，因为他们可以采用新类型的技术，利用一种独特的数字媒介去创造不同类型的新闻。但是这些互动记者也十分不同，他们带着一种沉浸于技术实践的传统，以及他们的技能、流程和思考策略，以过去没有出现过的方式进入了新闻编辑室。总之，一种满足了新闻编辑室的现实需求，且兼顾最前卫的一些编程文化实践的融合样式，被互动记者带到了新闻编辑室。

新闻专业面临着一场权威性危机。现在，传统记者比以往任何时候都更为关注新的新闻类型和日益活跃的公众。不再有那种一对多的新闻分发。新闻记者作为唯一的知识仲裁者的地位受到了挑战。但是，互动新闻是重建记者专家地位的一种方式。没有其他人能以记者群体这样大的规模利用数据来做互动新闻的工作，而且在美国公众面前，也没有一个单独的机构正在应付一系列广泛的社会现象。在使数据变得更便利和更易于理解方面，记者通过互动产品给人们提供了一个了解世界的机会，并且他们保持了一种想要获取公共知识以及成为公共知识来源的职业目标。互动记者的产品所展示的复杂的代码，是新闻机构得以安身的基础，因为它牢牢地嵌入了以网络和移动设备为中心的更大的社会体验之中。记者可以通过利用工作软件讲故事的互动产品来声张自己的权威，这些方式提升了他们解释社会现实的能力，从而使记者在其社会重要性方面形成了一个更大的声张。

记者正在重塑社会对于新闻本身的理解方式。新闻和代码之间的界限越来越模糊，因为新闻已经需要通过软件去进行讲述。数据在人们思考世界的方式上变得越来越重要，因为这个世界要通过日常的新闻报道被表述，而这些报道则是由互动记者帮助和推动进入日常新闻制作的。利用软件讲故事的新闻呈现出一种新的形式，它通常是利用数据而非（补充）逸事来解释社会现实。新闻不仅仅是一种线性的解释，而且人们如何理解新闻也可能发生改变，因为新闻呈现了新的类型，并且新闻专业也在扩展。

对于一些读者来说，一个挥之不去的问题是，如果互动新闻确实正在重塑新闻专业，那么它在新闻业内部总体上为何并没有遇到太多阻力呢？在某种程度上，互动新闻正在重塑新闻的面貌和感知方式，并且促使新闻更多地关注数据，然而，有关新闻的更宏大的问题并没有受到根本性的挑战。什么构成了一个重要的新闻故事？是什么让某事具有新闻价值？谁是有权势的人？什么问题和群体应该得到关注？什么是新闻敏感和新闻判断？新闻的这些方面还没有受到互动记者的质疑和挑战。这与上述诸多方面如何得以传播——利用互动产品、以数据作为它们的核心、以软件作为它们的形式——是不同的问题。但是根本性的东西并没有改变。

互动新闻被视为未来的一种必需品。作为采用不同做事方式、有益于新闻编辑室的异类群体，互动记者广受欢迎。作为创新者，他们以不同的方式思考如何制作新闻（没有质疑什么是新闻），并且他们拥有其他人所没有的技能。我们曾经在在线记者身上看到的被抵制现象，在这种情况下并没有出现，也许是因为大部分新闻编辑室也承认创新是生存的前提条件。互动记者是潜在的救星，他们能引领新闻编辑室走向未来，能给网站带来流量，而且还能激发对如何讲故事的重新思考。互动记者可以使新闻变得与公众相关和令人激动，他们以或许会打击新闻编辑室里的记者自信的方式，独立地从事自己的工作。

互动记者将代码和软件应用带入了新闻业。他们使新闻变成互动的小测试、投票选举、地图、图表、视频，甚至更多东西。新闻通过软件可以利用并回应新技术的创新。新闻专业得以扩展，是因为记者利用一个新媒介学会了以新方法来讲故事。旧的实践可以与新的实践相结合，这有助于发挥新闻的潜力以实现数字时代的前景预期。

最终，有关专业的一个显而易见的根本问题是，互动新闻能否对公共利益做出贡献。这是所有的专业都具有的特征。并且一个更大的问题是，互动记者怎样才能真正地为公共利益做出贡献。互动记者可以为公共利益做出贡献，部分原因是他们确实以新的方式给公共知识增添了新东西。他们利用作为软件的新闻所具有的讲故事的能力，释放了一种受众理解故事的全新潜能，这种潜能与建立在更复杂的在线技术平台和跨移动平台基础上的用户体验、探索以及知识的潜能相一致。互动记者帮助传统新闻业做出了有关新闻知识的特定声张，并帮助其努力维持权威性声音。这可能强化了新闻业作为一个持续性权威（并受尊敬）的信息提供者的地位，从而为公共领域贡献出高质量的信息。

互动记者将不会成为"拯救新闻业"的答案，但是他们确实激励了这个专业向前发展。这些记者挑战了传统新闻业的工作方式，并引入了诸如开放性、自我探索、制作、叙事，以及个体性这些此前未有过的观念。从我们对新闻专业的了解中可以看到，各种因素如何为一个子领域的兴起准备了条件：新闻专业的内部关系以及这个专业与其他专业的关系、外部压力、声称公共关联性的需求，以及对特定知识的声张。互动新闻促使我们更广泛地思考专业在更一般的意义上可能如何成长和变化，特别是当这些专业面临着后现代的信息社会的挑战的时候。

注释：

[1] Brustein, "Newspaper's First Trip."

[2] Santus, "Newspaper Experiments."

[3] Gayomali, "Iowa Newspaper."

[4] Brustein, "Newspaper's First Trip."

[5] Deuze, "What Is Journalism?"; Schudson, *Discovering the News*.

[6] Lewis and Usher "Open Source."

[7] Lewis and Usher "Open Source."

[8] Clark, "Arlington Couple."

[9] Park, "News."

[10] Carey, "Cultural Approach."

[11] Phillips, "Transparency."

[12] Carlson, *Condition of Anonymity*.

[13] Roberts, "*The Guardian*."

[14] Rusbridger, "Open Journalism."

[15] Guardian News Media Press Office. "*Guardian* News."

[16] Santo, "Experiments."

[17] Hindman, *Myth of Digital Democracy*.

[18] Weber, "Newspapers."

[19] Steensen, "Online Journalism," 313.

[20] Kenney, Gorelik, and Mwangi, "Interactive Features."

[21] Quandt, "(No) News," 717.

[22] Allan, Sonwalkar, and Carter, "Bearing Witness."

[23] Schrager, "Problem."

[24] Toff, "NYC Taxi."

[25] Espeland and Stevens, "A Sociology of Quantifications."

[26] Schrager, "Problem."

[27] Ronald Campbell, email correspondence to NICAR-L ("Statistical Question"), August 25, 2014.

[28] Tim Henderson, email correspondence to NICAR-1, August 25, 2014.

[29] O'Hara, "Nate Silver."

[30] Silver, "" What the Fox Knows."

[31] Spinner, "Big Conundrum."

[32] See https://storify.com/macloo/should-journalists-learn-to-code.

[33] Mulligan, "Hirable Grads."

[34] Legrand, "Why Journalists."

[35] "De-Coded."

[36] "[For Journalism] Ruby."

[37] Khazan, "Should Journalism Schools."

[38] E-mail with author, January 28, 2016.

[39] See https://www.theguardian.com/society/ng-interactive/2015/sep/02/unaffordable-country-where-can-you-afford-to-buy-a-house.

[40] See https://www.theguardian.com/stage/ng-interactive/2015/jul/16/street-dance-storytelling-flexn-strut-their-stuff-interactive-dance-video.

[41] Pitt, Sensors and Journalism.

[42] Pitt, Sensors and Journalism, 17.

[43] Pitt, Sensors and Journalism, 18.

[44] Pitt, Sensors and Journalism, 107.

[45] Diep, "Salvadorian Newspaper."

[46] Diep, "Salvadorian Newspaper."

[47] "Q & A."

附录 方法论

引入混合民族志

这个项目是一个建立在观察和访谈基础上的多点民族志（multi-sited ethnography）研究。与我的第一本书不同，那本书主要建立在单一地点（《纽约时报》）的5个月沉浸式的田野研究基础之上，而本书则试图从整个行业去搜集数据。因此，我个人访问了13个新闻编辑室，一些访问（如对半岛电视台英语频道的访问）持续了超过两个星期的时间，而另一些是重复性的访问，还有一些则仅仅是几个小时的走马观花。[1]这可能不是传统意义上一些社会学家所持标准的民族志实践，相反，它代表了我所称作的"混合民族志"（hybrid ethnography），或者实现了尝试超越单一案例，并仍然在进行某种形式的持续性观察的一类民族志研究。

混合民族志是一种实践，通过这个实践，我们可以将访谈和民族志观察结合起来，以达到拓展案例研究的比较性目标。混合民族志不是传统的民族志，因为当一个研究者寻求研究的多个案例时，他并没有按月或按年对持续性观察做出预期。相反，混合民族志将最好的访谈和最好的民族志田野研究整合在一个时间框架里，从而显示出一系列案例研究的意义。混合民族志意识到了研究需要花费时间，但是为了获得质化研究的广阔视野，时机是极其重要的。[2]之后的问题是，你如何才能最大化地利用时间并且仍能获得充足的数据，从而对手头的案例做出评估？

克利福德·格尔茨（Clifford Geertz）解释说，为了阐释文化，一个研究者只能去接近一个特定的群体。[3]他没有给出确切的时间，也没有界定这种

"接近",但是其他人提出了一种能够以有意义的方式达成上述接近的思路。路斯·菲兰肯伯格（Ruth Frankenberg）在她重要的人类学著作《白人女性，种族问题》（*White women, Race Matters*）一书中认为，接近意味着能够理解文化基础——"有关行为和理解的无意识的、未察觉的后果"[4]。去评估一个人是否已经做到了足够的接近是一个主观的过程，但是研究者必须自问：我实际上理解了我的研究对象的文化背景了吗？正如安妮特·马卡姆（Annette Markham）所提出的[5]，当被观察对象协商和构建其社会架构时，我能够考虑到他们的意识形态标记（ideological marker）吗？凯瑟琳·莱博司考（Katherine Lebsco）以不同的方式提出：通过我的人类学实践，我是否获得了通过谈话产生的对我所调查的这个社群意义的一种理解？[6]

混合民族志的过程可以做到这一点。它首先开始于一组案例的选择。为合理实施这个方法，研究者应该有一个计划，目标就是利用多个地点去考虑质化的问题，以便进行广泛而非深入的观察，尽管混合民族志的目标也是提出深入的看法。对选择的案例应该有一个正当理由——与预期的相似或相异，要大体上与总体研究问题相一致。就我而言，聚焦点是尽可能多地观察大的新闻编辑室，以便评估它们的互动新闻团队。我想要观察的是传统纸媒、广播和电视。这些观察方向表明了在每种类型上我需要不止一个案例，并且至少需要一些案例来开始进行跨界的和内部的比较。我的案例选择一开始没必要太完整。在已经找到的这个领域的案例的基础上我可以再增添新案例，特别是随着一些意外主题的出现，数据收集开始显现出一些新方向。

作为一种实际的工作实践，混合民族志尝试在被压缩的时间内去最大化地实现民族志的观察。新闻编辑室（像其他的机构一样）里的民族志观察，通过对文档、照片、电子邮件，以及其他组织流程记录的搜集得以增强。研究者应该带着搜集尽可能多的内部文件材料的目标进入他的案例地点，小心地对这些文档可能如何被使用做出笔记。其他文档搜集的建议包括索要一些标准规范或政策声明的副本材料。这些东西可能是从业人员在他们的工作中需要遵守的，其范围可能包括从互动产品最佳范例的设计指导，到社交媒体伦理的指导方针，甚或是协会规章的列表。因此，采用混合民族志方法的研究者，应该带着尽可能多地搜集有关组织机构文件性证据的目的进入每个观察地点。

混合民族志研究者的目标是将民族志和访谈结合起来，这意味着要用某个时期的单个人的访谈去平衡持续性的观察。田野调查的时间管理和随机应变变得非常重要。混合民族志必须具备一种调查的强度，研究者应进行急速的访谈，以及完全浸入式的田野探求。有时候，我在一天时间里进行了 15 个访谈。毅力可能是一个最基本的必要条件。

一个基本原则似乎与人们所预期的相反：在一个田野背景里进行访谈。通常，受访者都被安排在一个"安全"的空间里来解释他们的看法。但是如果能够在田野背景中为访谈开拓出一个空间，那么就不容易漏掉在主空间或者田野环境下本来就有的一些东西，这个非常重要。这可能意味着访谈发生在一个小隔间而非一个房间，或者是在一组空的工作台旁而非一个私人的环境里。但这也是为了在访谈时进行观察和倾听。

事实上，在进行提问过程中，如果受访者距离田野地点很近（在此情况下，田野地点是他的工作空间），那么在获得一些有关受访者被感知的方式，或者其在新闻编辑室里所处的位置等外部效度（external validity）方面，就会变得更容易。访谈时，处于工作环境中的受访者被打断、被问的问题、被大声叫喊的时机——所有这些都能提供关于受访者在一个组织框架里被如何定位的研究洞见。

这与"公开式访谈"（out in the open interview）这样的术语在使用上有一点不同。受访者在关于是否进行私人式的谈话方面，仍应该被给予选择的机会。那些能够进行的公开式访谈，往往与内在的个人信念和身份评估没有太大的关系，而与角色、组织行为以及被观察地点的状况等因素有更多的相关性。换句话说，公开式访谈对于尝试研究个人化问题的研究者而言并不是很理想。研究者需要对受访者可能无法公开表达的内容保持敏锐警觉，一旦发现受访者有此迹象，可先建议"稍后再谈"，然后选择一个更加私密的场合，继续完成此前的交流。

但是公开式访谈可能让受访者更加放松。如果许多同事已经在他们的工作台旁接受了访谈，那么其他的同事之后再加入进来就更容易与研究者建立一种信任关系。访谈是透明的，每个受访者都有一个清晰的认知，就是他已经被对待的方式是所有其他的受访者将被对待的方式。而且，公开式访谈表明了受访者不可能拒绝回答被问到的问题，因为这些问题还不够私人。

一些人会质疑，访谈是否算得上民族志的工作组成部分。在某些语境里，访谈在民族志的范畴内可以被接受，部分原因在于访谈是进入主题的最好方式之一。伯提·阿拉苏塔里（Pertti Alasuutari）认为："所谓的民族志研究，通常等同于对一群人的质化访谈。"[7]访谈对质化研究做出了重要贡献，无论研究者是否认为它应该被视作民族志的一部分。

《向陌生人学习》（Learning from Strangers）是我最喜欢的一部关于访谈这个主题的著作，这本书对于从访谈中可能获得的数据的深度提出了很多洞见。[8]研究者可以从访谈中了解属于个人的内部经验，以及获取有关机构目标的信息。受访者通过他的回答，可以提供有关其他人互动行为的一些观察。"事件是如何发生的？或者依托一个事件能制作出什么产品？"[9]换句话说，过程——可能更好地得到理解。在此情况下，访谈被用来构建理解新闻编辑室工作流程的基础。由于访谈数据整合自各种各样的受访者，因此研究者能获得多种视角呈现出的深度，以及理解事件和人物是如何被关联起来的。一个受访者对这个正在被调查的主题的内部和外部的观察，之后可以通过访谈被加以证明。

在使用混合民族志方法过程中，公开式访谈是十分重要的，因为它得以让研究者置身于田野中，并可最大化地利用时间。研究者应该适应发生于新闻编辑室内的访谈之外的交流形式，应该利用访谈前后的间隙，去观察机构如何运作——仔细倾听员工之间的谈话以及观察其他互动情况、在工作场所内走动并观察人们电脑上呈现的东西、记下人们工作台上的图书名称和材料、参加新闻编辑室的会议。当已经处于准备去做一个访谈的状态，或正在进行一个访谈的过程中，研究者的目标就是做尽可能多的观察。参加会议并不总是能如愿，但是在进行公开式访谈的过程中，研究者通常能观察到一些小型的日常会议。观察和访谈同时进行可能很困难，但为了最大化地利用时间，这样做往往是必要的。这很难做到并且需要不断练习，但是当花在田野调查上的时间很有限的情况下，观察互动情况就显得非常重要。采用混合民族志的研究者对过程的观察往往形成于访谈间隙，并且让自己处于田野环境（在一个中心的工作台旁、在一个重要的桌子旁、紧邻一个负责的编辑）也有助于观察这个过程。

对和新闻编辑室有关的很多当代议题来说，混合民族志是一个解决方案。不同于有充裕的时间（几周或几个月）可以在新闻编辑室进行深入的田野调查的研究者，我通常只有编辑室管理方允许的几天甚至几个小时的时间。相比于传统新闻机构曾经所处的存在更少诉讼、竞争和焦虑的时代，今天进入新闻编辑室可能变得更加困难。让新闻编辑室允许一个媒介社会学家花几周或几个月的时间待在内部，这可能被视作一种威胁。今天，新闻编辑室尤其处在一个变化进程中的不确定的位置上，它们尝试着有可能失败的革新，以及产生了诸多道德问题的困境。说服新闻机构去公开正在制作的产品，以及用研究者的视角去曝光生产模式和矛盾会引起惊慌，并且，新闻编辑室的把关人对全天候的社交媒体传播潜力特别敏感，这可能被他们视作在这个领域能被感知到的弱点。

协商进入新闻编辑室几周或者几个月的时间是没有可能的，但是团队的负责人对允许我访问几个小时、一天或者几天，似乎感觉完全没问题。我对半岛电视台英语频道的访问确实超过了两个星期，一个幸运的巧合是一个联系人对学术研究非常精通。因其大量的案例选择，混合民族志有助于超越对单一案例的依赖，从而获得更大的研究宽度。

再者，混合民族志是尽可能快地获得总体印象的一种思考方式。因为时间的限制，研究者必须马上做好所有事情：观察环境和背景、观察互动情况、进行访谈。有太多的事情需要去完成，并且在几个小时或几天之内就要做完，这似乎是一个不可能完成的任务。但是，将民族志研究的重要要求与尽可能多地在受限的条件下获得环境信息这两者相结合的目标,是今天在新闻编辑室环境下进行民族志研究的一种现实。

我确信自己的研究处于饱和状态(saturation)。我一遍又一遍观察这些重复的主题。我能够从我所搜集的数据中提炼模式和差异的指标。如果这些条件能被满足,即一个研究者能够从其数据中建构这种对文化意义、行为、其他人的观察、描述、视角、通过数据搜集所获得的受访者体验的理解,那么民族志的目标就算完成了。正如所有的民族志研究一样,混合民族志意味着研究者最终将寻求饱和,但只要数据的质量可以说明这些受访者的"生活世界"(lifeworld)(借用一个吉登斯式的术语)是可以被理解的,那么研究者仍可能在更短时间内做到饱和。

一组混合民族志的例子

我研究的范围集中在横跨美国、英国以及中东的 13 个新闻编辑室。我也利用了一组来自第 14 个新闻编辑室(《芝加哥论坛报》)的访谈数据,这组数据由我的合作研究者塞思·刘易斯所搜集,他和我一起参加了早期的访谈工作。我非常感谢他分享给我这个《芝加哥论坛报》的访谈数据。我主要选择调研大型的新闻编辑室,是为了获得一种对新闻行业的感觉,只有两个案例——《西雅图时报》《迈阿密先驱报》——出自都市新闻编辑室,尽管我也确实在作为公共广播电台的纽约公共之声上花了时间,并且也同样从对《得梅因纪事报》《沃斯港明星电讯报》的访问中获得了洞见。

我访问了美国公共广播电台、英国广播公司、《卫报》、《纽约时报》、美联社(华盛顿特区分社、纽约分社)、《华尔街日报》、为了公众网、《西雅图时报》、《迈阿密先驱报》、纽约公共之声,以及半岛电视台英语频道。我还与时代在线(Zeit Online)进行了视频交流。除了报纸新闻编辑室,我还找到了广播新闻编辑室和电视新闻编辑室,尽管尝试进入任何商业性的广电新闻编辑室都十分困难。在本书中,我所使用的有关人物的头衔及其所在机构的名称,都是当时我对他们进行访谈时其所在的机构所使用的。

很多人已经换了工作，但是由于对互动记者的需求，这种情况几乎一直都在发生。在对新闻业内部的元话语、滚雪球式样本和联系人，以及便捷性成本等因素的综合考量中，我对研究案例做出了选择。一些数据会比另一些数据要更陈旧一些，但要重点指出的是，这并不意味着这些数据对提炼核心概念与观点没有用处，尽管环境可能已经发生了变化。

尽管跨文化的比较总是应该被考虑的重要因素，即使我去过半岛电视台英语频道、英国广播公司和《卫报》，但对互动新闻而言，我发现它们使用的绝对是一种一致的方法。尽管存在一些小的界定性术语和一些历史方面的差异，但这些机构的互动工作及其工作产品却是相同的，背景与视角十分一致，并且能够提供的抽象知识也非常相似。

可能有人会问，我怎么才能从这些大型的新闻编辑室获得一个行业的概貌？首先，通过美国计算机辅助报道研究所的会议，以及其所参加的有关数据新闻和在线新闻的全年的其他会议，我们能看到这些大型的新闻编辑室是彼此相互关联的。它们在推特上相互联系，并且也通过博客进一步交流与分享想法。正如凯瑟琳·芬克和克里斯·安德森所指出的那样，对于比较小型的报纸来说，将时间和资源投入到互动新闻上是非常困难的。[10] 这些报纸很难留住人才。而且，通常它们的互动团队都很小——可能就一个人在单独工作。我没有调查这些小型的新闻机构，尽管它们有一些确实制作出了优秀的互动新闻。我着眼于大型的新闻编辑室，因为它们被更普遍地视为互动新闻领域的领导者。

除此之外，大型的新闻编辑室还为这个行业制定标准，它们的做法对其他的新闻编辑室如何从事自己的工作会产生巨大的影响。这些大型的新闻编辑室能够吸引到人才，尽管相比于技术领域有更少的薪酬，但这意味着我可以和工作在这个领域的一些最优秀的个体进行交谈。而且，这也有利于我将时间和经费集中在几个拥有重要媒介产品的关键城市：纽约和伦敦。而来自乔治·华盛顿大学创业计划的慷慨资助，让我迎来了幸运转折——得以前往多哈。

总之，我访谈了14个新闻编辑室以及各种会议和事件中的（至少）

183 个人，并且我还多次访谈了一些重要信息的提供人。此外，在 2011 年到 2015 年间，我还定期与他们在电子邮件和推特上联系。我还利用新闻编辑室之外的一些事件来补充我的工作：有关黑客行为和黑客的各种会面、在线新闻协会聚会、奈特-莫兹拉（Knight-Mozilla）新闻技术合作伙伴学习实验室、莫兹拉节（MozFest）（在这里我组织了一个包括 30 多人的"焦点小组"，没有将访谈的人数包括在内）、阳光基金会（Sunlight Foundation）发起的透明营（Transparency Camp）活动（另一个"焦点小组"）、2014 年在巴尔的摩举办的美国计算机辅助报道研究所的会议，以及其他的一些事件。第 2 章的历史部分主要利用了新闻领域重要人物的滚雪球式的样本。实际上，183 个人只是当我进行本书的研究时，我对所遇到并访谈的人数的一个最小值的粗略估计，但我并不认为访谈本身就构成了混合民族志。

研究者面临的困难

在批判民族志领域有一个调查民族志实践的运动，它被称作"自传式民族志"（auto-ethnography）。通过这种方法，研究者可以思考他与研究对象所处的相对位置。[11] 然后，这种视角被融入分析之中。尽管在本书中我并没有这样做，但是我发现，解释研究和写作本书时所面临的一些困难和不确定性是非常重要的。

这个研究最困难的部分是我对编程不太熟悉。从 2006 年开始我一直在研究新闻领域的变革，但直到形成本书的这个研究之前我从来没接触过编程。我对编程文化几乎一无所知，并且我也不清楚软件开发领域的一些实践，我甚至不知道人们如何写代码以及在哪里写代码。因此，我不得不广泛地学习有关编程的实践和文化。这一直十分困难。我尝试自学去写代码以便理解我的研究对象到底做了什么——我很开心获得了一些很基本的进展。我经常不知道我的研究对象所谈论的编程语言是什么，所以当他们开始讨论其所做事情的精确的技术编程规范时，我往往就会非常困惑。

如今，要从事民族志的工作，研究者不必去做研究对象所做的工作。

例如，一个有关工人阶级白人女性的研究，不要求研究者必须是一个工人阶级白人女性。但是，研究者必须要尝试熟悉研究对象的生活实践。既然我的研究工作在很大程度上是因为编程和软件开发而出现的，那么我就需要理解这到底意味着什么。

我很担心自己会弄混一些专业术语和弄错一些事情。这是因为互动新闻领域很快就会批评那些尝试说专业语言，但却说得不是很对的人，特别是在社交媒体，尤其是在推特上会出现这种批评。比如，我在《华盛顿邮报》上发表的一篇文章里弄错了前端设计（front-end design）这个词的含义，所以在接下来的一周里，我就被推特上程序员记者的大量评论轮番轰炸了。我时常发现如果我问了问题，我就会被推测为应该已经知道了问题的答案。我访谈过的一些人所持有的态度是，除非已经确实理解了他们正在做什么，否则我不应该用访谈去打扰他们或去问问题。当不了解被访谈对象视为非常基本的东西时，我就感觉到很不容易被信任。绝大部分人是友好和乐于助人的，但我访谈过的一些人有时却表现得不屑一顾、令人生畏，并且经常让我觉我应该知道更多东西。

所以，作为一个研究者，我采用了一种非常适合发挥我长处和能力的方法。由于我已经沉浸于新闻编辑室变革的研究将近十年，因此我的研究能采用的最好方法，就是对新闻正在如何转变进行分析。纵观全书，读者会发现，我对有关实际的技术或互动产品背后的代码讨论得非常少。我决定较少聚焦于技术术语，部分是因为我了解我的读者主要是新闻学者、更普遍意义上的记者，以及学生。撰写有关具体技术的内容并不是必要的，因为我对更宽泛的主题和变革更感兴趣，因此我并不认为书稿是不完整的。

为了保持我所写的有关技术方面的内容的完整性，我已经请记者和技术专家阅读了本书的相关部分以进行反馈。对于研究的重点与核实的问题，当我写下获得的数据时，我仍然持续地与研究对象进行着交流。当我在研究过程中看到一些主题浮现在之前所搜集的数据中时，我还会返回到田野，以得到最新的数据。利用这种来自田野的最新补充性材料，我验证了自己之前写下的内容。由此，我才能不断增强正在从事的工作的信心。

我发现与其他的学者和从业者讨论我的研究结论非常有益,这些人也在写作有关互动新闻或数据新闻方面的内容,并且基于他们对这个主题的了解,我也很高兴地看到我的工作能与他们的工作产生共鸣。我相信我在本书中所发现的主题,反映了贾尼斯·拉德威(Janice Radway)所称作的"文化基础"或"行为和理解的无意识的、未察觉的后果"。[12] 正是这种更深层次的分析,才能呈现出某些互动记者日常体验之外的发现,而这对于向后回归的(step-back)、分析的、学理的研究路径都是有价值的。

性别

我不知道该如何解释这项研究中的性别失衡问题。我也不确定,我的性别在多大程度上影响了我从以男性为构成主体的互动记者那里得到回应的结果。我是基于我自己田野访问的滚雪球式和便捷式样本的方法来招募研究对象的。我会去一个田野地点,会见一个团队的领导者,之后获得与团队的其他成员进行谈话和观察的许可,只要他们愿意这样做。当我使用这个方法时,我发现我在田野工作中所遇到的多数人都是男性。然而,有时候员工中的一些女性也不方便去交谈,因为她们被困在了繁忙的日常新闻工作中,所以这些限制使研究变得更艰难。

我决定在样本中不去刻意地寻找女性。但是,研究中也有女性出现了——至少一些最有名的女性互动记者,以及一些不太有名的女性记者被引入研究中。根据我的数据,一些读过早期版本书稿的女性实际上大为惊讶,她们本以为这个领域有着更为平衡的性别分布,但现实是,这个领域主要就是由男性互动记者所构成的。但是,可能多亏了我的性别优势,实际的情况是我与更多的女性记者进行了交谈。

技术方面的性别问题不是我要试图涉足的研究领域,不过我承认,本书中有更多关于性别和互动记者方面的内容——仅仅是因为我的数据并没有让我走向这个研究方向。

作为互动记者的女性,绝对是一个值得研究的主题。在编程工作中女性如此之少，这是一个很大的问题（例如，谷歌披露其83%的技术员工为男性，尽管没有中央数据库来评估互动记者的性别分布情况）。[13] 与我交谈过的女性表示，新闻编辑室是最具性别多样性，以及想从事技术工作的女性最受欢迎的地方。这个结构性的议题值得更多的研究。我可以花更多的时间尝试解析性别的可能影响，并且在这项研究中我性别的主体间性（intersubjectivity）一直是一个挥之不去的问题。

方法的一个端点

在本附录部分，我尝试提出在进入受限（access-restricted）的研究机会下收集大量数据的方法。我提出了一种"混合民族志"的替代性方法，这种方法通过诸如多案例、最大化田野参与等策略，在完全沉浸式的研究进入受限的条件下，寻找可以发挥作用的办法。我已经指出，只要研究对象的文化意义能被提取和分析，研究者就可能搜集到"足够"的数据。

此外，我认为研究者的"冒牌者综合征"（impostor syndrome）会因为社交媒体的加入而变得更加糟糕。我纠结着是否要用书面形式承认这一点。但是由此产生的不安全感，也增强了我采用已经使用过的方法的决心。这些体验鼓舞我要找到作为一个新闻研究者而非一个技术专家的优势的立足点。我的希望是，通过吐露有关研究主题的困难经历，这样其他人可能就会少走弯路。

最后，我留下一个开放性的问题，希望能为未来的研究提供一个重要的起点。随着技术行业变得愈发重要，女性在其中的代表性却如此糟糕，这个事实是非常可怕的。我们需要去思考哪些干预措施可能改变这种格局。新闻编辑室需要注意增强多样性。正如互动新闻这个子领域的扩展那样，在一个日益以技术为导向的新闻编辑室，女性也应该发挥更大作用。

注释：

[1] 我使用的数据来自塞思·刘易斯对《芝加哥论坛报》的研究。

［2］由于这个原因，我很看重在线民族志-方法的文章和读者-接受的研究，因为这些文献都尝试关注在受限的时间内如何聚集庞大的数据这一问题。

［3］Geertz, *Interpretation of Cultures*.

［4］Frankenberg, *White Women, Race Matters*.

［5］Markham, "Representation," 145.

［6］Lebesco, "Managing Visibility."

［7］Alasuutari, "Three Phases," 6.

［8］Weiss, *Learning from Strangers*.

［9］Weiss, *Learning from Strangers*.

［10］Fink and Anderson, "Data Journalism."

［11］Ellis and Bochner, "Autoethnography."

［12］Radway, *Reading the Romance*, chap. 1.

［13］Jacobson, "Google Finally Discloses."

参考文献

Abbott, Andrew. "The Order of Professionalization: An Empirical Analysis." *Work and Occupations* 18 no. 4 (1991): 355.

———. *The System of Professions: An Essay on the Division of Expert Labor*. Chicago: University of Chicago Press, 1988.

Alasuutari, Pertti. "Three Phases of Reception Studies." In *Rethinking the Media Audience: The New Agenda*, edited by Peretti Alasuutari. London: Sage, 1999.

Al-Jamea, Sohail, Bonnie Berkowitz, Emily Chow, Laris Karklis, and Todd Lindeman. "The Perils at Great Falls." *Washington Post*, August 10, 2013. Available at http://www.washingtonpost.com/wp-srv/special/local/the-perils-of-great-falls.

Allan, Stuart, Prasun Sonwalkar, and Cynthia Carter. "Bearing Witness: Citizen Journalism and Human Rights Issues." *Globalisation, Societies and Education* 5, no. 3 (2007): 373–89.

Anderson, C. W. "Between the Unique and the Pattern: Historical Tensions in Our Understanding of Quantitative Journalism." *Digital Journalism*. Available at http://www.tandfonline.com/doi/abs/10.1080/21670811.2014.976407?src=recsys&#.Vfsl_J1VhBc.

———. "Between Creative and Quantified Audiences: Web Metrics and Changing Patterns of Newswork in Local U.S. Newsrooms." *Journalism* 12, no. 5 (2011): 550–66.

Anderson, Chris, Emily Bell, and Clay Shirky. "Post-Industrial Journalism: Adapting to the Present." Columbia School of Journalism: Tow Center for Digital Journalism, December 3, 2014. Available at http://towcenter.org/research/post-industrial-journalism-adapting-to-the-present-2.

Atherton, Steven, Chris Finch, Alex Ranken, Lucy Rodgers, Helene Sears, Marina Shchukina, and Noah Veltman. "The Secret Life of the Cat: What Do Our Feline Companions Get Up To?" *BBC.com*, June 12, 2013. Available at http://www.bbc.com/news/science-environment-22567526.

Babcock, Charles. "Amazon, Microsoft, IBM, Google Capture Cloud Market." *InformationWeek, July 28, 2015. Available at http://www.informationweek.com/cloud/amazon-microsoft-ibm-google-capture-cloud-market/d/d-id/1321484 (accessed January 26, 2016).

Balka, Kerstin, Christina Raasch, and Cornelius Herstatt. "Open Source Enters the World of Atoms: A Statistical Analysis of Open Design." *First Monday* 14 no. 11 (2009). Available at http://firstmonday.org/ojs/index.php/fm/article/view/2670/2366.

Barnhurst, Kevin G., and John C. Nerone. *The Form of News: A History*. New York: Guilford, 2001.

Benkler, Yochai. *The Wealth of Networks: How Social Production Transforms Markets and Freedom*. New Haven, Conn.: Yale University Press, 2006.

Benton, Joshua. "Columbia's Year Zero, Aiming to Give Journalists Literacy in Data, Is Now Called the Lede Program." *NiemanLab*, March 26, 2014. Available at http://www.niemanlab.org/2014/03/columbias-year-zero-aiming-to-give-journalists-literacy-in-data-is-now-called-the-lede-program.

———. "How NYTimes.com Cut Load Times and Got Faster for Users." *NiemanLab*, September 23, 2014. Available at http://www.niemanlab.org/2014/09/how-nytimes-com-cut-load-times-and-got-faster-for-users/?utm_source=twitterfeed.

"Bike Share Stations." *WNYC*. Updated continually. Available at http://project.wnyc.org/bike-share-map.

Bilton, Nick. "Adobe to Kill Mobile Flash, Focus on HTML5." *Bits* [blog], November 9, 2011. Available at http://bits.blogs.nytimes.com/2011/11/09/adobe-to-kill-mobile-flash-focus-on-html5/?_r=0.

Bloor, Geoffrey, and Patrick Dawson. "Understanding Professional Culture in Organizational Context." *Organization Studies* 15, no. 2 (1994): 275–95.

Boczkowski, Pablo. *Digitizing the News: Innovation in Online Newspapers*. Cambridge, Mass.: MIT Press, 2005.

Boing Boing: A Directory of Wonderful Things. March 27, 2007. Available at http://web.archive.org/web/20070323002254/http://boingboing.net.

Bostock, Mike, Shan Carter, Kevin Quealy, and Joe Ward. "NFL Draft: How Good Are Teams at Picking the Best?" *New York Times*, April 25, 2013. Available at http://www.nytimes.com/interactive/2013/04/25/sports/football/picking-the-best-in-the-nfl-draft.html.

Bostock, Mike, Shan Carter, and Archie Tse. "Is It Better to Rent or Buy?" *New York Times*, 2014. Available at http://www.nytimes.com/interactive/2014/upshot/buy-rent-calculator.html.

Boyer, Brian. "Brian Boyer: Welcome to Hacker Journalism 101, Take Your Seats." *NiemanLab*, September 7, 2012. Available at http://www.niemanlab.org/2012/09/brian-boyer-welcome-to-hacker-journalism-101-take-your-seats.

Bradshaw, Paul. "Introduction: What is Data Journalism?" In *The Data Journalism Handbook*, edited by Jonathan Gray, Liliana Bounegru, and Lucy Chambers, 2–3. Sebastopol, Calif.: O'Reilly, 2012. Available at http://datajournalismhandbook.org/1.0/en.

Branch, John. "Snow Fall: The Avalanche at Tunnel Creek." *New York Times*, December 18, 2012. Available at http://www.nytimes.com/video/sports/100000001957178/the-avalanche-at-tunnel-creek.html.

Bruns, Axel. *Blogs, Wikipedia, Second Life, and Beyond: From Production to Produsage*. New York: Peter Lang, 2008.

Brustein, Joshua. "A Newspaper's First Trip into Virtual Reality Goes to a Desolate Farm." *BloombergBusinessWeek*, September 22, 2014. Available at http://www.businessweek.com/articles/2014-09-22/gannetts-first-virtual-reality-journalism-features-a-desolate-farm.

Bucher, Taina. "'Machines Don't Have Instincts': Articulating the Computational in Journalism." *New Media and Society* (2016), doi: 10.1177/1461444815624182 (published online before print).

Bucy, Erik P. "Interactivity in Society: Locating an Elusive Concept." *Information Society* 20 (2004): 373–83.

———. "Second Generation Net News: Interactivity and Information Accessibility in the Online Environment." *International Journal on Media Management* 6, no. 1–2 (2004): 102–13.

Cadman, Emily. "Cycling and the Gentrification of Inner London." *Financial Times*, March 26, 2014. Available at http://blogs.ft.com/ftdata/2014/03/26/cycling-and-the-gentrification-of-inner-london.

Cairo, Alberto. *The Functional Art: An Introduction to Information Graphics and Visualization*. New York: New Riders, 2012.

Carey, James. "A Cultural Approach to Communication." In *Communication as Culture: Essays on Media and Society*, 13–36. London: Routledge, 1988.

Carlson, Matt. *Journalistic Authority*. New York: Columbia University Press. Forthcoming.

———. *On the Condition of Anonymity: Unnamed Sources and the Battle for Journalism*. Champaign: University of Illinois Press, 2011.

Carter, Shan, Amanda Cox, Kevin Quealy, and Amy Schoenfeld. "How Different Groups Spend Their Day." *New York Times*, July 31, 2009. Available at http://www.nytimes.com/interactive/2009/07/31/business/20080801-metrics-graphic.html?_r=0.

"Chicago Shooting Victims." *Chicago Tribune*. Updated continually. Available at http://crime.chicagotribune.com/chicago/shootings.

Clark, Cammy. "Arlington Couple on Cruise that Included Ebola Scare." *Fort Worth Star-Telegram*, October 21, 2014. Available at http://www.star-telegram.com/2014/10/21/6218826/arlington-couple-on-cruise-that.html?rh=1.

Coddington, Mark. "Clarifying Journalism's Quantitative Turn: A Typology for Evaluating Data Journalism, Computational Journalism, and Computer-Assisted Reporting." *Digital Journalism* 3, no. 3. (2015): 331–48. Available at doi: 10.1080/21670811.2014.976400.

Cohen, Sarah, James T. Hamilton, and Fred Turner. "Computational Journalism." *Communications of the ACM* 54, no. 10 (2011): 66–71.

Coleman, E. Gabriella. *Coding Freedom: The Ethics and Aesthetics of Hacking*. Princeton, N.J.: Princeton University Press, 2013.

Compaine, Benjamin M. "The Newspaper Industry." In *Who Owns the Media?* edited by Benjamin M. Compaine and Douglas Gomery. Mahwah, N.J.: Erlbaum, 2000.

Cox, Melisma. "The Development of Computer-Assisted Reporting." Paper presented at the Association for Education and Mass Communication, Chapel Hill, N.C., 2000.

Daniel, Anna, and Terry Flew. "The Guardian Reportage of the UK MP Expenses Scandal: A Case Study of Computational Journalism." In *Record of the Communications Policy and Research Forum 2010*. Sydney: Network Insight, 2010, 186–94.

"De-Coded: An Overview of Basic Programming Languages for Beginners." *ONA 14*. Available at http://ona14.journalists.org/sessions/coding-language-overview/#.VD1_9ku6oqc.

Deuze, Mark. "The Changing Context of News Work: Liquid Journalism for a Monitorial Citizenry." *International Journal of Communication* 2 (2008): 18.

———. "What Is Journalism? Professional Identity and Ideology of Journalists Reconsidered." *Journalism* 6, no. 4 (2005): 442–64.

DeVigal, Andrew. "1995 Chicago Homicides on ChicagoTribune.com." Online video upload (0:20). November 2, 2009. Available at https://flic.kr/p/7cw1ZQ.

Diakopoulos, Nicholas. "Algorithmic Accountability: Journalistic Investigation of Computational Power Structures." *Tow Center for Digital Journalism Report*. New York: Columbia University, 2014.

———. "A Functional Roadmap for Innovation in Computational Journalism." *Nickdiakopoulos.com*, April 22, 2011.

Diep, Francie. "Salvadoran Newspaper Sends Drone to Cover Presidential Election." *Popular Science*, February 4, 2014. Available at http://www.popsci.com/article/technology/salvadoran-newspaper-sends-drone-cover-presidential-election.

Dougherty, Dale. "We Are Makers." *TED Talk*. 2011. Available at http://www.ted.com/talks/dale_dougherty_we_are_Makers.html.

"Dow Jones, REPORTER-NY." *Gorkana*, September 2, 2014. Available at http://www.gorkanajobs.com/job/43453/dow-jones-reporter-ny/?deviceType=Desktop&TrackID=33.

Eads, David. "The Nuts and Bolts of *Tribune* News Apps Event Listings." *News Apps Blog* [*Chicago Tribune*], February 17, 2014. Available at http://blog.apps.chicagoTribune.com/page/3.

Edge, Abigail. "Why Newsrooms Need a 'Responsive Philosophy.'" *Journalism.co.uk*, September 26, 2014. Available at http://www.journalism.co.uk/news/why-newsrooms-should-adopt-a-responsive-philosophy-/s2/a562590/?utm_source=API%27s%20Need%20to%20Know%20newsletter.

Ellis, Carolyn S., and Arthur Bochner. "Autoethnography, Personal Narrative, Reflexivity: Researcher as Subject." In *The Handbook of Qualitative Research*, edited by Norman Denzin and Yvonna Lincoln, 733–68. London: Sage, 2000.

Ensha, Azadeh. "How Fast Is Your Internet Connection?" *Lifehacker*, August 25, 2009. Available at http://lifehacker.com/5345301/how-fast-is-your-internet-connection.

Erzikova, Elina, and Wilson Lowrey. "Seeking Safe Ground: Russian Regional Journalists' Withdrawal from Civic Service Journalism." *Journalism Studies* 11, no. 3 (2010): 343–58. Available at http://www.tandfonline.com/doi/pdf/10.1080/14616700903407411.

Espeland, Wendy Nelson, and Mitchell L. Stevens. "A Sociology of Quantification." *European Journal of Sociology* 49, no. 3 (2008): 401–36.

Ettema, James S., and Theodore L. Glasser. *Custodians of Conscience: Investigative Journalism and Public*. New York: Columbia University Press, 1998.

Fink, Katherine, and C. W. Anderson. "Data Journalism in the United States: Beyond the 'Usual Suspects.'" *Journalism Studies* 3, no. 3 (2015): 1–15.

Flew, Terry, Anna Daniel, and Christina L. Spurgeon. "The Promise of Computational Journalism." In *Proceedings of the 2010 Australian and New Zealand Communication Association, ANZCA*. Canberra. 2010.

Flew, Terry, Christina Spurgeon, Anna Daniels, and Adam Swift. "The Promise of Computational Journalism." *Journalism Practice* 6, no. 4 (2012): 157–71.

Fordahl, Matthew. "Comdex Cancels November 2004 Tech Convention." *RedOrbit*, June 24, 2004. Available at https://web.archive.org/web/20090823072906/http://www.redorbit.com/news/technology/67462/comdex_cancels_november_2004_tech_convention/index.html.

"[For Journalism] Ruby." *ONA14*. Available at http://ona14.journalists.org/sessions/ruby-for-journalism/#.VD2ASEu6oqc.

"The 46 Places to Go in 2013." *New York Times*, January 11, 2013. Available at http://www.nytimes.com/interactive/2013/01/10/travel/2013-places-to-go.html.

Fowler, Martin, Kent Beck, John Brant, William Opdyke, and Don Roberts. *Refactoring: Improving the Design of Existing Code*. Westford, Mass.: Pearson Education, 1999.

Frankenberg, Ruth. *White Women, Race Matters: The Social Construction of Whiteness*. Minneapolis: University of Minnesota Press, 1993.

Freelon, Deen. *Crimson Hexagon Search for Interactive Journalism Terms*. June 30, 2015.

Freidson, Eliot. "The Changing Nature of Professional Control." *Annual Review of Sociology* 10 (1984): 1–20.

Friendly, Michael. "A Brief History of Data Visualization." In *The Handbook of Data Visualization*, edited by Chun-houh Chen, Wolfgang Karl Härdle, and Antony Unwin, 15–56. Berlin: Springer, 2008.

"The Full New York Times Innovation Report." *Mashable*, May 16, 2014. Available at http://mashable.com/2014/05/16/full-new-york-times-innovation-report/#E2bhhanNAOq0.

Garrett, Jesse James. "Ajax: A New Approach to Web Applications." *Adaptive Path*, February 18, 2005. Available at http://www.adaptivepath.com/ideas/ajax-new-approach-web-applications.

Garrison, Bruce. "Tools Daily Newspapers Use in Computer-Assisted Reporting." *Newspaper Research Journal* 17, no. 1/2 (1996): 113.

Gayomali, Chris. "How an Iowa Newspaper Is Using Oculus Rift for Big, Ambitious Journalism." *Fast Company*, September 22, 2014. Available at http://www.fastcompany.com/3035851/world-changing-ideas/how-an-iowa-newspaper-is-using-oculus-rift-for-big-ambitious-journalism.

Geertz, Clifford. *The Interpretation of Cultures: Selected Essays*. New York: Basic, 1973.

Glaser, Mark. "Web Focus Leads Newspapers to Hire Programmers for Editorial Staff." *MediaShift*, March 7, 2007. Available at http://mediashift.org/2007/03/web-focus-leads-newspapers-to-hire-programmers-for-editorial-staff066.

Gold, Jon. "U.S. Internet Connection Speeds Still Lag behind Other Developed Nations." *Network World*, August 6, 2015. Available at http://www.networkworld.com/article/2959544/lan-wan/u-s-internet-connection-speeds-still-lag-behind-other-developed-nations.html.

Google Developers. "Mobile Analysis in PageSpeed Insight." Last modified April 8, 2015. Available at https://developers.google.com/speed/docs/insights/mobile.

Gordon, Rich. "A 'Programmer-Journalist' Contemplates Careers." *Idea Lab/MediaShift*, July 1, 2008. Available at http://mediashift.org/idealab/2008/07/a-programmer-journalist-contemplates-careers005.

Graff, Ryan. "Al Jazeera's Mohammad Haddad on His Journey from Computer Science to Data-Driven Storyteller." *Idea Lab/MediaShift*, July 3, 2013. Available at http://www.pbs.org/idealab/2013/06/al-jazeeras-mohammed-haddad-on-his-journey-from-computer-science-to-data-driven-storyteller151.

Graham, Paul. "Hackers and Painters." *Paulgraham.com*, May 2003. Available at http://www.paulgraham.com/hp.html.

Greenfield, Rebecca. "What the *New York Times*'s 'Snow Fall' Means to Online Journalism's Future." *Wire*, December 20, 2012. Available at http://www.thewire.com/technology/2012/12/new-york-times-snow-fall-feature/60219.

Groeger, Lena, Charles Ornstein, Mike Tigas, and Ryann Grochowski Jones. "Dollars for Docs: How Industry Dollars Reach Your Doctors." *ProPublica*, September 29, 2014. Available at http://projects.propublica.org/docdollars.

Guardian News Media Press Office. "*Guardian* News and Media Invites Readers to Shape the Future of *Guardian* Membership through Beta Programme." *The Guardian*, September 10, 2014. Available at http://www.theguardian.com/gnm-press-office/2014/sep/10/guardian-news-media-invites-readers-to-shape-the-future-of-guardian-membership-through-beta-programme.

Gynnild, Astrid. "Journalism Innovation Leads to Innovation Journalism: The Impact of Computational Exploration on Changing Mindsets." *Journalism* 15, no. 6 (2014): 713–30.

Haddad, Mohammed el-, and Sam Bollier. "Interactive: An Austere Trip through Europe." *Al Jazeera English*, June 2, 2012. Available at http://www.aljazeera.com/indepth/interactive/2012/06/20126127221845926.html.

Hamilton, James T., and Fred Turner. "Accountability through Algorithm: Developing the Field of Computational Journalism." Center for Advanced Study in the Behavioral Sciences Summer Workshop. Duke University in association with Stanford University. Stanford, Calif., July 27–31, 2009.

Hanitzsch, Thomas, Folker Hanusch, Claudia Mellado, Maria Anikina, Rosa Berganza, Incilay Cangoz, Mihai Coman et al. "Mapping Journalism Cultures across Nations: A Comparative Study of 18 Countries." *Journalism Studies* 12, no. 3 (2011): 273–93.

Hargittai, Eszter, W. Russell Neuman, and Olivia Curry. "Taming the Information Tide: Perceptions of Information Overload in the American Home." *Information Society* 28, no. 3 (2012): 161–73.

Haughney, Christine. "Times Wins Four Pulitzers; Brooklyn Nonprofit Is Awarded a Reporting Prize." *New York Times*, April 15, 2013. Available at http://www.nytimes.com/2013/04/16/business/media/the-times-wins-four-pulitzer-prizes.html.

Hindman, Matthew. *The Myth of Digital Democracy*. Princeton, N.J.: Princeton University Press, 2008.

Hinds, Kate, and Andrea Bernstein. "Ten Percent of Citi Bike Docks Appear to Fail Each Day." *WNYC*, June 11, 2013. Available at http://www.wnyc.org/story/298321-problems-what-problems-ny-officials-bat-citi-bike-complaints-away-adjustment-period.

Holovaty, Adrian. "Announcing chicagocrime.org." May 18, 2005. Available at http://www.holovaty.com/writing/chicagocrime.org-launch.

———. "Announcing washingtonpost.com's U.S. Congress Votes Database." December 5, 2005. Available at http://www.holovaty.com/writing/326.

———. "Covering Elections on LJWorld.com." February 24, 2003. Available at http://www.holovaty.com/writing/195.

———. "A Fundamental Way Newspaper Sites Need to Change." September 6, 2006. Available at http://www.holovaty.com/writing/fundamental-change.

———. "New at washingtonpost.com: Faces of the Fallen 2.0." April 13, 2006. Available at http://www.holovaty.com/writing/335.

———. "Post Remix: The *Washington Post*'s Official Mashup Center." November 22, 2005. Available at http://www.holovaty.com/writing/325.

Howard, Alexander. "The Art and Science of Data-Driven Journalism." Columbia University School of Journalism: Tow Center for Digital Journalism, 2014. Available at http://towcenter.org/wp-content/uploads/2014/05/Tow-Center-Data-Driven-Journalism.pdf.

———. "NPR News App Team Experiments with Making Data-Driven Public Media with the Public." Columbia University School of Journalism: Tow Center for Digital Journalism, August 30, 2013. Available at http://towcenter.org/blog/npr-news-app-team-experiments-with-making-data-driven-public-media-with-the-public.

Jacobson, Murrey. "Google Finally Discloses its Diversity Record, and It's Not Good." *PBS News Hour*, May 28, 2014. Available at http://www.pbs.org/newshour/updates/google-discloses-workforce-diversity-data-good.

James, Steve. "Open Source Social Platforms: 10 of the Best." *Mashable*, July 25, 2007. Available at http://mashable.com/2007/07/25/open-source-social-platforms.

Johnson, Steve. "Cyberstar." *Chicago Tribune*, August 17, 2008. Available at http://articles.chicagotribune.com/2008-08-17/features/0808110560_1_cyberstar-user-generated-programmers.

Jordan, Tim. "Hacking and Power: Social and Technological Determinism in the Digital Age." *First Monday* 14, no. 7 (July 6, 2009).

———. *Hacking: Digital Media and Technological Determinism*. Malden, Mass.: Polity, 2013.

Kaiser, Bob. Untitled memo to *Washington Post* about the rise of online content. *Recovering Journalist*, August 6, 1992. Available at http://recoveringjournalist.typepad.com/files/kaiser-memo.pdf.

Katz, Josh. "How Y'all, Youse and You Guys Talk," *New York Times*, December 20, 2013. Available at http://www.nytimes.com/interactive/2013/12/20/sunday-review/dialect-quiz-map.html.

Kaufman, Leslie. "To Spur Traffic at News Sites, Just Travoltify." *New York Times*, March 5, 2014. Available at http://www.nytimes.com/2014/03/06/business/media/to-spur-traffic-at-news-sites-just-travoltify.html?_r=0.

Kelty, Christopher M. *Two Bits: The Cultural Significance of Free Software*. Durham, N.C.: Duke University Press. 2008.

Kenney, Keith, Alexander Gorelik, and Sam Mwangi. "Interactive Features of Online Newspapers." *First Monday* 5, no. 1 (2000).

Khazan, Olga. "Should Journalism Schools Require Reporters to 'Learn Code'? No." *The Atlantic*, October 21, 2013. Available at http://www.theatlantic.com/education/archive/2013/10/should-journalism-schools-require-reporters-to-learn-code-no/280711.

King, Michael. "Dealing with Data: Be Very, Very Skeptical; Interviewing Data: Derek Willis, the *New York Times*." *American Journalism Review*, April 5, 2014. Available at http://ajr.org/2014/04/05/dealing-data-skeptical.

"Knight News Challenge Interim Review." *Redub*, June 22, 2011. Available at http://redubllc.com/knight-news-challenge-interim-review.

LaFleur, Jennifer, Al Shaw, Sharona Coutts, and Jeff Larson. "The Opportunity Gap." *ProPublica*. Last updated January 24, 2013. Available at http://projects.propublica.org/schools.

Layton, Julia. "How Amazon Works." *How Stuff Works*, 2006. Available at http://money.howstuffworks.com/amazon1.htm.

Lebesco, Katherine. "Managing Visibility, Intimacy, and Focus in Online Critical Ethnography." In *Online Social Research: Methods, Issues and Ethics*, edited by Mark D. Johns, Shing-Ling Sarina Chen, and G. Jon Hall, 62–79. New York: Peter Lang, 2004.

"The Lede Program: An Introduction to Data Practices." Columbia University Graduate School of Journalism. Available at http://www.journalism.columbia.edu/page/1058-the-lede-program-an-introduction-to-data-practices/906.

Legrand, Roland. "Why Journalists Should Learn Computer Programming." *MediaShift*, June 2, 2010. Available at http://mediashift.org/2010/06/why-journalists-should-learn-computer-programming153.

Leonhardt, David. "In Climbing Income Ladder, Location Matters." *New York Times*, July 22, 2013. Available at http://www.nytimes.com/2013/07/22/business/in-climbing-income-ladder-location-matters.html.

Levy, Steven. *Hackers: Heroes of the Computer Revolution*. New York: Penguin, 2001.

Lewis, Seth. "Journalism in an Era of Big Data: Cases, Concepts, and Critiques." *Digital Journalism* 3, no. 3 (2015): 321–30.

——. "The Tension Between Professional Control and Open Participation: Journalism and Its Boundaries." *Information, Communication and Society* 15, no. 6 (2012): 836–66.

Lewis, Seth C., and Nikki Usher. "Open Source and Journalism: Toward New Frameworks for Imagining News Innovation." *Media, Culture and Society* 35, no. 5 (2013): 602–19.

Lewis, Seth C., and Oscar Westlund. "Big Data and Journalism: Epistemology, Expertise, Economics, and Ethics." *Digital Journalism* 3, no. 3. (2015). Available at doi: 10.1080/21670811.2014.976418.

Lowrey, Wilson. "Mapping the Journalism–Blogging Relationship." *Journalism* 7, no. 4 (2006): 477–500.

——. "Word People vs. Picture People: Normative Differences and Strategies for Control over Work among Newsroom Subgroups." *Mass Communication and Society* 5, no. 4 (2002): 411–32.

Lowrey, Wilson, and Elina Erzikova. "Institutional Legitimacy and Russian News: Case Studies of Four Regional Newspapers." *Political Communication* 27, no. 3 (2010): 275–88.

Markham, Annette. "Representation in Online Ethnographies: A Matter of Context Sensitivity." In *Online Social Research: Methods, Issues and Ethics*, edited by Mark D. Johns, Shing-Ling Sarina Chen, and G. Jon Hall. New York: Peter Lang, 2004.

Masnick, Mike. "The U.S. Government Today Has More Data on the Average American than the Stasi Did on East Germans." *Techdirt*, October 3, 2012. Available at http://www.techdirt.com/articles/20121003/10091120581/us-government-today-has-more-data-average-american-than-stasi-did-east-germans.shtml.

McDaniel, Chris. "Missouri Swore It Wouldn't Use a Controversial Execution Drug. It Did." St. Louis Public Radio, September 2, 2014. Available at http://news.stlpublicradio.org/post/missouri-swore-it-wouldn-t-use-controversial-execution-drug-it-did.

McLeod, Jack M., and Searle E. Hawley Jr. "Professionalization among Newsmen." *Journalism and Mass Communication Quarterly* 41 (1964): 529–577.

McMillan, Sally J. "Exploring Models of Interactivity from Multiple Research Traditions: Users, Documents and Systems." In *Handbook of New Media*, edited by Leah Lievrouw and Sonia Livingstone, 205–30. London: Sage, 2006.

Merrill, Jeremy B. "Heart of Nerd Darkness: Why Updating Dollars for Docs Was So Difficult." *ProPublica*, March 25, 2013. Available at http://www.propublica.org/nerds/item/heart-of-nerd-darkness-why-dollars-for-docs-was-so-difficult.

Meyer, Philip. *The New Precision Journalism*. Bloomington: Indiana University Press, 1991.

Meyer, Robinson. "The *New York Times*' Most Popular Story of 2013 Was Not an Article." *The Atlantic*, January 17, 2014. Available at http://www.theatlantic.com/technology/archive/2014/01/-em-the-new-york-times-em-most-popular-story-of-2013-was-not-an-article/283167.

Minkoff, Michelle. "A Letter to Journo-Programmers: Teach Me, Inspire Me." *Michelleminkoff.com*, November 24, 2009. Available at http://michelleminkoff.com/2009/11/24/a-letter-to-journo-programmers-teach-me-inspire-me.

———. "Teaching at Medill!" *Michelleminkoff.com*. Available at http://michelleminkoff.com/2014/06/30/teaching-at-medill.

———. "What's It Like Looking for a Programmer-Journalist Job?" *Michelleminkoff.com*, July 30, 2011. Available at http://michelleminkoff.com/2011/07/30/what-is-it-like-looking-for-a-programmer-journalist-job.

Monmonier, Mark. *Maps with the News: The Development of American Journalistic Cartography*. Chicago: University of Chicago Press, 1989.

Moses, Lucia. "'Narcissism Works Really Well': Why *Time* Magazine Created a Site for Its Interactive Stories." *Digiday*, June 22, 2015. Available at http://digiday.com/publishers/narcissism-works-really-well-time-magazine-created-site-interactive-stories.

Mulligan, Miranda. "Want to Produce Hirable Grads, Journalism Schools? Teach Them to Code." *NiemanLab*, September 5, 2012. Available at http://www.niemanlab.org/2012/09/miranda-mulligan-want-to-produce-hirable-grads-journalism-schools-teach-them-to-code.

Nagle, Ryan. "Responsive Charts with D3 and Backbone." *News Apps Blog* [*Chicago Tribune*], March 3, 2014. Available at http://blog.apps.chicagotribune.com/2014/03/07/responsive-charts-with-d3-and-backboneS.

Nanabhay, Mohamed, and Roxane Farmanfarmaian. "From Spectacle to Spectacular: How Physical Space, Social Media and Mainstream Broadcast Amplified the Public Sphere in Egypt's 'Revolution.'" *Journal of North African Studies* 16, no. 4 (2011): 573–603.

Needle, David. "Did Roger Fidler 'Invent' the iPad in 1994 at a Knight-Ridder Lab?" *TabTimes*, March 9, 2012. Available at http://tabtimes.com/did-guy-invent-ipad-back-1994-2745.

"NICAR: About." N.d. Available at http://www.ire.org/nicar/about.

Nielsen, Jacob. "Response Times: The 3 Important Limits." *Nielsen Norman Group*, 1993. Available at http://www.nngroup.com/articles/response-times-3-important-limits.

Neilsen, Rasmus Kleis. "Ten Years that Shook the Media World: Big Questions and

Big Trends in International Media Developments." Report. University of Oxford / Reuters Institute for the Study of Journalism. October 12, 2012. Available at http://reutersinstitute.politics.ox.ac.uk/sites/default/files/Nielsen%20-%20Ten%20Years%20that%20Shook%20the%20Media_0.pdf.

O'Connell, Pamela Licalzi. "Do-It-Yourself Cartography." *New York Times Magazine*, December 11, 2005. Available at http://www.nytimes.com/2005/12/11/magazine/doityourself-cartography.html.

O'Hara, Bob. "How Did Nate Silver Predict the US Election?" *The Guardian*, November 8, 2012. Available at http://www.theguardian.com/science/grrlscientist/2012/nov/08/nate-sliver-predict-us-election.

O3b Networks. "What Is Network Latency and Does It Matter?" *O3bnetworks.com*, n.d. Available at http://www.o3bnetworks.com/media/40980/white%20paper_latency%20matters.pdf.

Oreskes, Michael. "AP Reporters Find Steroid Crackdown Ineffective." *AP*, January 4. 2013. Available at http://www.ap.org/Content/Press-Release/2013/AP-reporters-use-data-bases-to-show-HGH-crackdowns-ineffective.

"Overview: Completed Stories." *Overview.ap.org*. Updated continually. Available at http://overview.ap.org/completed-stories.

"PANDA Project." Available at http://pandaproject.net.

Parasie, Sylvain. "Data-Driven Revelation: Epistemological Tensions in Investigative Journalism in the Age of 'Big Data,'" *Digital Journalism* 3, no. 3 (2015). Available at doi: 10.1080/21670811.2014.976408.

Parasie, Sylvain, and Eric Dagiral. "Data-Driven Journalism and the Public Good: 'Computer-Assisted-Reporters' and 'Programmer-Journalists' in Chicago." *New Media and Society* 15, no. 6 (2013): 853–71.

Park, Robert E. "News as a Form of Knowledge: A Chapter in the Sociology of Knowledge." *American Journal of Sociology* 45, no. 5 (1940): 669–86.

Phillips, Angela. "Transparency and the New Ethics of Journalism." *Journalism Practice* 4, no. 3 (2010): 373–82.

Pilhofer, Aron. "In Two Years, DocumentCloud Becomes Standard." *KnightBlog*, September 8, 2014. Available at http://www.knightfoundation.org/blogs/knightblog/2012/9/18/in-two-years-documentcloud-becomes-standard.

Pitt, Fergus. *Sensors and Journalism*. Columbia University School of Journalism: Tow Center for Digital Journalism, 2014. Available at http://towcenter.org/wp-content/uploads/2014/05/Tow-Center-Sensors-and-Journalism.pdf.

Pompeo, Joe. "SXSW Panel Round-up: Remembering Carr, Digital Detox, and an Epic Panel Fail." *Capital New York*, March 16, 2015. Available at http://www.capitalnewyork.com/article/media/2015/03/8564091/sxsw-round-remembering-carr-digital-detox-and-epic-panel-fail.

Powers, Matthew. "'In Forms that Are Familiar and Yet-to-Be Invented': American Journalism and the Discourse of Technologically Specific Work." *Journal of Communication Inquiry* 36, no. 1 (2012): 24–43.

———. "The New Boots on the Ground: NGOs in the Changing Landscape of International News." *Journalism* (2015, published online before print). Available at http://jou.sagepub.com/content/early/2015/01/27/1464884914568077.abstract

Preston-Werner, Tom. "Open Source (Almost) Everything." November 22, 2011. Available at http://tom.preston-werner.com/2011/11/22/open-source-everything.html.

"Q&A with the Photographer Who Explored Chernobyl with a Drone." *Professional Society of Drone Journalists*, August 29, 2014. Available at http://www.dronejournalism.org/news/2014/8/qa-with-the-photographer-who-explored-chernobyl-with-a-drone.

Quandt, Thorsten. "(No) News on the World Wide Web? A Comparative Content Analysis of Online News in Europe and the United States." *Journalism Studies* 9, no. 5 (2008). 717–39.

Radway, Janice. *Reading the Romance: Women, Patriarchy, and Popular Literature*. Chapel Hill: University of North Carolina Press, 1991.

Rafaeli, Sheizaf, and Fay Sudweeks. "Networked Interactivity." *Journal of Computer-Mediated Communication* 2, no. 4 (1997).

Ray, Silas. "Improving the User Experience of Automated Integration Testing." *Open* [code blog of *The New York Times*], April 8, 2014. Available at http://open.blogs.nytimes.com/2014/04/08/improving-the-user-experience-of-automated-integration-testing.

Raymond, Eric S. *The Cathedral and the Bazaar: Musings on Linux and Open Source by an Accidental Revolutionary*. Sebastopol, Calif.: O'Reilly, 2001.

Reavy, Matthew. "How the Media Learned Computer-Assisted Reporting." Unpublished paper presented to the Newspaper Division, Association for Education in Journalism and Mass Communication Southeast Colloquium, Roanoke, Va., 1996.

Reed, Maryanne, and Dana Coester. "Coding for the Future: The Rise of Hacker Journalism." *MediaShift*, May 2, 2013. Available at http://www.pbs.org/mediashift/2013/05/coding-for-the-future-the-rise-of-hacker-journalism.

Reich, Zvi. "Journalism as Bipolar Interactional Expertise." *Communication Theory* 22, no. 4 (2012): 339–58.

Reilly, Katie. "Respect for Journalists' Contributions Has Fallen Significantly in Recent Years." *Pew Research Center*, August 24, 2015. Available at http://www.pewresearch.org/fact-tank/2013/07/25/respect-for-journalists-contributions-has-fallen-significantly-in-recent-years.

Rheingold, Howard. *The Virtual Community: Homesteading on the Electronic Frontier*. Cambridge, Mass.: MIT Press. 1993.

Roberts, Dan. "*The Guardian* Is Opening Up Its Newslists So You Can Help Us Make News." *The Guardian*, October 9, 2011. Available at http://www.theguardian.com/media/2011/oct/09/the-guardian-newslists-opening-up.

Roberts, Graham, Shan Carter, and Joe Ward. "In 3-D: How Mariano Rivera Dominates Hitters." *New York Times*, April 13, 2013. Available at http://www.nytimes.com/interactive/2012/04/13/sports/baseball/mariano-rivera-3d.html.

Rogawski, Christina. "The GovLab Index: The Data Universe." *Govlab.org*, August 22, 2013. Available at http://thegovlab.org/govlab-index-the-digital-universe.
Rogers, Simon. "Recycling Rates in England: How Does Your Town Compare?" *The Guardian*, November 4, 2011. Available at http://www.theguardian.com/news/datablog/2011/nov/04/recycling-rates-england-data.
———. "Welcome to the Datablog." *The Guardian*, March 9, 2009. Available at http://www.theguardian.com/news/datablog/2009/mar/10/blogpost1.
Rogers, Yvonne, Helen Sharp, and Jenny Preece. *Interaction Design: Beyond Human-Computer Interaction*. West Sussex: Wiley, 2011.
Romenesko, Jim. "More than 3.5 Million Page Views for New York Times' 'Snow Fall' Feature." *Jimromenesko.com*, December 27, 2012. Available at http://jimromenesko.com/2012/12/27/more-than-3-5-million-page-views-for-nyts-snow-fall.
Royal, Cindy. "The Journalist as Programmer: A Case Study of the New York Times Interactive News Technology Department." Paper delivered at the International Symposium in Online Journalism, Austin, Tex., April 23, 2010.
Rusbridger, Alan. "Open Journalism at *The Guardian*." *The Guardian*, February 29, 2012. Available at http://www.theguardian.com/media/video/2012/feb/29/alan-rusbridger-open-journalism-guardian-video.
Santo, Alysia. "Experiments in the Open Newsroom Concept." *Columbia Journalism Review*, November 17, 2011. Available at http://www.cjr.org/the_news_frontier/experiments_in_the_open_newsro.php?page=all.
Santus, Rex. "Newspaper Experiments with Virtual Reality in Remote Iowa." *Mashable*, September 25, 2014. Available at http://mashable.com/2014/09/25/virtual-iowa-farm.
"Schedule Details." NICAR. March 2, 2014. Available at http://ire.org/conferences/nicar-2014/schedule.
Schrager, Allison. "The Problem with Data Journalism." *Quartz*, March 19, 2014. Available at http://qz.com/189703/the-problem-with-data-journalism.
Schudson, Michael. *Discovering the News: A Social History of American Newspapers*. New York: Basic, 1981.
Schudson, Michael, and Chris Anderson. "Objectivity, Professionalism, and Truth Seeking in Journalism." In *The Handbook of Journalism Studies*, edited by Karin Wahl-Jorgenson and Thomas Hanitzsch, 88–101. London: Routledge, 2008.
Sedghi, Ami. "No Increase in Proportion of Commuters Cycling: Data Breakdown." *The Guardian*, March 26, 2014. Available at http://www.theguardian.com/news/datablog/2014/mar/26/no-increase-commuters-cycling-data-census.
Shafer, Jack. "Beware the Old Nostalgic Journalist." *Reuters*, March 3, 2014. Available at http://blogs.reuters.com/jackshafer/2014/03/03/beware-the-old-nostalgic-journalist.
Shaw, Jonathan. "Why 'Big Data' Is a Big Deal." *Harvard Magazine*, March-April 2014. Available at http://harvardmagazine.com/2014/03/why-big-data-is-a-big-deal.
Silver, Nate. "What the Fox Knows." *Fivethirtyeight*, March 17, 2014. Available at http://fivethirtyeight.com/features/what-the-fox-knows.

Silverman, Matt. "A Day in the Life of the Internet." *Mashable*, March 6, 2012. Available at http://mashable.com/2012/03/06/one-day-internet-data-traffic.

Singer, Jane B. "More Than Ink-Stained Wretches: The Resocialization of Print Journalists in Converged Newsrooms." *Journalism and Mass Communication Quarterly* 81, no. 4 (2004): 838–56.

Sinker, Daniel. "Hacker-Journalism 2011: A Year of 'Show Your Work.'" *Dansinker.com*, December 30, 2011. Available at http://dansinker.com/post/15050642729/hacker-journalism-2011-a-year-of-show-your-work.

Smith, Craig. "DMR YouTube Statistic Report (Year-End 2015)." Available at http://expandedramblings.com/index.php/downloads/youtube-statistic-report.

Smolen, Alex. "Lag Time and Cat Kickers and Star Wars ... Oh My." *Alxsmolen.wordpress.com*, May 6, 2014. Available at http://alxsmolen.wordpress.com/2014/05/06/finalproject.

Spinner, Jackie. "The Big Conundrum: Should Journalists Learn Code?" *American Journalism Review*, September 24, 2014. Available at http://ajr.org/2014/09/24/should-journalists-learn-code.

Statistics. *YouTube.com*. 2014. Available at https://www.youtube.com/yt/press/en-GB/statistics.html.

Steensen, Steen. "Online Journalism and the Promises of New Technology: A Critical Review and Look Ahead." *Journalism Studies* 12, no. 3 (2011): 311–27.

Steuer, Jonathan. "Defining Virtual Reality: Dimensions Determining Telepresence." *Journal of Communication* 42, no. 4 (1992): 73–93.

Stray, Jonathan. "The Editorial Search Engine." *Jonathanstray.com*, March 26, 2011. Available at http://jonathanstray.com/the-editorial-search-engine.

——. "Journalism for Makers." *Jonathanstray.com*, September 22, 2011. Available at http://jonathanstray.com/journalism-for-makers.

——. "Video: What the Overview Project Does." *Overview*, April 7, 2014. Available at https://blog.overviewdocs.com/2014/04/07/video-what-the-overview-project-does.

——. "What's with this Programmer-Journalist Identity Crisis?" *Jonathanstray.com*, October 5, 2011. Available at http://jonathanstray.com/whats-with-this-programmer-journalist-identity-crisis.

"Street Fashion: From the Closet to the Pavement." *New York Times*, 2013. Available at http://www.nytimes.com/interactive/fashion/fashion-week-user-photos-interactive.html#index.

Stromer-Galley, Jennifer. "Interactivity-as-Product and Interactivity-as-Process." *Information Society* 20 (2004): 391–94.

Sundar, S. Shyam. "Multimedia Effects on Processing and Perception of Online News: A Study of Picture, Audio, and Video Downloads." *Journalism and Mass Communication Quarterly* 77, no. 3 (2000): 480–99.

"Talk to the Newsroom: Interactive News Collaborative." *New York Times*, January 17, 2009. Available at http://www.nytimes.com/2009/01/19/business/media/19askthetimes.html?pagewanted=all.

Tanenbaum, Joshua G., Amanda M. Williams, Audrey Desjardins, and Karen Tanenbaum. "Democratizing Technology: Pleasure, Utility and Expressiveness in DIY and Maker Practice." *Proceedings of the SIGCHI Conference on Human Factors in Computing Systems*, Paris, 2013, pp. 2603–12.

Tidwell, Jenifer. *Designing Interfaces*. Sebastopol, Calif.: O'Reilly, 2004.

"Timeline of Syria's Raging War." *Al Jazeera*. Last updated August 9, 2014. Available at http://www.aljazeera.com/indepth/interactive/2012/02/201225111654512841.html. This was different content than what I saw and was present in 2012.

Toff, Benjamin. "Are NYC Taxi Medallion Prices Really 'Plummeting'?" *Benjamintoff.com*, November 30, 2014. Available at http://benjamintoff.com/2014/11/30/medallions.

Torchinsky, Jason. "Information in America Moves 33,480,000 Times Faster than It Did 200 Years Ago." *Jalopnik*, January 11, 2013. Available at http://jalopnik.com/5975008/information-in-america-moves-33480000-times-faster-than-it-did-200-years-ago.

Tracy, Marc. "Nate Silver is a One-Man Traffic Machine for *The Times*." *New Republic*, November 6, 2012. Available at http://www.newrepublic.com/article/109714/nate-silvers-fivethirtyeight-blog-drawing-massive-traffic-new-york-times.

Tse, Archie, and Kevin Quigley. "Is It Better to Rent or Buy?" *New York Times*, 2007. Available at http://web.archive.org/web/20110226054855/http://www.nytimes.com/interactive/business/buy-rent-calculator.html. For current/updated calculator, see Bostock, Carter, and Tse, above.

Turner, Fred. *From Counterculture to Cyberculture: Stewart Brand, the Whole Earth Network, and The Rise of Digital Utopianism*. Chicago: University of Chicago Press, 2010.

Turner, Vernon, David Reinsel, John Gantz, and Stephen Minton. *The Digital Universe of Opportunities: Rich Data and the Increasing Value of the Internet of Things*. Issue brief. April 2014. Available at http://idcdocserv.com/1678.

"2011 Census Analysis: Cycling to Work." *Office for National Statistics*, March 26, 2014. Available at http://www.ons.gov.uk/ons/rel/census/2011-census-analysis/cycling-to-work/2011-census-analysis—-cycling-to-work.html#tab-conclusions.

"The 2010 Pulitzer Prize Winners: National Reporting." Available at http://www.pulitzer.org/citation/2010-National-Reporting.

Usher, Nikki. "Al Jazeera English Online: Understanding Web Metrics and News Production When a Quantified Audience Is Not a Commodified Audience." *Digital Journalism* 1, no. 3 (2013): 337.

———. *Making the News at the New York Times*. Ann Arbor: University of Michigan Press, 2014.

———. "Newsroom Moves and the Newspaper Crisis Evaluated: Space, Place, and Cultural Meaning." *Media, Culture and Society* 37, no. 7 (2015) (published online before print, June 18, 2015).

van Dijk, Jan. *The Network Society: Social Aspects of New Media*. London: Sage, 1999.

Waisbord, Silvio. *Reinventing Professionalism: Journalism and News in Global Perspective*. Malden, Mass.: Polity, 2013.

Walmart. "Picking Up the Pace of Change for the Customer." News release. June 6,

2014. Available at http://news.walmart.com/executive-viewpoints/picking-up-the-pace-of-change-for-the-customer.

Weaver, David H., Randal A. Beam, Bonnie J. Brownlee, Paul S. Voakes, and G. Cleveland Wilhoit. *The American Journalist in the 21st Century: U.S. News People at the Dawn of a New Millennium.* London: Routledge, 2006.

Weber, Matthew S. "Newspapers and the Long-Term Implications of Hyperlinking." *Journal of Computer-Mediated Communication* 17, no. 2 (2012): 187–201.

Weber, Wibke, and Hannes Rall. "Data Visualization in Online Journalism and Its Implications for the Production Process." In *Proceedings of the 16th Annual Conference on Information Visualisation* (IV), June 2012, 349–56.

Weinberger, David. *Too Big to Know: Rethinking Knowledge Now That the Facts Aren't the Facts, Experts Are Everywhere, and the Smartest Person in the Room Is the Room.* New York: Basic, 2014.

Weiss, Robert S. *Learning from Strangers: The Art and Method of Qualitative Interview Studies.* New York: Simon and Schuster, 1995.

Weissmann, Jordan. "The Decline of Newspapers Hits a Stunning Milestone." *Moneybox* [blog]. *Slate*, April 28, 2014. Available at http://www.slate.com/blogs/moneybox/2014/04/28/decline_of_newspapers_hits_a_milestone_print_revenue_is_lowest_since_1950.html.

"We're Hiring: Code in the Public Interest, Make Your Mother Proud." *News Apps Blog, Chicago Tribune*, n.d. Available at http://blog.apps.chicagotribune.com/2011/09/08/we%E2%80%99re-hiring-code-in-the-public-interest-make-your-mother-proud.

"Where Are You on the Global Fat Scale?" *BBC News*, July 12, 2012. Available at http://www.bbc.com/news/health-18770328.

"Why Short Guys Can Dunk." *Washington Post*, March 7, 2012. Available at http://www.washingtonpost.com/wp-srv/special/health/why-short-guys-can-dunk.

"WSJ Jet Tracker Database." *Wall Street Journal*, June 16, 2011. Available at http://online.wsj.com/news/articles/SB10001424052748704904604576336194111640185.

"The Year's Most Visited: 2014." New York Times Company. Available at http://www.nytco.com/wp-content/uploads/NYT-Years-Most-Visited-of-2014.pdf.

Youmans, Will Lafi. *The Media Economics and Cultural Politics of Al Jazeera English in the United States.* PhD diss. University of Michigan, 2012.

Young, Mary Lynn, and Alfred Hermida. "From Mr. and Mrs. Outlier to Central Tendencies: Computational Journalism and Crime Reporting at the *Los Angeles Times*." *Digital Journalism* 3, no 3 (2015).

Zelizer, Barbie. "Journalism's 'Last' Stand: Wirephoto and the Discourse of Resistance." *Journal of Communication* 45 no. 2 (1995): 78–92.

索 引

（所注页码为英文原书页码，即本书边码）

Abbott, Andrew 安德鲁·阿伯特 29, 30-31, 32, 35, 104, 140, 145-46, 184, 187
ABC 美国广播公司 44
Above the Law 法律之上 6
Abstract knowledge 抽象知识 15, 16, 27, 28, 30, 74, 84, 99, 104, 143, 145, 146, 148, 149, 152, 161, 170, 175, 180, 184, 187, 214
Abramson, Jill 吉尔·艾布拉姆森 1
abstract and professional knowledge 抽象与专业性知识 179-81
ActionScript 一种编程语言 50
Adobe: Flash 一种图形图像制作软件 49 See also Flash 参见 Flash 一词
The Advocate/Here Media 倡导者/这媒介网站 48
Ajax 一种网页开发技术 50, 51-52, 55
Al JazeeraEnlish 半岛电视台英语频道 15, 77, 82, 102, 104-11, 188; ethnography 民族志 209, 213, 214; finances 财务状况 137; open-source development 开放源码研发 168 See also el-Haddad, Mohammed 参见默罕默德·哈达德一词
Anderson, C.W. 克里斯·安德森 4, 8, 24, 29-30, 67, 73, 95, 147, 214
Apache 一种服务器软件 53
Apple 苹果电脑 50; iPad 苹果平板电脑 8, 50, 107, 202; iPhone 苹果手机 50, 202; News 苹果新闻 191
Apuzzo, Matt 马特·阿普佐 132, 133
Ashby-Kuhlman, Nathan 内森·阿什比-库尔曼 52, 53
The Associated Press (AP) 美联社 40, 76, 84, 89, 102, 135, 137-38, 139-40, 141, 142, 214; newsroom 新闻编辑室 130-33, 188; Overview 一种软件 155. See also Gillum, Jack; Stray, Jonathan 参见杰克·吉勒姆, 乔纳森·斯特雷
Atassi, Basma 巴斯马·阿塔斯 109-10
Atlanta Journal Constitution《亚特兰大宪法报》67
authority and integration 权威与融合 205-8

Barnhurst, Kevin 凯文·巴恩赫斯特 39
Baron, Marty 马蒂·巴伦 9
Bartlett, Don 唐·巴特利特 67
Batten Award 巴滕奖 55
BBC 英国广播公司 4, 46, 95, 186, 214; antiopen source 反开放源码 168; News Specials Team 新闻专题团队 168; The Secret Life of Cats《猫咪的秘密生活》22; Where are you on the Global Fat Scale《你在全球肥胖指标中处于什么样的位置》172-73, 190. See also Hurrel, Bella; Mpini, Ransome; Yuan, Tsan 另参见贝拉·赫里尔、兰塞姆·姆皮尼、詹原
Bell, Emily 埃米莉·贝尔 4, 147
Benkler, Yochai 尤查·本科勒 181, 193; The Wealth of Networks 互联网财富 171
Biles, Leavett 莱维特·拜尔斯 41
Bilton, Nick 尼克·比尔顿 50
Bloor, Geoffrey 杰弗里·布卢尔 31
Boczkowski, Pablo 巴勃罗·博奇科夫斯基 8, 11, 42, 44, 45, 46
BoingBoing, 技术博客网站 71
Bollier, Sam 萨姆·博利尔 106-7, 108, 109, 110
Bowers, Jeremy 杰里米·鲍尔斯 86, 88, 112, 113, 114, 115
Boyer, Brian 布赖恩·博耶 53, 59, 71-72, 74-75, 77, 82, 96, 111-17, 134, 135, 139, 153, 156, 157, 170
Boyle, Andy 安迪·博伊尔 158-59

Bradshaw, Paul 保罗·布拉德肖 94
Brand, Stuart：Whole Earth Catalog 斯图尔特·布兰德：《全球概览》153
Bruns, Axel 阿克塞尔·布伦斯 166
Bucy, Erik 埃里克·布西 19
build-it journalism 建造式新闻 153–61；in sum 总况 160–61；talking about 谈论 154–56；tool building 工具建造 155–60

Cairo, Alberto 阿尔贝托·凯罗 21, 41, 46, 50–51, 99
Carlson, Matt 马特·卡尔森 6
Carto DB 三维探测系统数据库 96
Center for Investigative Reporting 调查性报道中心 227–10
Centers for Disease Control 疾病控制中心 196
CGI（Common Gateway Interface）通用网关接口 43, 49
Chalabi, Mona 莫娜·查拉比 97
Chicago crime maps 芝加哥犯罪地图 54–56, 58, 72
chicagocrime. org "芝加哥犯罪"网站 54–56, 58
The Chicago Tribune《芝加哥论坛报》37, 41, 42, 55, 82, 196；DocumentCloud 文档云 158；hybrid ethnography 混合民族志 213；News Apps 新闻应用程序 59, 72, 73, 150–51, 153, 154, 158–59, 168；open source 开放源码 169；PANDA Project 新闻编辑室数据应用项目 157；radical blogs（做得）彻底的博客 168. see also Boyer, Brian；Mark, Ryan 参见布赖恩·博耶, 瑞安·马克
Chow, Emily 埃米莉·周 86, 102
Citi Bikes 城市自行车共享项目 161–64
Clinton, Hillary 希拉里·克林顿 62
cloud computing 云计算 53–54
Coddington, Mark 马克·科丁顿 73
Cohen, Sarah 萨拉·科恩 160
coleman, Gabriella 加布里埃拉·科尔曼 78, 166
common Gateway Interface. 通用网关接口 See CGI 见 CGI
computational journalism 计算新闻 20, 24, 39, 67, 203
computer-assisted reporting 计算机辅助报道 14, 58, 66–68, 72, 73, 86, 91, 98, 99, 129, 188

Condé Nast Traveler《康泰纳仕旅行者》杂志 39
Cox, Melisma 梅利斯马·考克斯 67
Crime data 犯罪数据 196. See also Chicago crime maps；chicagocrime. org 另见芝加哥犯罪地图、芝加哥犯罪网站
Curley, Rob 罗布·柯利 37–38, 46, 47, 57

Dagiral, Eric 埃里克·达吉拉尔 73
Daily Camera《摄影日报》87
Daniel, Anna 安娜·丹尼尔 73
Dant, Alastair 阿拉斯泰尔·丹特 77, 168
DataBlog 数据博客 95, 96, 129, 142, 172, 197
data journalists 数据新闻记者 90–95；not coders 非编码员 95–98
Data Wrapper 一种互动产品工具 96
Davis, Chase 蔡斯·戴维斯 126, 129, 168, 198
Dawson, Patrick 帕特里克·道森 31
DeBelius, Danny 丹尼·德贝利斯 87, 113
Debrouwere, Stijn 斯蒂恩·德布鲁沃尔 79
Dedman, Bill 比尔·戴德曼 67
Der Spiegel：WikiLeaks revelations《明镜周刊》：维基解密披露 91, 192
The Des Moines Register《得梅因纪事报》214；"Harvest of Change" "收获之变" 183
Design Newspaper Lab 设计实验室 8
The Detroit Free Press《底特律自由报》200
DeVigal, Andrew 安德鲁·德维加尔 42, 43, 44, 49, 51–52
Diakopoulos, Nick 尼克·迪亚考普勒斯 24
Digitizing the News《数字化新闻》45
Django 一种网络框架软件 47–48, 61, 97, 112
Doherty, Dale 戴尔·多尔蒂 153
Dollars for Docs《给医生的钱》139, 145, 146, 147
drone journalism 无人机新闻 202, 204–5

EBCDIC, 扩充的二进制编码的十进制交换码 68
el-Haddad, Mohammed 默罕默德·哈达德 77, 82, 83, 105–10, 134, 136, 137；background 背景经历 105–6
Ellington 一种内容管理系统 48
El Mundo 西班牙《世界报》46
El Pais 西班牙《国家报》46, 55
Erzikova, Elina 埃琳娜·埃斯科瓦 32
Espeland, Wendy 温迪·埃斯佩兰德 197

索引

ESPN：FiveThirtyEight blog 娱乐体育节目电视网：538 博客 199

Essa, Irfan 艾尔凡·埃萨 24

Facebook 脸书 48，66，154，164，191

Fast Company《快速公司》杂志 183

The Financial Times 英国《金融时报》6，171，172

Fink, Katherine 凯瑟琳·芬克 73，95，214

FiveThirtyEight blog 538 博客 197，199

Flash 一种动画创作与应用程序开发软件 46，48，49-51，57，61，86；origins in Macromedia Director 源起于多媒体制作软件 50

Flew, Terry 特里·弗卢 14，73，91

Folkenflik, David 戴维·福克弗里克 37

Fortran 一种翻译语言 41

The Fort Worth Star-Telegram《沃斯港明星电讯报》19，190，214

Frankenberg, Ruth：White Women, Race Matters 路丝·菲兰肯伯格：《白人女性，种族问题》210

free software movement 自由软件运动 52

Friendly, Michael 迈克尔·弗兰德利 41

"fun" journalism "有趣"的新闻 172-75

Fusion 融合 96，97，106，107，109，127，128-29，152

future 未来 183-208；authority and integration 权威与融合 205-8；expanded ways of thinking about journalism 扩展思考新闻的方式 189-96；mobile, sensors, drones, and more 移动设备，传感器，无人机，等等 202-5；professionalism 专业主义 184-88；step-back limitation 数据新闻的局限 196-202

Gannett 甘尼特媒体公司 40，68

Garrett, Jesse James 杰西·加勒特 51

Gawker "呆看" 博客 6

GE 美国通用电气公司 185

Geertz, Clifford 克利福德·格尔茨 209-10

Germuska, Joe 乔·格姆斯卡 77，82，83

Gillum, Jack 杰克·吉勒姆 132，177

GitHub 一个开源项目托管平台 46，53，112，152，166，167-68

Glaser, Mark：MediaShift 马克·格拉泽：Mediashift 网站 56

Google 谷歌 71，156；API 应用程序接口 115；calendar 日程表 154；cloud services 云服务 13；Code 代码 53；Docs 文件 107，129；Fusion 融合 96，97，106，107，109，127，128-29，152；Gmail 谷歌邮箱 51；male staff 男性员工 217；Maps 地图 54-55，56，61，107；page load times 页面加载时间 11；Refine 完善 151；Tableau 一种软件技术 151；technical staff 技术员工 217；tools 工具 129；user's flow of thought 用户的思想流 12

Gordon, Rich 里奇·戈登 57-60，71；News Challenge 新闻挑战赛/奖 58

Graham, Paul 保罗·格雷厄姆 153

The Greensboro News and Record《格林斯伯勒新闻与纪事报》56

Grimwade, John 约翰·格里姆韦德 39，40

The Guardian《卫报》66，77，79，82，91，102，135，136，171，202；DataBlog 数据博客 95，96，129，142，172，197；data desk 数据部门 15；finances 财务状况 137；newsroom 新闻编辑室 127-30，140，141，214；open source 开放源码 191-2；Reality Check blog 现实核查博客 97；WikiLeaks revelations 维基解密披露 91，192. See also Dant, Alistair；Rogers, Simon 另参见阿拉斯泰尔·丹特、西蒙·罗杰斯

Gynnild, Astrid, 阿斯特丽德·吉内德 73

hacker journalists 黑客记者 56-57，59，72-86，75，88，89，90，95，98，99，112，117，118，122，134，135，138，139，150，158，168，169，187-88；are they journalists? 他们是记者吗？81-84；origin 来源 74-76；reason for becoming 成为……的原因 76-78；ways of thinking 思考方式 8-81

hacker journalists, programmer journalists, and data journalists 黑客记者、程序员记者、数据记者 71-101；backgrounds and perspectives 背景与视角 75-76；are hacker journalists journalists? 黑客记者是记者吗？81-84；data journalists 数据记者 90-95；data journalists are not coders 数据记者不是编码员 95-98；hacker journalists origin 黑客记者来源 74-76；hacker journalists ways of thinking 黑客记者思维方式 78-81；programmer journalists 程序员记者 84-85；programmer journalists backgrounds and perspectives 程序员记者的背景与视角 85-87；programmer journalists way of thinking about stories 程序员记者关于新闻的思维方式 87–90; reason for becoming a hacker journalist 成为黑客记者的原因 76–78; turning coders into journalists 编码员转变为记者 71–74. See also data journalists; hacker journalists; programmer journalists 另参见数据记者、黑客记者、程序员记者.

Hamilton, James 詹姆斯·汉密尔顿 24, 160

Hamilton, Jay 杰伊·汉密尔顿 24

Harris, Jacob 雅各布·哈里斯 61, 62

Hindman, Matthew 马修·欣德曼 194

Holovaty, Adrian 阿德里安·霍洛瓦蒂 38, 47–48, 52, 53, 54–58, 60–61, 73; "Congress Votes" 国会投票 60; "Faces of the Fallen" 毁灭的面孔 61 Houston Chronicle 《休斯敦纪事报》203; "at Sea" "在海上" 45; Virtual Voyager 虚拟航海者 45

Howard, Alexander 亚历山大·霍华德 22, 90, 91

Hurrel, Bella 贝拉·赫里尔 173

HTML HyperText Markup Language 一种超文本标记语言 49, 51, 82, 87, 96, 151, 200

Hybrid ethnography 混合民族志 16, 209–18; difficulties facing the researcher 研究者面对的困难 215–17; gender 性别 217–18; introduction 引入 209–13; set of cases 一组案例 213–15

HyperText Markup Language 一种超文本标记语言 See HTML 见 HTML

IBM 美国国际商用机器公司 13; 360 mainframe 360主机 67

Interactive journalism: definition 互动新闻:定义 18–24

International Data Corporation 国际数据公司 13

Jarmal, Dar 达尔·贾马尔 110

Jaspin, Elliott 埃利奥特·贾斯平 67, 68

Jobs, Steve 斯蒂夫·乔布斯 119

jobskills 工作技能 149–52

Jordan, Tim 蒂姆·乔丹 166

journalism: crisis 新闻业:危机 5–10; demands 需求 10–14

Kaiser, Robert G. 罗伯特·凯泽 7, 8

Keaton, Michael: The Paper 迈克尔·基顿:《媒体先锋》190

Keefe, John 约翰·基夫 86

Keegan, Jon 乔恩·基根 50, 81, 118, 119, 120–21, 125, 170

Keller, Bill 比尔·凯勒 80

Khazan, Olga 奥尔佳·卡赞 201

Klein, Scott 斯科特·克莱因 21, 88, 93, 153, 157, 164, 165, 179

Knight-Batten award 奈特-巴滕奖 55

Knight Foundation: data visualization 奈特基金会:数据可视化 131, 155; DocumentCloud 文档云 158; hacker journalist 黑客记者 74, 75, 76; News Challenge Grant 新闻挑战赛 57, 58, 71; PANDA 新闻编辑室数据应用 156

Knight-Mozilla News Technology Partnership Learning Lab 奈特-莫兹拉新闻技术合作伙伴学习实验室 215

Knight Ridder 奈特里德报系 7, 58; computers 计算机 40; Research and Design Newspaper Lab 研究与设计实验室 8; Videotext technology 视频文本技术 42

knowledge 知识 26–28; abstract and professional 抽象的与专业的 15, 16, 27, 28, 30, 74, 84, 99, 104, 143, 145, 146, 148, 149, 152, 161, 170, 175, 179–81, 184, 187, 214; build-it journalism 建造式新闻 153–61; narrative nut-grafs 叙事内核 175–79; near/far 近/远 161–65; openness 开放性 166–70 (see also open source 另见开放源码); see-it-for-yourself journalism 自己了解式新闻 171–75; skills 技能 15, 27, 34, 35, 36, 43, 62, 117, 149–52; systems 系统 145–81

Koski, Ben 本·科斯基 122, 125

LaPrensa 《新闻报》205

Lavallee, Mark 马克·拉瓦列 124

The Lawrence Journal-World 《劳伦斯日报》37–38, 46–48, 54

Legrand, Ronald 罗纳德·勒格朗 200

Lewis, Seth C. 塞思·刘易斯 13, 29, 130, 166, 214

Linux 一种操作系统 53

Lowrey, Wilson 威尔逊·劳里 29, 32, 146

Macromedia Director 一种多媒体制作软件 50; Flash 一种动画创作与应用程序开发软件 46. See also Flash 另见 Flash

Maps 地图 54-55, 56, 61, 107
Maremount, Mark 马克·梅尔蒙特 119, 121
Mark, Ryan 瑞安·马克 59, 76, 77, 139
Markham, Annette 安妮特·马卡姆 210
Mashable "全球之声"网站 13, 53, 183
McGhee, Geoff 杰夫·麦吉 44
McGinty, Tom 汤姆·麦金蒂 119, 121
Medill School of Journalism 梅迪尔新闻学院 58, 59, 71, 72, 86, 200
Methodology 方法论 209-28; difficulties facing the researcher 研究者面对的困难 215-17; gender 性别 217-18; hybrid ethnography introduction 混合民族志引入 209-13; hybrid ethnography set of cases 一组混合民族志案例 213-15
Meyer, Philip: Precision Journalism 菲利普·迈耶:《精确新闻报道》 67, 68, 127
Meyer, Robinson 罗宾逊·迈耶 123
The Miami Herald 《迈阿密先驱报》58, 168, 214
Microsoft 微软公司 8, 13, 122; Access 一种数据库管理系统 96; Chart 一种图表控件 40; Excel 电子表格 96; Office 办公软件 158
Minard, Charles 查尔斯·米纳德 39
Minkoff, Michelle 米歇尔·明科夫 84-85, 87, 89, 132, 137, 139
The Minneapolis Star Tribune 《明尼阿波利斯星论坛报》200
Monmonier, Mark 马克·蒙莫尼尔 40, 41; Maps with the News 《配图的新闻》39
MozFest 莫兹拉节 94, 215
Mozilla 莫兹拉网络公司 94
Mpini, Ransome 兰塞姆·姆皮尼 80
Mulligan, Miranda: "want to Produce Hirable Grads, Journalism Schools?" 米兰达·马利根:《新闻学院想要培养好就业的毕业生吗?》200
MySQL 一种数据库管理系统 53, 97, 151

Narisetti, Raju 拉朱·纳瑞斯蒂 9
narrative nut-grafs 叙事内核 175-79, 189, 195; how journalists talk about finding 记者如何谈论找到…… 177-79; in sum 总况 179
Narrative Science 叙事科学 59, 190
National Institute for Computer Assisted Reporting (NICAR) 美国计算机辅助报道研究所 25, 35, 45, 97, 187, 197, 201, 214, 215
Nerone, John 约翰·尼禄 39
NewsCamp 新闻训练营 97
News Corp 新闻集团 9, 81
Newsday 《每日新闻》156
Newspaper Association of America 美国报业协会 5
newsrooms 新闻编辑室 101-43; Al Jazeera English 半岛电视台英语频道 104-11; assessing differences and similarities 评估异同 133-38; The Associated Press (AP) 美联社 130-33 (see also Stray, Jonathan 另见乔纳森·斯特雷); el Haddad, Mohammad 默罕默德·哈达德; The Guardian 《卫报》127-30 (see also Rogers, Simon 另见西蒙·罗杰斯); The New York Times 《纽约时报》122-27 (see also Koski, Ben 另见本·科斯基); NPR News Apps 美国公共广播电台新闻应用软件 111-18; professionalism through work 经由工作的专业主义 140-43; translation issues 转换问题 138-40; The Wall Street Journal 《华尔街日报》118-21 (see also Keegan, Jon 另见乔恩·基根)
New York Magazine: "The New Journals" 《纽约杂志》:"新新闻" 14-15, 199-200
The New York Times 《纽约时报》4, 14-15, 19, 37, 44, 48, 52, 69, 86, 94, 188; Dialect Quiz 方言测试 63, 141, 186; Digiday 数字时代网 66; distracted driving game 分心驾驶游戏 62-63; DocumentCloud 文档云 157, 158; Driven to Distraction 《分心驾驶》174; Ebola Virus Q&A 《埃博拉病毒爆发问答录》63-64; electronic classifieds 电子分类广告 8; elections 选举 126; Faces of the Dead 《逝者的面孔》61; 52 Places to go in 2014 《2014年要去的52个地方》63; FiveThirtyEight blog 538博客 199; Flash 一种图形图像制作软件 50, 51; Forty Portraits in Forty Years 《40年里的40幅肖像画》; 46 places to go in 2013 《2013年值得去的46个地方》173-74; future 未来 65; generational income inequality across geography 《不同地域的代际收入不平等》177; Hillary Clinton's White House calendar 希拉里·克林顿的白宫日程表 62; How Different Groups Spend Their Day 《不同群体如何度过他们的一天》51; How Yous, Youse, and Y'all Talk 《你们是如何来谈话的》122-23; hybrid ethnogra-

phy 混合民族志 209; Ideas section 思想版 55; Interactive News Technologies Team 互动新闻技术团队 61, 92, 141; interactives 互动产品 188 (see also names of individual interactives 另见个体化的互动产品名字); Is It Better to Rent or Buy?《租房还是买房更好?》17, 64; linking articles 链接文章 194; load times 加载时间 11-12; machine learning 机器学习 126; Mapping Migration in the U. S.《图绘美国移民》64; "maybe saving" journalism "可能拯救" 新闻 15, 199-200; Meet the Interactive News Team 与互动新闻团队相遇 11, 73, 122; newsroom 新闻编辑室 60, 102, 122-27, 136-37, 140, 186, 214; NFLplaybook 美国橄榄球联盟战术手册 125, 141, 142; Open Blog 开源博客 154, 169; open source 开放源码 67, 167, 168, 193; Oscar ballot 奥斯卡投票 22; The Peril at Great Falls《大瀑布的危险》174; polling data 民调数据 197; The Premiere League If Only English Players Counted《只有英国球员参与的英超联赛》64-65; Puffy 一种应用程序 62; Pulitzer 普利策奖 62, 62, 80; radical blog 彻底的博客 168; Rent vs. Buy calculator 租/买计算器 17-18; rise of Internet 互联网的崛起 7; see-it-for-yourself journalism 自己了解式新闻 173, 194; Snow Fall《雪崩》1, 9, 22, 63, 99, 122, 174; staff 员工 135, 142; 10,000 League of Legends Games in 30 seconds《30秒内观看10 000场英雄联盟游戏》64; Time Labs 时代实验室 66; TimesCast 时报投影 192; tools 工具 125-26; translation issues 转换问题 138; The Ukraine Crisis in Maps《地图上的乌克兰危机》64; Upshot《纽约时报》的数据新闻栏目 197; Videotext technology 视频文本技术 42; Website up to date 网站更新 10-11; Where are the Hardest Places to Live in the U. S. ?《在美国最难生活的地方是哪里?》64; WikiLeaks revelations 维基解密披露 91, 192. See also Abramson, Jill; Ashby-Kuhlman, Nathan; Bilton, Nick; Bowers, Jeremy; Davis, Chase; Keller, Bill; Koski, Ben; Lavallee, Mark; Pilhofer, Aron; Richtel, Matt; Torok, Tom; Willis, Derek 另见吉尔·艾布拉姆森、内森·阿什比-库尔曼、尼克·

比尔顿、杰里米·鲍尔斯、蔡斯·戴维斯、比尔·凯勒、本·科斯基、马克·拉瓦列、阿伦·皮尔霍夫、马特·里奇泰尔、汤姆·托罗克、德里克·威利斯
NICAR 美国计算机辅助报道研究所 See National Institute for Computer Assisted Reporting 另见美国计算机辅助报道研究所
Nielsen, Jakob 雅各布·尼尔森 12
Northwestern University 西北大学 57, 76, 86, 139; Medill School of Journalism 梅迪尔新闻学院 58, 59, 71, 72, 86, 200
NPR 美国公共广播电台 15, 37, 48, 53, 82, 134; audience 听众 143; autonomy 自主性 137; business model 商业模式 137; News Apps 新闻应用程序 111-18, 153, 169; news room 新闻编辑室 86, 102, 111-18, 135, 137, 139, 140, 141, 214; open source 开放源码 170; Planet Money 货币星球 204; public service 公共服务 137; slow speed 慢速 136. See also Boyer, Brian; Curley, Rob; DeBelius, Danny; Folkenflik, David; Stiles, Matt 另见布赖恩·博耶、罗布·柯利、丹尼·德贝利斯、戴维·福克弗里克、马特·斯泰尔斯

Obama, Barack 贝拉克·奥巴马 60, 125
Oculus Rift 头戴设备 11
Online News Association 在线新闻协会 200, 215
Online speed 网速 5, 10, 11, 12, 14, 40, 115, 186
open source 开放源码 73, 76, 80, 112, 152, 155, 166-70; challenges 挑战 169-70; commitment from journalists 记者的责任 167-69; culture 文化 166-67, 170, 180, 191, 192; ethics 伦理 67; hackers 黑客 166, 180; libraries 图书馆 169; repositories 存储库 53, 166; social 社会的 52-53
The Orange County Register《橙郡纪事报》38
O'Reilly, Tim; MAKE 蒂姆·奥莱利;《制作》杂志 153

The Paper《媒体先锋》190
Parasie, Sylvain 西尔万·帕拉奇 73
People 人 24-26
Perl 一种程序语言 53
Pew Research Center 皮尤研究中心 7
The Philadelphia Inquirer《费城问询报》45,

67. See also Bartlett, Don; Steele, James; Torok, Tom 另见唐·巴特利特、詹姆斯·斯蒂尔、汤姆·托罗克

Pilhofer, Aron 阿伦·皮尔霍夫 61, 62, 86, 92 – 93, 95, 122, 124, 125, 158, 167, 169, 193, 199, 202

Planet Money 货币星球 204

Powers, Matthew 马修·鲍尔斯 32 – 33, 92

ProPublica 为了公众网站; DocumentCloud 文档云 157; Dollars for Docs 《给医生的钱》139, 145, 146, 147; near/far 近/远 228 – 36; Nerd Blog 书呆子博客 223 – 54; News Apps 新闻应用程序 93, 153, 164; newsroom 新闻编辑室 127, 214; non-profit 非营利 4, 21, 192; nut-graf 叙事核心 178, 179; open source 开放源码 169; Opportunity Gap 《机会鸿沟》164, 190; social problems database 社会问题数据库 161. See also Klein, Scott; Wei, Sisi; Willis, Derek 另见斯科特·克莱因、德里克·威利斯

professionalism 专业主义 26, 29, 30, 104, 184 – 88; through work 经由工作的 140 – 43

programmer journalists, backgrounds and perspectives 程序员记者、背景与看法 85 – 87; traditional background 传统的背景 84 – 85; way of thinking about stories 有关故事的思考方式 87 – 90

Providence Journal 《普罗维登斯日报》67

Python 一种脚本编程语言 47, 61, 93, 96, 97, U5, 151, 152, 154, 200

Quartz 石英网 1, 196

Rabaino, Lauren 劳伦·拉拜诺 80
Radway, Janice 贾尼斯·拉德威 217
Rall, Hannes 汉尼斯·拉尔 73
Raymond, Eric: The Cathedral and the Bazaar 埃里克·雷蒙德：《大教堂与集市》166
Reavy, Matthew 马修·瑞亚维 67
The Register Citizen 《公民纪事报》192
Richtel, Matt 马特·里奇泰尔 62 – 63
Rocky Mountain News 《落基山新闻报》87
Rogers, Simon 西蒙·罗杰斯 96, 127, 135; DataBlog 数据博客 129
Royal, Cindy 辛迪·罗亚尔 73
Ruptly 国际视频新闻通讯社 205
Rusbridger, Alan 艾伦·拉斯布里杰 191 – 92

Schrager, Allison 艾莉森·施拉格 196, 197
Schudson, Michael 迈克尔·舒德森 28, 29 – 30
Scotus blog 一个数字新闻博客 6

The Seattle Times: News Apps 《西雅图时报》：新闻应用程序 80; newsrooms 新闻编辑室 153, 214

see-it-for-yourself journalism 自己了解式新闻 27 – 28, 147, 171 – 75, 180, 181, 193, 194, 195; "fun" journalism "有趣的"新闻 172 – 75; roundup 综述 175; at work 在运作 171 – 72

sensorjournalisn 传感器新闻 202, 203 – 5

Shafer, Jack 杰克·谢弗 7

Shirky, Clay 克莱·舍基 4, 147

Silver, Nate 纳特·西尔弗 91; FiveThirtyEight blog 538 博客网 197, 199

Sloane, Sara 萨拉·斯隆 177

Slobin, Sarah 萨拉·斯洛比 81

Society for News Design 新闻设计协会 40

The South Florida Sun-Sentinel 《南佛罗里达太阳哨兵报》41, 203

speed, online 网速 See online speed 另见网速

Spurgeon, Christina 克里斯蒂娜·斯珀吉翁 73

Stallman, Richard 理查德·斯托尔曼 52

The Star-Telegram 《沃斯港明星电讯报》19, 190, 214

Steele, James 詹姆斯·斯蒂尔 67

Steesen, Steen 斯蒂恩·斯蒂森 193 – 94

step-back limitation 互动新闻的局限 196 – 202

Stiles, Matt 马特·斯泰尔斯 93, 96, 115

storytelling 讲故事 9, 13, 18, 20, 50, 61, 72, 79, 104, 106, 110, 114, 120, 122, 133, 139, 141, 175, 180, 203; data-driven 数据驱动 164; immersive 沉浸式的 1, 3, 22, 174; interactive 互动 22, 43, 44, 45, 171, 177, 184; longform 长格式 202; narrative 叙事 147, 179; software 软件 200

Stray, Jonathan 乔纳森·斯特雷 76, 130 – 31, 132, 135, 136 – 37, 155, 156; "Journalism for Makers" "制作者新闻" 78; Stromer-Galley, Jennifer 詹尼弗·斯特罗曼-加利 19

subspecialities 子专业 28 – 36; early rise 早期发展 38 – 42; rise of 崛起 37 – 69; start of modern computer interactives 现代计算机互动产品的开始 42 – 46; technological developments 技术发展 48 – 54. See also Chicago crime maps; computer-assisted reporting; Gordon, Rich; Holovaty, Adrian; Knight Foundation; The Lawrence Journal-World 另见《芝加哥犯罪地图》、计算机辅助报道、里奇·戈登、阿德里安·霍洛瓦蒂、奈特基金会、《劳伦斯日报》

Supreme Court 最高法院 6, 44

systems of knowledge 知识系统 See knowledge 另见知识

Tableau 一种软件技术 96, 151, 152

table percentages and iframes 表格百分比与启用内嵌框架 49

The Tacoma News-Tribune 《塔科马新闻论坛报》 56

technological developments 技术发展 48–54. See also Ajax; cloud computing; Flash; open source; table percentages and iframes 另见Ajax、云计算、Flash、开放源码、图表百分比与启用内嵌框架

The Texas Tribune 《得克萨斯论坛报》 192; News Apps 新闻应用程序 153

The Times of London 《泰晤士报》 6, 39. See also Grimwade, John 另见约翰·格里姆韦德

Toff, Benjamin 本杰明·托夫 197

Torok, Tom 汤姆·托罗克 45

Turner, Fred 弗雷德·特纳 24, 160

Twitter 推特 1, 4, 48, 162, 164, 201, 214, 215, 216

Ume Net 一家瑞典互联网提供商 11

Unix 一种多用户计算机操作系统 68

Usability Engineering 可用性工程开发方法 12

USA Today 《今日美国》 61; Ghost Factories 《幽灵工厂》 203–4

Usher, Nikki: Making News at The New York Times 尼基·厄舍:《〈纽约时报〉是怎么做新闻的》19, 125

Vaux, Bert: How Yous, Youse, and Y'all Talk 伯特·沃克斯:《你们是如何来谈话的》 122–23

Vineys, Kevin 凯文·维尼斯 132

Vivian T. Thomas Medical Arts Academy 维维安·托马斯医学艺术学院 165

The Wall Street Journal (WSJ; The Journal) 《华尔街日报》 4, 50, 56, 66, 81, 125, 135, 136, 137, 140, 143, 149, 153, 177, 186, 188, 214; editorial workflow 编辑工作流程 121; Jet Tracker 《喷气飞机追踪者》 119; News Apps 新闻应用软件 118, 153; news room 新闻编辑室 118–21; open source 开放源码 170; watch real-time analytics 观察实时分析 141. See also Keegan, Jon 另见乔恩·基根

Wal-Mart 沃尔玛 13

Walt Whitman High School 沃尔特·怀特曼高中 165

The Washington Post 《华盛顿邮报》 9, 48, 58, 59, 86, 169, 216; Bad News Beards 大胡子成军 9; Congress Votes 国会投票 60; Faces of the Fallen 《毁灭的面孔》 61; newsrooms 新闻编辑室 60; The Perils at Great Falls 《大瀑布的危险》 102, 104, 161–62; Web revolution 互联网革命 7–8; Why Short Guys Can Dunk 《为什么小个头可以扣篮》 177; See also Baron, Marty; Holovaty, Adrian; Sloane, Sara 另见马蒂·巴伦、阿德里安·霍洛瓦蒂、萨拉·斯隆

Weber, Wibke 威比克·韦伯 73

Wei, Sisi 魏思思 86, 88, 89, 178

Weinberger, David 戴维·温伯格 10

Weiss, Robert S.: Learning from Strangers 罗伯特·韦斯:《向陌生人学习》 212

Willis, Derek 德里克·威利斯 14, 45–46, 60, 84, 94

Willison, Simon 西蒙·威利森 47

WNYC 纽约公共之声 81, 161, 162, 163, 167, 204, 214; CicadaTracker 蝉追踪者 204; Data News blog 数据新闻博客 169. See also Keefe, John 另见约翰·基夫 Work 工作 26–27

Y-Combinator 一家组合创业孵化公司 153

Yuan, Tsan 詹原 77

Zeit Online 时代在线 95, 214

Zelizer, Barbie 芭比·泽利泽 31

Zuckerman, Ethan 伊桑·朱克曼 52

译后记

我翻译此书，缘于当时还在美国访学、素有新闻学界"文献帝"之称的白红义师兄的推荐。他具有新闻记者的从业经历，不仅对经典学术文献烂熟于心，而且对前沿论著反应敏锐，这本2016年出版的有关新闻生产的英文著作得以被引介，归功于白师兄的推荐。

我主要的研究领域是新闻与媒介史，如今突然跨界跑到了新闻生产领域，而且还是关涉热门话题的互动新闻领域，熟悉的师友必然会大为疑惑。其实，我个人一向对理论讨论保持着关注和热忱，因为对理论的关切不仅可以帮助新闻与媒介史研究者保持对问题的敏感，而且还可以使研究者提升思维活跃度，开启看历史的多元视角。这也是多年来我研究新闻与媒介史时一直贯通思考过去和当下的原因，粗浅理解下来，也可能就是所谓"史论不分"之说的精义所在。在本人多年的研究经历中，有关新闻界与新闻机构的话题（不管是过去的还是当下的）一直有所涉及，我也对新闻生产社会学研究领域的理论和实践特别感兴趣。因此，翻译这本书虽出于偶然，但冥冥之中也确有内在的逻辑可循。

尽管如此，对于此次的翻译旅程我还是感慨颇多。一般来说，在接触学术著作的翻译之前，翻译者往往把此类工作想得过于简单，将翻译过程等同于阅读过程，岂知一旦落实到纸面，就会因常常纠结于具体的词语理解得是否准确、句子翻译得是否流畅而肝肠寸断、无法自拔。我的切身感受是，翻译之前，立志做到信、达、雅；翻译之中，只求做到一个信字；翻译完成后，唯一的期望就是不被读者抱怨翻译得太烂。然而，在现如今学术讨论日益开放、外文文献获取更为简单便捷、翻译软件越来越智能的时代，学术译著带给读者最直接的益处，就是可以用翻译者软磨硬泡的大量时间，替代性地为感兴趣的读者省却阅读原文所耗费的时间与精力。

　　一本译著的出版，包含了比一本专著的出版更为复杂的环节，整个过程中也因此牵扯和倾注了诸多师友的关切之情，在此对他们表达诚挚的谢意。

　　首先感谢撰写了英文原著和中文版序言的尼基·厄舍教授，是她的优秀著作让我对网络时代新闻编辑室的运作实践有了新的认知。与她关于原著中一些具体问题的邮件往来，为更准确地翻译本书扫清了障碍。感谢百忙之中不辞辛劳撰写"推荐者序"的清华大学陈昌凤教授，她的文字不仅能帮助读者更好地理解原著的要点，还可以激发读者展开对中国互动新闻研究的学术想象。感谢复旦大学陆晔教授、中山大学张志安教授的推荐语，他们两位简明扼要的提点为译著增添了光彩。此外，还要特别感谢中国人民大学出版社翟江虹女士、汪渤先生的信任，是他们敢于冒风险让一位"跨界"翻译者承担重任，而正是这份信任，让我在翻译时小心谨慎，唯恐出错。

　　还要感谢提供诸多帮助的学生和师友。翻译工作是一项实实在在耗费大量精力的工作，我指导的研究生王笛、孙燕、邓以勒、陈咪、马旭、杨朝、李铬、张妤婷，本科生陈亦柔，在不同阶段都不同程度地参与了初稿或修改稿的文字工作，在此要对他们表示感谢。上海社会科学院新闻研究所张昱辰博士通读了初稿，并帮助我纠正了诸多错误之处；上海外国语大学钱进副教授、复旦大学新闻学院白红义教授、浙江大学传媒与国际文化学院李红涛教授、华东政法大学传播学院臧志彭副教授帮我解答了个别疑难问题并提出了完善意见，在此也对他们表达敬意。

　　最后想表达的是，尽管我对译稿进行了多次修改、完善，但疏漏之处在所难免，在这里也恳请各位读者不吝赐教，以便日后有机会对书稿加以更正完善。我的邮箱：guoenqiang2000@126.com。

郭恩强

2020年2月

Interactive Journalism: Hackers, Data and Code by Nikki Usher
© 2016 by the Board of Trustees of the University of Illinois
Reprinted by arrangement with the University of Illinois Press
Simplified Chinese copyright: China Renmin University Press
Simplified Chinese copyright intermediary: Big Apple Agency, Inc.
All Rights Reserved.

图书在版编目（CIP）数据

互动新闻：黑客、数据与代码/（美）尼基·厄舍（Nikki Usher）著；郭恩强译．--北京：中国人民大学出版社，2020.6
（新闻与传播学译丛．学术前沿系列）
书名原文：Interactive Journalism：Hackers，Data and Code
ISBN 978-7-300-28108-7

Ⅰ.①互… Ⅱ.①尼… ②郭… Ⅲ.①新闻工作-研究 Ⅳ.①G21

中国版本图书馆 CIP 数据核字（2020）第 074468 号

新闻与传播学译丛·学术前沿系列
互动新闻
黑客、数据与代码
[美] 尼基·厄舍（Nikki Usher） 著
郭恩强 译
Hudong Xinwen

出版发行	中国人民大学出版社				
社　址	北京中关村大街 31 号		邮政编码	100080	
电　话	010-62511242（总编室）		010-62511770（质管部）		
	010-82501766（邮购部）		010-62514148（门市部）		
	010-62515195（发行公司）		010-62515275（盗版举报）		
网　址	http：//www.crup.com.cn				
经　销	新华书店				
印　刷	北京宏伟双华印刷有限公司				
规　格	170 mm×240 mm　16 开本		版　次	2020 年 6 月第 1 版	
印　张	20.5 插页 2		印　次	2020 年 6 月第 1 次印刷	
字　数	280 000		定　价	79.80 元	

版权所有　　侵权必究　　印装差错　　负责调换